PRÉCIS

DE QUELQUES

CAMPAGNES

CONTEMPORAINES

Par le Commandant E. BUJAC

I

DANS LES BALKANS

PARIS
11, Place Saint-André-des-Arts.

LIMOGES
46, Nouvelle Route d'Aixe, 46.

Henri CHARLES-LAVAUZELLE
Éditeur militaire.

1893

PRÉCIS

DE QUELQUES

CAMPAGNES CONTEMPORAINES

PRÉCIS

DE QUELQUES

CAMPAGNES CONTEMPORAINES

I

DANS LES BALKANS

PARIS
11, *Place Saint-André-des-Arts.*

LIMOGES
46, *Nouvelle route d'Aixe*, 46.

IMPRIMERIE ET LIBRAIRIE MILITAIRES

HENRI CHARLES-LAVAUZELLE

Éditeur

1893

PRÉFACE

> « Je le répète, nous ne sommes ici qu'à l'école primaire ; mais, si nous savons profiter des leçons que nous y recevons, nous deviendrons certainement les meilleurs élèves des écoles secondaires. »

L'auteur, s'inspirant de cette appréciation du maréchal Bugeaud sur la valeur instructive des campagnes d'Afrique, a cherché, parmi les campagnes contemporaines, celles qui lui ont semblé se prêter le mieux aux leçons de l'école primaire.

Le présent volume, **Dans les Balkans**, groupe trois précis :

1° *La campagne d'occupation des troupes austro-hongroises en Bosnie et Herzégovine* (1878) ;

2° *L'insurrection de* 1882 *dans ces mêmes provinces ;*

3° *La guerre serbo-bulgare.*

Le second volume, en préparation, sera spécialement consacré à quelques récentes expéditions en Afrique.

Saint-Brieuc, 19 novembre 1892.

Capitaine BUJAC.

I

LA CAMPAGNE D'OCCUPATION DES TROUPES AUSTRO-HONGROISES EN BOSNIE ET HERZEGOVINE (1878)

PREMIÈRE PARTIE

INTRODUCTION

Prolégomènes. — Esquisse géographique. — Organisation pour la guerre en pays de montagnes. — Préparatifs militaires. — Ordre de bataille. — Déploiement stratégique.

L'ouvrage remarquable de la section historique de l'état-major général de Vienne — le document essentiel que nous aurons à consulter — débute par une introduction historique (*Vorgeschichte*) détaillant dans ses phases principales l'origine du conflit.

Il peut nous suffire d'amener le lecteur à l'agitation insurrectionnelle de 1875, fomentée et entretenue par les constantes revendications de la population chrétienne, arbitrairement dépouillée de ses droits politiques les moins contestables, épuisée par les prétentions exorbitantes des musulmans possesseurs du sol, enfin cruellement atteinte par l'intolérance du gouvernement ottoman.

L'Autriche-Hongrie, l'Allemagne et la Russie interviennent diplomatiquement pour inviter la Turquie à des concessions indispensables au maintien de l'équilibre politique ; malheureusement, les passions ont été trop violemment surexcitées pour qu'une entente tardive puisse être efficacement consentie.

Les populations chrétiennes de la Bosnie et de l'Herzégovine se sachant soutenues et encouragées par la Serbie et le Monténégro, leurs prétentions ne se discutent plus.

La Serbie et le Monténégro sont décidés à la guerre.

Le premier de ces Etats, après l'arrivée au pouvoir du ministre Ristic, réclame l'annexion administrative de la Bosnie et se dispose même à soutenir les armes à la main cette étrange revendication; dans le courant de juin 1886, le général russe Tschernajeff, appelé au commandement de l'armée, prépare l'entrée en Bosnie, par Zvornik, du corps du général Alimpic; les troupes serbes ne tardent pas à engager les hostilités.

Déjà, le 1er juin, le Monténégro avait fait sa déclaration de guerre à la Porte.

Ce n'est pas ici la place de retracer, même dans les lignes principales, les grands épisodes de cette guerre turco-russe, au lendemain de l'échec de la conférence de Constantinople (24 avril 1877).

Pendant toute la durée du conflit, l'attitude de l'Autriche-Hongrie fut celle que lui commandait la plus stricte neutralité; la Monarchie n'intervient qu'au moment des négociations diplomatiques, exploitant l'épuisement de la Russie victorieuse pour faire valoir ses exigences et ruiner l'œuvre premièrement ébauchée par le traité de San Stefano.

Dans la séance du 27 juin, la discussion de l'article 14 concernant la Bosnie et l'Herzégovine entraîne l'Autriche-Hongrie, comme puissance plus particulièrement intéressée, à d'explicites déclarations.

L'état passé, la situation présente dans les provinces de Bosnie et d'Herzégovine ont créé au gouvernement austro-hongrois les embarras les plus sérieux. La Turquie, malgré tous ses efforts, a été impuissante à maîtriser les événements; 200,000 émigrants au moins se sont réfugiés sur le territoire de la Monarchie; leur entretien a grevé le budget de plus de dix millions de florins. Comme puissance frontière, l'Autriche-Hongrie est en droit de poursuivre l'adoption des mesures les plus efficaces pour assurer la tranquillité durable de ces provinces et éviter le retour d'une agitation troublant la paix européenne et lui créant particulièrement une situation inacceptable.

Après discussion, le congrès substitue, à l'article 14 du traité du 3 mars 1878, l'article 25 de l'acte du 13 juillet 1878.

Les provinces de Bosnie et d'Herzégovine seront occupées et administrées par l'Autriche ; le gouvernement impérial et royal ne désirant pas se charger également de l'administration du Sandschak de Novi-Bazar — qui s'étend entre la Serbie et le Monténégro dans la direction du sud-est jusqu'à Mitroviza — le gouvernement ottoman y continuera son activité souveraine. Néanmoins, autant pour garantir le nouvel état politique de ces provinces que pour assurer la protection de voies de communications militaires et commerciales, l'Autriche-Hongrie se réserve le droit d tenir garnison dans toute l'étendue de l'ancien vilayet de Bosnie.

Les gouvernements austro-hongrois et ottoman s'entendront pour la réglementation et l'exécution des détails.

Au moment où l'Autriche-Hongrie s'apprêtait à exercer son mandat, le vilayet était désolé par une inextricable anarchie enchevêtrée dans les complications les plus diffuses.

Les forces turques, qui, pendant la guerre, avaient eu à lutter contre la Serbie, le Monténégro et l'insurrection locale guidée par le colonel serbe Despotovic, étaient réduites à environ 25,000 hommes ; diverses causes, principalement la désertion, y avaient contribué. Le pays était épuisé par les sacrifices en hommes et en argent requis par les autorités ottomanes ; les populations chrétiennes, auxquelles on avait voulu imposer, après la chute de Plevna,

Carte d'ensemble pour la ca[illegible]e en Bosnie et Herzégovine.

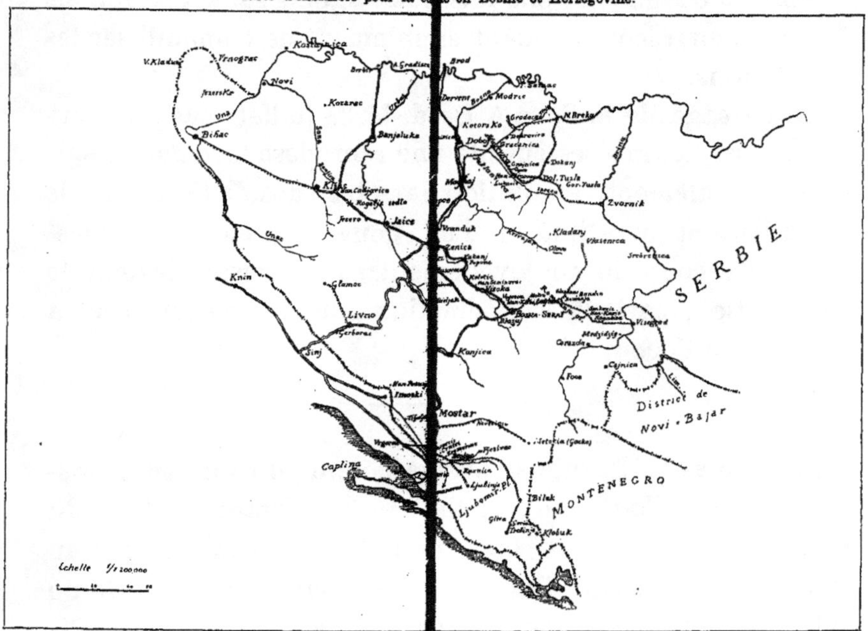

la servitude militaire et de nouveaux impôts, avaient ou émigré ou rallié l'insurrection.

L'annonce de la décision prise au Congrès surajouta d'autres difficultés en provoquant, dans la population musulmane, une fermentation, une rébellion avouée contre le gouvernement local. L'insurrection éclate à Serajewo ; les protestataires se donnent pour chef un bandit réputé, Hadschi Loja.

L'attitude de la Porte quelque peu suspecte encourage ce premier mouvement ; elle laisse ses agents sans instructions fermes, leur recommandant simplement de tranquilliser les populations.

Le passage de la Save à Brod, le 24 juillet, par les troupes austro-hongroises suscite une recrudescence dans l'agitation ; finalement, révolution dans les rues de Serajewo, le 27 juillet, et constitution d'un gouvernement provisoire. Le contre-coup de cet événement se fait ressentir dans le pays entier ; partout, la population musulmane est prête à s'opposer à l'occupation.

Le vilayet de Bosnie se profile comme un immense bastion couvrant l'entrée du défilé, resserré entre le chaos du Monténégro et le massif boisé de la Serbie, pour aboutir au champ historique de Kassowo ; celui qui, possesseur de ce défilé, détient également la ligne de partage des eaux alimentant la Drina, les deux Morawa, la Verdar, la Strumma et la Naretza, peut — à juste titre — se proclamer, politiquement et militairement, maître incontesté de toute la partie occidentale de la péninsule balkanique.

Telle est, au sens général, la valeur du vilayet de Bosnie ; pour l'Autriche-Hongrie, cette valeur est encore accrue par la considération que la contree convoitée sert de trait-d'union entre les provinces sur la Save et celles bordant l'Adriatique ; la Dalmatie est ainsi dotée d'une région de soutien, alors que jusqu'à ce jour elle n'était jointe au groupe central que par des communications latérales exposées à bien des imprévus.

En Bosnie, la praticabilité est des plus précaires : seuls les fonds de vallée sont accessibles ; entre ces vallées, un amas confus de montagnes boisées offrant aux insurgés, après chaque défaite, des refuges et des échappatoires assurés. La pauvreté du sol est générale, désespérante ; trop d'indispensables nécessités y font défaut : souvent même sur les hauts plateaux (Kartsplatten) de l'Herzégovine, l'eau et le bois. La troupe ne peut subsister que sur les convois.

Les chaînons parallèlement étirés des Alpes Dinariques partagent l'échiquier en deux régions assez distinctes l'une de l'autre : la Bosnie et l'Herzégovine. La première est relativement avantagée ; le terrain y est moins difficile, les communications plus aisées, la fertilité plus heureuse ; elle est aisément accessible par les riches vallées du Danube, de la Drave et de la Save.

L'Herzégovine demeure la contrée désolée déjà esquissée. Les opérations militaires à y conduire ne peuvent prendre appui que dans l'étroite bande dalmate elle-même, passablement dépourvue de moyens.

De prime abord, la Bosnie se prête donc plus facilement à une offensive. Serajewo est le but premier de cette offensive ; les ressources de cette localité, relativement importante, autorisent, pour la première fois, après la pénétration, une concentration des masses ; c'est à la fois un objectif politique, géographique et stratégique par la croisée des voies nombreuses se diffusant dans toutes les directions.

Les objectifs secondaires et successifs sont Dolnja-Tulza, Zvornik, Banjaluka, Travnik, Mostar, Trebinje, Bilek et le plateau de Gacko.

La possession de Livno et de Konjica assure la communication entre les deux champs de l'échiquier.

Bihac est important comme point de passage sur l'Una ;

de même, l'occupation des ponts de Visegrad et de Goradza sur la Drina doit précéder forcément toute intention d'agir dans le Sandschak de Novi-Bazar.

Les opérations, dans un pays du caractère de celui qui nous intéresse, exigent une organisation particulière des forces agissantes; cette organisation, les Autrichiens la possèdent de longue date sous la dénomination de: *Organisation und Ausrüstung für den Gebirgskrieg.* Elle est diverse:

Normale
Restringirte } Gebirgs Ausrüstung.
Gemischte

Le premier mode est adopté pour des troupes appelées à de longues opérations dans un pays dénué de ressources et privé de voies charretières (1).

Le second est pris dans des conditions à peu près identiques, alors que l'expédition prévue n'est que de courte durée (2).

La troisième préparation ne tient aucun compte du facteur « temps »; elle est acceptée lorsque les vallées sont accessibles aux transports sur roues, les communications latérales restant muletières.

Dans ces formations spéciales, la division cesse d'être unité; on recherche un groupement plus maniable, la *Gebirgs Brigade*, à 4 ou 6 bataillons.

---

(1) Transports opérés par bêtes de somme. Le soldat porte 2 jours de vivres et 1 jour de viande de conserve; les chevaux de selle, 2 jours d'avoine; les animaux de bât, 4 jours de vivres ou 4 jours d'avoine.

(2) Dans le premier cas, par bataillon, 48 à 50 bêtes; dans le second cas, 23 bêtes. On supprime, en effet, la *Proviant-Colonne*, pour ne traîner à sa suite que la *Verpflegs-Colonne* (4 jours). Munitions, 8 animaux par bataillon.

Lorsque les circonstances le permettent, ces unités de batailles sont amalgamées en division, qui comprend alors :

1 état-major divisionnaire ;

3 à 4 brigades ;

1 à 2 compagnies de génie ;

1 à 2 escadrons ;

3 à 4 batteries de montagne (éventuellement, à la réserve, 1 batterie de campagne) ;

1 ambulance divisionnaire ;

Le parc divisionnaire du génie ;

1 colonne de subsistance ;

1 compagnie légère du train par brigade et, si possible, 1 compagnie du train avec ses voitures pour le service de réapprovisionnement à la station tête d'étapes.

L'état-major de la division est organisé sur le modèle de celui des divisions d'infanterie ; il reçoit, de plus, 2 ou 3 sections de télégraphie optique et 1 section légère de télégraphie.

La section de télégraphie optique compte : 2 officiers, 20 hommes et 5 à 8 animaux de bât ; elle est à même d'établir 4 postes desservis par des appareils Uhieten et distants de 7^k^,5 à 11 kilomètres.

La compagnie du génie à effectif renforcé englobe génie et pionniers.

La batterie de montagne est formée à 4 pièces avec 2 officiers, 101 hommes, 5 chevaux de selle, 48 à 61 animaux de bât et 2 ou 3 voitures réquisitionnées ; 4 mulets de pièce, 4 d'affût, 8 de munitions constituent le premier échelon du train de combat.

Le parc, réparti en 3 ou 4 sections, est soit à dos de bête, soit sur des voitures du pays. Il approvisionne 100 coups par pièce et 20 cartouches par homme.

La compagnie du train attribuée à chaque brigade d'infanterie se fractionne normalement en neuf sections :

1re, Etat-major et ambulance ;

2e, Munitions ;

3e à 8e, Vivres ;
9e Réserve.

Il était difficile au gouvernement austro-hongrois de dénombrer même approximativement les forces qu'il pourrait avoir à combattre.

Dans la population chrétienne, les catholiques semblaient attendre les Impériaux comme des libérateurs ; les orthodoxes, en très majeure partie, pouvaient également être acquis à l'Autriche.

Mais, à la rare exception de quelques individus de la classe aisée, la population musulmane tout entière était à compter comme énergiquement hostile, et cela dans des conditions d'autant plus redoutables que la soldatesque turque, en presque totalité recrutée dans le pays, faisait cause commune avec l'insurrection.

D'autre part encore, des considérations politique et économiques faisaient désirer une pondération raisonnable dans l'emploi des forces à mobiliser.

Divers éléments d'appréciation, des considérations multiples, qui fâcheusement ne pouvaient toutes se concilier, fixèrent à 82,000 hommes l'effectif des troupes à mettre en campagne ; sur ce chiffre, 9,000 hommes devaient être employés à renforcer les garnisons en Dalmatie.

La mobilisation de ces moyens embrasse deux périodes : la première, courant juillet ; la seconde, en août (5 au 19), alors qu'une connaissance plus parfaite de la situation a fait connaître l'insuffisance du premier effort.

Nous distinguons dans la première période de mobilisation, trois groupes affectés :

A) Aux opérations en Bosnie ;

B) Aux opérations en Herzégovine;

C) Au renforcement des garnisons en Dalmatie et sur la Save.

A) Opérations en Bosnie.

Le 13e corps d'armée comprenant:

a) La VIe division (organisation mixte), F. M. L. von Tegetthof.

1re brigade, colonel von Polze, 4 bataillons, 1 batterie.

2e brigade, colonel Lemaic, 4 bataillons, 1 batterie.

3e brigade, G. M. Müller, 6 bataillons, 1 batterie.

Réserve: 4 escadrons, 1 compagnie du génie, 1 compagnie de pionniers, 1 batterie d'artillerie de montagne.

Services: ambulance, parc, convoi, 458 hommes, 170 chevaux de selle, 488 chevaux de trait, 704 animaux de bât (608 requis).

Total: 14 bataillons, 4 escadrons et un peloton d'escorte, 16 pièces. — 16,6?2 hommes, 2,054 chevaux.

b) La VIIe division (organisation normale), F. M. L. duc Guillaume de Wurtemberg.

1re brigade, colonel von Villecz, 4 bataillons, 1 batterie.

2e brigade, archiduc Jean-Salvator (1), 4 bataillons, 1 batterie.

---

(1) Le dernier des cinq enfants du grand-duc dépossédé de Toscane, Ferdinand IV, commandait, en décembre 1887, la XIIIe division d'infanterie à Linz, lorsqu'il demanda à se faire relever, pour quelque temps, du service actif, froissé, à ce qu'il paraît, de ne pas avoir été appelé au commandement d'un corps d'armée.

Depuis cette époque, l'archiduc Jean est tombé dans une complète défaveur, motivée, dit-on, par des actes d'indiscipline et des incorrections politiques. Il a volontairement renoncé à tous ses titres, dignités ou prérogatives, et n'était plus que le capitaine de la marine marchande Jean Orth, dont le bâtiment s'est, il y a peu de temps, perdu corps et biens dans les parages du cap Horn.

L'archiduc était l'auteur d'une conférence qui, à l'époque, a justement fait quelque bruit: *Drill und Erziehung.*

3e brigade, G. M. Sametz, 6 bataillons, 1 batterie.

Réserve : 3 escadrons, 1 compagnie du génie, 1 compagnie de pionniers, 1 batterie de montagne.

Services : ambulance, parc, convoi.

Total : 14 bataillons, plus 3 compagnies, 3 escadrons, un peloton d'escorte, 16 pièces. — 17.724 hommes, 3,178 chevaux.

c) La XXe division (organisation normale des troupes de campagne), F. M. L. Szapary.

39e brigade, G. M. Kaiffel, 6 bataillons.

40e brigade, colonel von Déesy, 6 bataillons.

Artillerie : 3 batteries.

2 escadrons de cavalerie, 1 compagnie du génie.

Services : ambulance, parc, convoi.

Total : 12 bataillons et 2 compagnies, 2 escadrons, 1 peloton d'escorte, 24 pièces. — 1,607 hommes, 2,989 chevaux.

B) Opérations en Herzégovine.

La XVIIIe division (organisation normale pour la guerre en pays de montagnes), F. M. L. von Javanovic.

1re brigade, G. M. Thodorovich, 4 bataillons, 1 batterie.

2e brigade, colonel von Klimburg, 4 bataillons, 1 batterie.

3e brigade, G. M. von Schluderer, 5 bataillons, 1 batterie.

Réserve : 2 pelotons de cavalerie (*berittene Landesschützen*), 2 compagnies du génie, 1 compagnie de pionniers, 1 batterie de montagne, 1 batterie de campagne.

Services ; ambulance, parc, convoi.

Total : 13 batteries, plus 3 compagnies, 3 pelotons (1 d'escorte), 24 pièces. — 1,708 hommes, 327 chevaux.

C) Renforcement des garnisons.

a) En Dalmatie, F. M. L. von Rodich.

Dalmatie septentrionale, G. M. Csikos.

Dalmatie méridionale, G. M. Popp von Poppenheim.

Réserve.

Total : 8 bataillons, 2 compagnies, 7 compagnies d'artillerie de forteresse. — 9,400 hommes.

b) Sur la Save :

Mobilisation de deux bataillons d'artillerie de forteresse;

Mobilisation de sections de douaniers et de sections de chemins de fer de campagne;

Surélévation des effectifs par prélèvement dans une autre division (effectif renforcé de 157 hommes par compagnie).

La seconde phase de la mobilisation équivaut à un renforcement.

A) En Bosnie :

Par les XXXVIe, Ire et IVe divisions.

B) En Herzégovine :

Par la 20e brigade.

C) Pour remplacer sur la Save les troupes engagées en Bosnie (Ire et XXXVIe divisions), la 25e brigade d'infanterie est envoyée sur cette frontière; on procède, de plus, à la formation de brigades de landwehr.

Le commandement en chef de cette armée d'opérations est confié au Feldzeugmeister Philippovic de Philippsberg (1), ayant pour chef d'état-major le colonel L. Popp.

Le projet du général en chef est d'agir énergiquement avec la masse de ses forces directement sur Serajewo; il y emploiera le 13e corps. La XVIIIe division, après l'occupation

(1) Né en 1819. Entré au service en 1835. Général au début de la campagne de 59; prend une part brillante à la bataille de Solferino. F. M. L. en 1866; F. Z. en 1874. Campagnes de 48, 49, 59 et 66. Décédé le 6 août de l'année dernière frappé d'apoplexie à Prague, où il commandait le 8e corps.

de l'Herzégovine, doit couvrir le flanc du mouvement principal.

Il y a avantage à franchir la Save sur divers points, afin de déboucher concentriquement en plusieurs colonnes sur Serajewo; ces colonnes, fatalement dépourvues de communications latérales, seront fortement constituées, de manière à pouvoir se suffire en toute éventualité.

Les voies d'invasion extrêmes, celle de la vallée de la Drina par Baca-Zwornik, celle de Bihac (Una)-Trawnik sont écartées comme trop excentriques; la route par Nova-Brcka=Dolnja-Tuzla est également réprouvée par suite de la difficulté des relations dans la vallée de la Save.

Trois lignes d'accès restent ouvertes par la Drina, la Bosna et l'Urbas; elles ont leur origine à Samac, Brod et Alt-Gradisca.

Les mouvements de concentration sur le réseau ferré commencent le 10 juillet et s'achèvent, dans leur partie essentielle tout au moins, le 26 du même mois.

A cette date, les masses principales se groupent :

Sur la Save	Samac.	XXe division.
	Brod.	VIe division et quartier général.
	Neu-Gradisca	VIIe division.
	Kostajnica.	
En Herzégovine	Vrgovac	2e brigade et état-major de la XVIIIe division.
	Draglpane	1re brigade.
	Imoski.	3e brigade.

La XVIIIe division est ainsi prête à saisir la ligne Metkovic-Mostar.

DEUXIEME PARTIE

Ire Armée d'opération. — 13e Corps en Bosnie. XVIIIe Division en Herzégovine.

Nous avons vu, à la fin de l'introduction, que le général Philippovic avait réparti ses forces en quatre groupes auxquels il assigne des itinéraires distincts.

La 1re colonne, à gauche, assemble autour de Samac la 40e brigade, l'état-major de la XXe division, la réserve divisionnaire et les services; elle compte : 8 bataillons, 1 compagnie du génie, 2 escadrons et 24 pièces; objectif : Zwornik. La 39e brigade demeure provisoirement en réserve sur la rive droite de la Save.

La 2e colonne, la principale, se concentre à Brod; elle comprend : le quartier général, la VIe division et les services de réserve, 14 bataillons, 3 compagnies du génie, 4 escadrons et 48 pièces; objectif : Serajevo.

La 3e colonne, à droite, à Alt-Gradiska, est formée avec deux brigades de la VIIe division, l'état-major divisionnaire et les services; ensemble 10 bataillons, 3 compagnies du génie, 2 escadrons et 12 pièces; objectif : Travnik.

La 4e colonne, à l'extrême droite, simple détachement de la VIIe division, ne compte que 4 bataillons, 1 escadron et 4 pièces; elle doit se porter de Kostajnica sur Banjaluka.

Si nous ne mentionnons que pour mémoire les deux proclamations du général en chef, l'une aux troupes, l'autre à la population du territoire envahi, nous insisterons un peu plus sur l'excellence, le soin minutieux des instructions générales adressées aux commandants des colonnes. Elles portent principalement sur les mesures à adopter pour assurer les communications avec la base d'opérations, sur le réapprovisionnement et les évacuations ; on y lit encore l'exposé de théories tactiques appropriées aux conditions locales et sur lesquelles nous aurons incidemment à revenir ; enfin, à ces instructions sont annexés des tableaux de marche, véritables itinéraires si parfaitement étudiés qu'on n'y a pas signalé simplement l'état de chemins, mais que mention y est faite encore, par un indice conventionnel, des points nécessitant des travaux d'aménagement.

Le 29 juillet, les avant-gardes franchissent la Save et prennent pied sur la rive turque.

Attachons-nous successivement au cheminement de chacune de ces colonnes.

CHAPITRE PREMIER

Opérations en Bosnie. — Evénements qui précèdent l'occupation de Serajevo. — Marche de la colonne principale. — Fâcheux incident du capitaine Millinkovic. — Premier engagement à Kosna le 4. — Combat de Zepce le 7 (croquis). — Arrivée à Zenica le 11 *août*. — Déposer les sacs.

Les 29 et 30 juillet, la VIe division passe le pont jeté à Brod même et commence, sans tarder, sa marche sur Dervent (20^{k},5).

Comme début, cette marche est fort pénible, presque desastreuse ; la troupe, accablée par la lourde chaleur d'une journée orageuse, égrène le triste chapelet des traînards et perd onze insolés.

Puis, la tempête se déchaîne, éprouvant au bivouac les hommes déjà exténués ; le général doit accorder à la troupe un double repos, indispensable, du reste, pour rétablir les routes endommagées.

Profitons, en ce qui nous intéresse plus directement, de ces journées inactives pour analyser, une fois pour toutes, un ordre de marche, celui du 30 juillet.

Avant-garde : 1re brigade de montagne, section de télégraphie optique, n° I, 4e escadron du régiment de hussards, n° 7, compagnies du génie 4/II et 10/II, batterie de montagne n° I/IV, une section de l'ambulance n° 6, train de combat.

Gros : 2e brigade de montagne, artillerie de corps, état-major du corps d'armée, état-major de la division, section de télégraphie optique n° II, 3e brigade de montagne, régiment de hussards n° 7 ; le reste de l'ambulance, sections de munitions, réserve d'outils (ces éléments sont, pendant la marche, sous les ordres du général commandant la 3e brigade), train régimentaire, réserve de la compagnie légère du train n° I.

Arrière-garde : Deux compagnies.

Objectif de la marche : Dervent ; à l'arrivée, formation de rassemblement, la 1re brigade au sud, les deux autres brigades au nord de la localité, de chaque côté de la route. Les emplacements de bivouac seront indiqués par les majors de brigade.

Départ : Tête de la brigade d'avant-garde, 5 kilomètres.

Point initial : Entrée du pont sur la Save.

Grande halte . D'après les indications fournies par l'officier d'état-major marchant avec la tête d'avant-garde ; probablement à hauteur de T. Luzani.

Alimentation : A l'arrivée au bivouac, soupe avec les vivres distribués.

Service de sûreté : La brigade d'avant-garde se couvrira sur le flanc gauche par deux compagnies marchant de Turkisch-Brod, par Zeravac à Kulina, où elles s'arrêteront pour entrer en communication avec la colonne ; prendre un guide à Turkisch-Brod. Détachement sur le flanc droit d'une compagnie de Siekovac, par T. Luzani-Karsine, jusqu'au passage de l'Ukrina, à l'ouest de Dervent ; la compagnie s'y établira et patrouillera vers Kulinovici. Chaque brigade se couvrira à gauche sur toute l'étendue de la colonne ; les groupes de tête de ces flanqueurs jalonneront la direction ; ils laisseront, si besoin est, un poste de deux hommes à la croisée des chemins.

Les avant-postes s'établiront sur la ligne Osoici-Zivinice, la gauche se soudant au poste de Kulina. L'arrière-garde, postée au pont au sud de Han Luzani, se reliera par d'incessantes patrouilles avec Kulina et Peratovci. Les brigades assureront elles-mêmes le service des patrouilles le long de l'Ukrina.

Place du commandant : Jusqu'à 7[h],30 au pont ; à partir

de ce moment, à la tête de la 2e brigade ; au bivouac, au nord de Dervent.

L'ordre sera donné à 4 heures au quartier de la division.

Nous avons élagué de cette analyse certaines prescriptions concernant le convoi, les travaux du génie, etc. ; le document, dans sa forme originale, est un véritable modèle du genre par son heureuse et intelligente adaptation aux conditions locales. Il est à peine besoin de faire remarquer le soin extrême avec lequel est assuré le service de sûreté ; on est dans l'inconnu, toutes les surprises sont à redouter ; or, comme nous le faisait écrire le général Ritter dans son ordre du 4 avril 1881 : « La pire des défaites, est celle qui suit une surprise » (1).

Les difficultés de la route entre Dervent et Kotorsko engagent le général commandant à une disjonction de la colonne en trois éléments, qui se mettent successivement en marche les 2, 3 et 4 août (2).

Cette disposition, motivée, nous l'avons dit, par l'insuffisance et le mauvais état des chemins, a de plus l'avantage de couvrir la marche par une forte avant-garde sous la protection de laquelle les troupes techniques travailleront à l'aménagement des voies que le convoi suivra ensuite avec plus de sécurité et d'aises.

Dans la journée du 3 août, alors que le premier échelon vient d'atteindre Doboj, que les deuxième et troisième groupes sont encore à Kotorsko, la malheureuse manie des déta-

---

(1) Ordre nº I de la colonne Ritter, camp d'El Aïoum.

(2) Ce moyen est, du reste, fort recommandable chaque fois que le terrain à parcourir présente de sérieux obstacles, que ce soit, comme dans le présent cas, par nécessité de réparer les voies ou, comme le fit, en 1859, la division Renault, pour le passage du mont Cenis. M. le général Lewal cite cet exemple comme présentant un enseignement de grande valeur pour la tactique des marches.

chements, si déplaisante au maréchal Bugeaud, provoque un fâcheux épisode.

Le 1er août, le général avait détaché de Dervent le 5e escadron du 8e hussards avec le capitaine Millinkovic chargé d'explorer la vallée de la Bosna jusque vers Zepce; un fonctionnaire de l'intendance accompagnait l'escadron avec 20,000 florins pour procéder à des achats. Le 3, le capitaine était en route de Maglaj à Zepce lorsqu'on lui signale un rassemblement d'insurgés. Si on veut bien admettre que cet officier chargé d'une reconnaissance topographique, probablement aussi d'une enquête politique, accompagné d'un fonctionnaire de l'intendance, n'avait pas mission de combattre, on doit le blâmer de s'être porté sur Zepce avec tout son monde au lieu de se retirer sur Maglaj, où seraient venues le rejoindre les patrouilles risquées en avant. Bref, le désir de surprendre quelques paquets d'insurgés amène un engagement, à la suite duquel le capitaine Millinkovic est obligé de se replier à Maglaj, où il avait reçu le matin même les plus paisibles assurances; des coups de fusil débandent son escadron; pertes : 2 officiers, 45 hommes et les voitures avec la caisse (1).

Le 4, le général en chef quitte Doboj avec les deux premiers échelons (3e et 1re brigades) en marche sur Maglaj; nous remarquons le dispositif de la brigade de tête déployant trois colonnes : l'une, dans la vallée de la Bosna; l'autre, sur la rive droite de la rivière, celle de droite sur un chemin latéral qui à un moment s'éloignera d'environ 10 kilomètres de la colonne centrale, circonstance qui motive le détache-

(1) « Le capitaine Millinkovic a sacrifié le but de sa mission au désir de se signaler. »

Notons, en passant, une bonne pratique suivie par cet officier. Dans la nuit du 2 au 3, bivouac à Maglaj; la ville sur la rive droite de la Bosna, l'escadron sur la rive gauche; un poste est établi au bac, toutes les embarcations sont ramassées; on évitera ainsi, sinon une alerte, tout au moins la surprise d'un passage en force.

Combat de Zepce (7 août 1878).

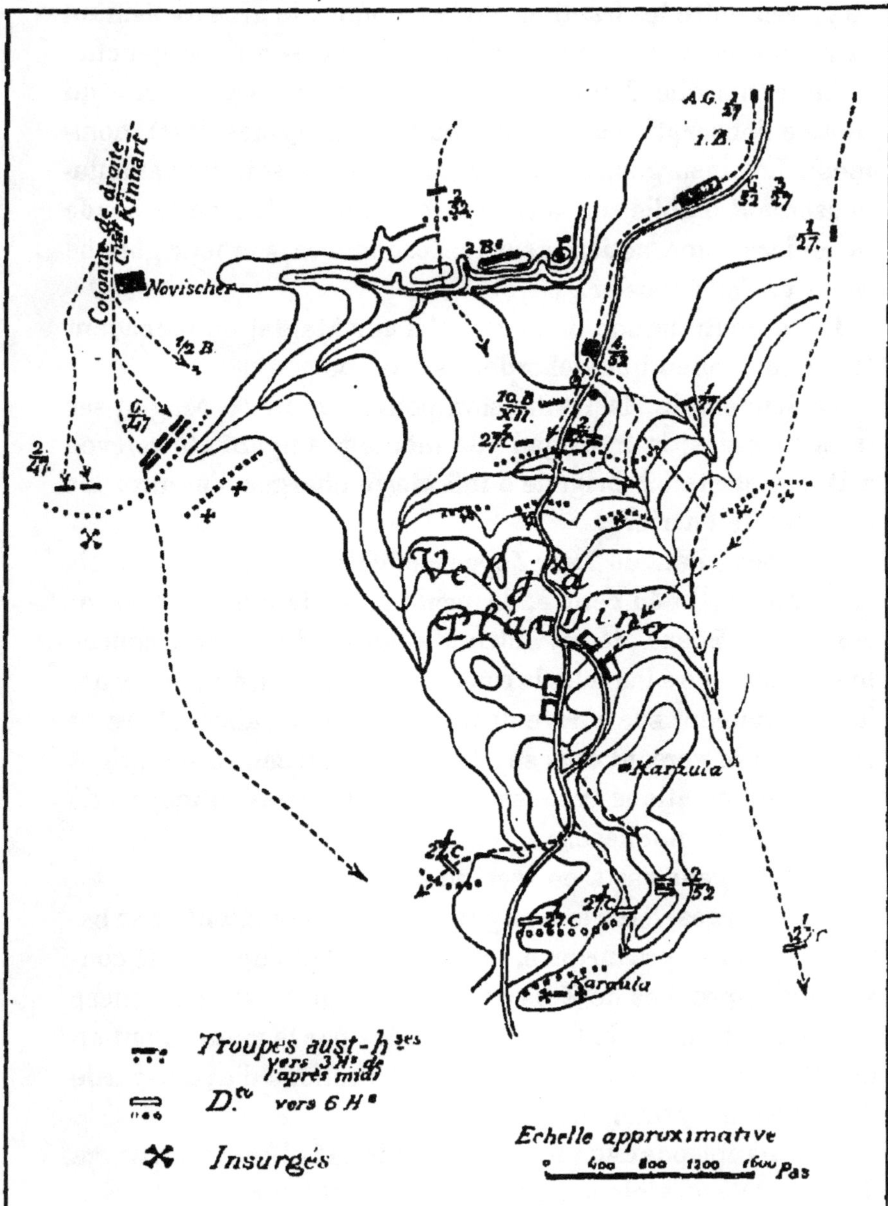

ment de deux compagnies pour garnir cet intervalle. Toutes les mesures sont prises pour éviter que les insurgés ne puissent se glisser entre les fractions de la colonne ; le gros avoisinant la rivière porte de simples patrouilles sur son flanc gauche.

Cette marche donne lieu à un premier engagement qui motive l'absorption successive de 13 compagnies (2,500 hommes). Les insurgés, au nombre de 7,000, se sont très avantageusement établis sur la croupe qui force à Kosna le coude la rivière ; une action décisive prononcée sur leur gauche réussit à les déposter.

Le 5, continuation de la marche sur Maglaj en menaçant toujours l'ennemi de déborder sa gauche.

Le lendemain, la IIe division pouvait réunir à Maglaj ses trois brigades, la 2e brigade de montagne ayant été relevée à Doboj par la 39e brigade d'infanterie chargée d'assurer les services de l'arrière.

Le mouvement du 7 sur Zepce s'effectue également en trois colonnes, celle du centre, la principale, tenue en réserve ; comme la Bosna décrit entre Maglaj et Zepce une courbe bien accentuée à laquelle la route sert pour ainsi dire de corde, le détachement sur la rive droite n'a plus sa raison d'être et passe sur le versant opposé ; la colonne du centre maintient les communications avec les colonnes latérales au moyen de compagnies détachées.

La 2e brigade reste en réserve à Maglaj.

Les insurgés, dans les rangs desquels se comptent deux bataillons de troupes turques, tentent au col de Jepacko de couvrir les approches de Zepce ; l'affaire, qui s'est généralisée sur toute l'étendue du front, est décidée par le mouvement en avant, sur le col même, des deux bataillons d'avant-garde de la colonne principale.

Comme épisode évoquant le souvenir de Solferino, un orage d'une extrême violence qui s'abat vers 3 heures de l'après-midi suspend l'action de part et d'autre pendant près d'un quart d'heure.

Il convient d'une façon toute spéciale de signaler l'heureuse et complète association de tous les efforts ; ainsi, vers les 11 heures 1/2 du matin, le colonel von Kinnart arrête sa troupe pour attendre que l'avant-garde de la colonne du centre soit arrivée sur la route à sa hauteur. Ainsi encore à la fin du combat le lieutenant-colonel von Pittel (gauche) est secondé par cinq compagnies du 52e portées par le général en chef sur le flanc des insurgés ; ceux-ci se hâtent alors de passer la Bosna.

Les nécessités d'attendre le convoi et d'organiser les services de l'arrière obligent la colonne à séjourner les 8 et 9 à Zepce ; ce retardement n'a rien que de normal, c'est l'application raisonnée d'un principe de l'archiduc Charles réglant la méthode en pays insurgé : « fortifier sa base d'opération et ses lignes d'étapes ; ne pas risquer en avant de nouvelles conquêtes sans avoir solidement assis la possession des points qui vous sont nécessaires ».

La position de Vanduk, à 22 kilomètres en amont dans la vallée de la Bosna, était une de celles que le général commandant pouvait avoir crainte de se voir opiniâtrément disputer ; il prend, dans cette éventualité, ses dispositions pour amener, le 10 août, ses trois colonnes à 7 ou 8 kilomètres du défilé, en remettant l'affaire au lendemain avec projet de déborder les deux ailes, le centre tenu en arrière intervenant essentiellement par l'effet de son artillerie.

Ces prudentes dispositions sont heureusement inutiles ; l'ennemi ne s'immobilise pas à Vanduk, se repliant sans arrêt sur Serajevo.

Nous relevons, dans les instructions émises en prévision de ce combat, la recommandation aux colonnes des ailes de faire déposer les sacs des soldats en chargeant seulement les vivres et les cartouches ; les sacs seront ensuite portés aux troupes par les voitures à vivres. Cette façon d'alléger le soldat est une de nos pratiques de la guerre d'Afrique, le maréchal Bugeaud en était très partisan et l'expression

« *jeter les sacs* » revient fréquemment dans la correspondance du duc d'Aumale (pour ne citer qu'un exemple, rapport sur le deuxième combat de N'ghaous, en date du 2 juin 1844).

Mais la généralisation du procédé ne serait pas sans inconvénients.

En 1866, la 5e division (Tümpling) en marche sur Gitschin, abandonne ses sacs à Eimils, la chaleur rendant la marche extrêmement pénible; à Sadowa, cette même division quitte casque et sac au Roskos-Berge, comme en 1870, le 39e au pied du Gifertwald (Spicheren). Par contre, le 20 juillet, lors de la première attaque dirigée contre Plewna, le régiment de Kostroma, vivement ramené, perd tous ses sacs que le colonel Kleinhaus a fait déposer dans le ravin de Griviza, et déjà, plus anciennement, dans ses Mémoires, le duc de Rovigo ne nous conte-t-il pas, au lendemain d'Austerlitz, le triste défilé des soldats russes privés de tout bagage ?

Faire déposer les sacs est s'exposer, dans bien des circonstances, à des risques qu'un chef prudent voudra éviter; d'autre part, il n'est que trop naturel, au moment où l'on sollicite du soldat un effort suprême, de chercher à l'alléger dans la mesure du possible.

A la fin de la campagne de 1859 (9 juin), les soldats autrichiens furent considérablement allégés; l'homme, muni d'une veste de toile et d'un manteau, portait le nécessaire indispensable dans la musette et une deuxième paire de souliers attachée à la giberne (voir relation de la section historique de l'état-major prussien).

Mais aucun de ces expédients n'est recommandable, car il n'y a réellement qu'un seul procédé à adopter, le plus régulier et le plus pratique de tous : *modifier le chargement du soldat d'infanterie.*

L'armée allemande est déjà entrée dans cette voie de progrès en adoptant un nouveau modèle de sac en deux parties, qui a aussi l'avantage de répartir judicieusement la charge sur les épaules et les hanches ; en Autriche-Hongrie, la question a été également étudiée de très près. En France, les comités qui siègent au ministère de la guerre se sont, depuis quelque temps aussi, préoccupés de cette intéressante réforme.

Après cette digression qu'excuse l'importance de la question, il nous reste à dire, pour terminer ce premier chapitre, qu'affranchi par la retraite de l'ennemi de toutes appréhensions immédiates, le général Philippovic peut assurer à sa marche plus de commodités et rappeler à lui les colonnes latérales. Toutefois, celle sur la rive droite de la Bosna, n'ayant pu passer la rivière, la jonction effective ne s'opérera que le 11 à Zenica.

A la même date, la VIIe division occupe Travnik ; cette division avait parcouru en 12 journées de marche 191 kilomètres, soit en moyenne 16 kilomètres par jour ; la colonne principale escortée, il est vrai, de gros impedimenta, ayant de plus eu quelques engagements à soutenir, avait franchi 157 kilomètres, ce qui donne 12 kilomètres seulement à la journée. La XXe division, placée dans des conditions très difficiles, avait marché en 9 jours 99 kilomètres.

CHAPITRE II

Opérations en Bosnie. — Evénements qui précèdent l'occupation de Serajevo. — Marche de la colonne de droite (VIIe division). — Jonction des éléments de cette division à Banjaluka. — Marche sur Jaice. — Combat de Jaice le 7 (croquis). — Séjour à Travnik. — Soulèvement et combat de Banjaluka, le 14 août (croquis). — Detachement sur Livno. — Des moyens d'information. — Transport en voiture de petits détachements d'infanterie.

La VIIe division doit tout d'abord gagner Banjaluka, après Serajevo, la plus importante ville de la province bosniaque.

Les 2e et 3e brigades y sont conduites directement de Alt-Gradiska ; le passage à Berbir a pu s'opérer dans la journée du 29 juillet, ce qui permet à la colonne d'effectuer sa marche le lendemain matin dans d'excellentes conditions. (Voir marche de la VIe division.)

La 1re brigade traverse la Save à Kostajnica et atteint Banjaluka, le 3 août, par Novi et Kozarac. Au début, la marche de cette brigade fut quelque peu pénible. Nous signalerons, à cette occasion, l'emploi du peloton de pionniers du 5e régiment de uhlans, précédant la colonne et ramassant les matériaux nécessaires au prompt aménagement de nombreux ponceaux ou ponts qui, tous, sont à réparer et à consolider.

Le 3, la 2e brigade et le 52e d'infanterie quittent Banjaluka, se portant sur Jaice ; le lendemain, la colonne campe au col de Han Cadjavica, au pied duquel se soudent les routes Bihac-Kljuc-Jaice et Banjaluka-Jaice ; la voie tombe alors dans la cuvette de Podrasnica, d'où elle s'échappe par le col de Rogelje (10 kil. au S.-E.).

Le mode de flanquement adopté par le général prince de Wurtemberg diffère de celui préconisé à la colonne principale, et mérite également d'être mentionné. La VIIe division porte sur son flanc droit — le plus menacé — des flanc-gardes fixes jetées par l'avant-garde sur les chemins latéraux, et rejoignant l'arrière-garde après l'écoulement de la colonne ; pour les points d'une importance essentielle, les flanc-gardes demeurent en place jusqu'à relèvement par des détachements sortis de Banjaluka.

C'est au bivouac de Han Cadjavica que le général apprend que des bandes d'insurgés, accourues de Travnik et de Serajevo, se disposent à lui chicaner les défilés.

Le combat du 5 au col de Rogelje nous fournit matière à d'instructives observations.

Le gros bagage reste au camp et ne se remet en route que sur l'ordre donné après déblaiement du col.

Le combat s'engage comme dans le type normal, par le déploiement du bataillon tête d'avant-garde, dès que les patrouilles de cavalerie reçoivent les premiers coups de feu. La compagnie gardée en réserve déborde la gauche, parce que ce côté est *topographiquement* le plus dangereux ; le bataillon de la tête du gros constitue la première réserve ; l'artillerie s'est mise en batterie au centre.

Le commandant de l'avant garde *décide* qu'au début, tout au moins, l'effort se prononcera contre la droite ennemie ; il n'a, pour agir ainsi, que de médiocres raisons. se laissant presque uniquement guider par les coups de feu tirés des hauteurs sur la gauche. Ajoutons encore que le brouillard est si intense que le bataillon, chargé du mouvement enveloppant, ne peut recevoir de point de direction et marche droit au coup de fusil. On reconnut, plus tard, que c'était précisément à cette aile qu'il convenait de chercher la clef de la position.

Les éléments, successivement tirés du gros, sont ensuite amenés sur la ligne de combat, comme organes, moteurs et propulseurs du mouvement.

On doit louer le commandant de la colonne d'avoir agi avec

une si heureuse et prompte décision, car il est dans la caractéristique même de l'offensive, de haïr le tâtonnement et d'attaquer là où l'on veut, contraignant l'adversaire, condamné à la défensive, à subir votre impérieuse volonté.

Il faut toujours savoir ce que l'on veut, prendre promptement sa décision et la poursuivre avec énergie ; ou autrement, comme l'a dit le vieux Montecuculli, « consulter lentement, exécuter promptement et avec vigueur, c'est l'avis des sages ».

Les renseignements recueillis après le combat (1) (corres-

Les moyens à employer, au cours des opérations actives, pour se renseigner sur les intentions et projets de l'ennemi, peuvent se résumer :

1° Rapports des patrouilles ou des reconnaissances ;

2° Rapports des émissaires vulgairement mais improprement dénommés espions ;

3° Interrogatoire des prisonniers et des déserteurs ;

4° Saisie de la correspondance.

Qui veut être bien renseigné ne doit attacher aucune préférence à l'un ou l'autre de ces moyens, mais les employer tous simultanément pour combiner et contrôler les informations.

Quoique le maréchal Bugeaud ait écrit (lettre au *Spectateur militaire*, 29 juillet 1829) : « J'ose l'affirmer, le meilleur moyen d'avoir des nouvelles est l'exploration », la cavalerie peut être inhabile à fournir des renseignements. Pendant les guerres du premier empire, notre cavalerie, si ardente sur le champ de bataille, était dirigée sans intelligence quand il était question d'avoir des nouvelles de l'ennemi. Cette appréciation est de Savary, duc de Rovigo, qui l'appuie de nombreux exemples (notamment Auerstædt, Friedland, Espagne en décembre 1808) ; Napoléon lui-même l'a confirmée implicitement par ses fréquentes défenses d'exposer de petits partis de cavalerie. (Voir entre autres : correspondance de mars 1807, le major général à Gazan le 10, à Masséna le 24, en 1809, de Schœnbrun, une lettre de Napoléon au prince Eugène, etc.). L'empereur accordait toutes ses préférences au dire des prisonniers. « A la guerre, les espions, les renseignements ne comptent pour rien. Ce serait aventurer la vie des hommes sur de bien faibles calculs que de s'y fier. On n'abandonnera Tudela que lorsque l'on aura vu l'ennemi et fait 30 ou 40 prisonniers qui donneront des détails précis et alors on saura à quoi s'en tenir. » (Lettre à Joseph, 1808.) Une autre fois, plus catégoriquement encore dans une lettre à Marmont du 18 février 1814 : « Vous devez tous les jours faire faire des prisonniers à vos avant-gardes ; c'est le moyen d'avoir des nouvelles ; *il n'en est pas d'autre efficace* ». « Et pourtant, quel médiocre crédit accorder aux asser-

pondance saisie, interrogatoire des prisonniers, rapports des espions) font prévoir qu'une sérieuse résistance s'organise à Jaice.

En prévision de cette éventualité, le général de division rappelle à lui sa première brigade pour entreprendre le 7,

---

tions des prisonniers qui ont tout intérêt à nous tromper et sont ou inintelligents ou trop intelligents, pour nous bien servir », comme l'écrivait judicieusement, à propos de Bazaine, tombé dans les mêmes errements, l'*Indépendance de la Moselle* du 17 octobre 1870 :

Dans de telles conditions, Napoléon ne pouvait être que mal servi et il en éprouva dans plus d'une occasion la fâcheuse contrariété. Ses dispositions en vue de la bataille d'Iéna ne sont-elles pas basées sur la fausse hypothèse d'une seule masse ennemie. (*Lettres sur la Stratégie,* tome Ier, deuxième lettre). N'est-il pas obligé, recherchant la bataille de Friedland, d'ordonner de son cabinet les mouvements de l'armée, « jugeant les opérations de l'ennemi d'après ce qu'il eût fait à sa place. » (*Mémoires* du duc de Rovigo.)

Il ne sera pas permis non plus de se fier entièrement aux rapports des émissaires. Pour éviter d'entrer dans le détail d'un paragraphe qui mériterait d'être longuement commenté, nous renverrons le lecteur aux passages à lire dans les ouvrages de Thiébault de Lavarenne, du maréchal de Saxe, de Bugeaud, du prince de Ligne, de la Roche-Aymon, de Delapierre et de Rouvre ; il nous suffira pour l'instant de rappeler combien, au début de la campagne de 1859, Gyulai — qui en avait fait la base essentielle de son service d'informations « soucieux de préserver des hussards des coups de fourche des paysans » — a été néfastement instruit par les émissaires. Le prince Kraft de Hohenlohe-Ingelfingen fait observer à cette occasion : « On croirait que tous les espions autrichiens étaient à la solde de leurs ennemis, car toutes ces nouvelles étaient fausses. Ce ne serait pas la première guerre où ce serait arrivé, ni la dernière non plus. » (*Lettres sur la Stratégie,* tome Ier, neuvième lettre.)

Dans le présent cas, l'insinuation ne se justifie toutefois pas ; on peut lire en effet, dans un récent volume de M. le comte d'Hérisson, combien était insuffisamment organisé au quartier général français ce service de renseignements.

La saisie de la correspondance a plus d'une fois procuré aux généraux d'avantageux renseignements (Napoléon à Milan en 1800 ; Castanos avant Baylen, faisant prisonnier M. de Fénélon ; informations fournies aux alliés en mars 1814, par la prise d'un courrier porteur des lettres du 23 de Berthier à Macdonald, et de Napoléon à Marie-Louise ; télégramme du Ministre Chevreau aux préfets, intercepté le 17 août 1870 à Mesnil par les hussards de la 4e division de cavalerie, etc. etc.) Mais ce moyen de se renseigner quelque précieux qu'il soit (voir général Lewal, *Tactique des renseignements*), n'est qu'occasionnel et les

toutes forces réunies, la marche en avant; plus tard d'autres informations ayant fait connaitre que Jaice n'est pas occupé, le prince de Wurtemberg ne croit pas devoir négliger l'occasion de gagner rapidement du terrain d'autant plus qu'il dispose d'une force suffisamment respectable : 4,786 hommes, 212 chevaux et 8 pièces.

La troupe bivouaque le 7 à Jezero (1); le lendemain, elle

---

profits qu'il procure à l'un, le dommage qu'il cause à l'autre peuvent être en moyenne partie annihilés par certaines mesures préventives.

Ainsi, prise isolément, aucune méthode d'informations n'est suffisamment parfaite; seule, la combinaison des divers procédés permet de réaliser *un à peu près* dont il faudra savoir se contenter (Jomini, *Précis de l'art de la guerre;* Marquis de Feuquière, Grimoard, de la Roche Aymon). Oui, d'un à peu près seulement, car il doit être dit et répété, su de tout le monde, que la chose la plus difficile à la guerre est de se renseigner.

Les exemples abondent pour affirmer cette vérité; un seul suffira. Ne ressort-il pas des Mémoires de l'empereur Frédéric III et de ceux du général Shéridan, que l'état-major allemand ignorait, sous les murs même de Sedan, la présence de Napoléon III à la tête de l'armée? M. de Bismarck croyait l'Empereur à Paris.

Enfin, et pour résumer cet exposé didactique :

Combinaison et contrôle de divers moyens en s'aidant : de hardies reconnaissances d'officiers, dans le genre de celles chevauchées sur le champ de bataille de Kaniggratz, ou encore autour d'Arras, en janvier 1871, par un officier de la 3e division de cavalerie; du dépouillement attentif de la correspondance et des journaux.

(1) La colonne était éclairée pendant cette marche par trois pelotons du 5e régiment de uhlans suivis par une section de pionniers en voiture.

Ce mode a été fréquemment employé à la guerre pour accélérer le déplacement de quelques fractions d'infanterie, mais il ne doit être préconisé que pour des petites unités et ne trouvera application utile et réelle que dans des circonstances spéciales dites : entreprises de la petite guerre.

C'est ainsi que le colonel von Boguslawski cite, dans son remarquable ouvrage *der Kleine Krieg*, l'exemple du transport en voiture de Stouby à Dangaard de 150 Danois allant surprendre, le 28 mars 1864, au soir, un poste prussien à Assendrup.

Le 18 septembre 1830, le percepteur de Muttenheim apporte à Neu-Brisach la nouvelle que les Allemands ont établi, dans le village, un relai de correspondance; on fit partir en toute hâte, sur des charrettes, un petit détachement d'infanterie qui réussit à enlever le poste ennemi.

se heurte aux insurgés, fortement établis, dans un terrain des plus difficiles.

Cette affaire est un des épisodes de la reprise d'offensive des insurgés se manifestant sur un autre point, à Zepce, contre la IIe division; ils la soutiennent avec une grande énergie : immobiles au centre, en arrière du ravin de Korito, mais cherchant avec leur droite à refouler les Autrichiens dans le fond de la vallée.

Du côté de ces derniers, trois phases sont à distinguer : Au début, combat traînant sur le centre pour donner à l'aile gauche le temps d'escalader les hauteurs et de se déployer. — Puis, un mouvement en avant de cette aile retardé par les obstacles du terrain et l'extrême opiniâtreté de la résistance. — Enfin, poussée en avant du centre lorsque l'action est partiellement décidée à gauche (entre 4 et 6 heures).

Quelques observations sont à retenir. — La phase de la reconnaissance de la position est très nettement accusée. Des patrouilles d'officier fouillent le terrain pour s'enquérir de sa praticabilité; à citer tout particulièrement le lieutenant du génie Porges qui va explorer, sous le feu de l'ennemi, le chenal unissant les deux lacs. Des renseignements sont aussi fournis par des gens du pays sur l'extension donnée par les insurgés à leur aile droite.

Le 53e d'infanterie, porté à gauche, dépose ses sacs avant de gravir les escarpements.

Dès que les troupes sont engagées, le front est sectionné et le commandement réparti en centre, aile droite et aile gauche.

Entre 3 h. 1/4 et 4 heures, le commandant de la divi-

Des exemples du même ordre seraient abondamment à emprunter aux guerres anciennes et récentes, partout, en un mot, où s'est fait sentir l'action prompte et énergique des partisans. (Voir entre autres les *Neue militariche Blätter*, de septembre 1884, l'ouvrage du major belge Ducasse et celui du regretté capitaine Quinteau.)

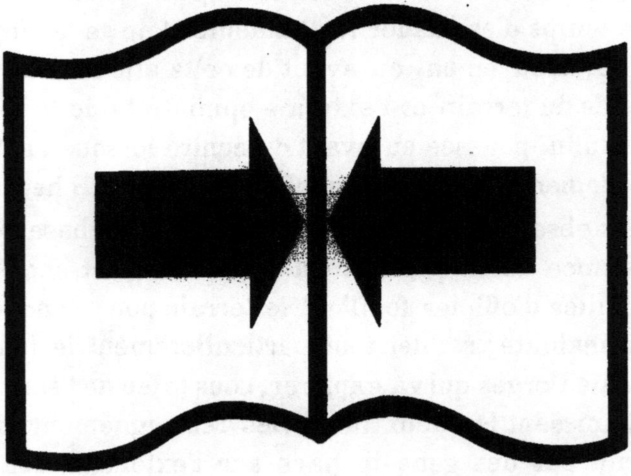

Reliure serrée

Combat de Ja[illegible] août 1878).

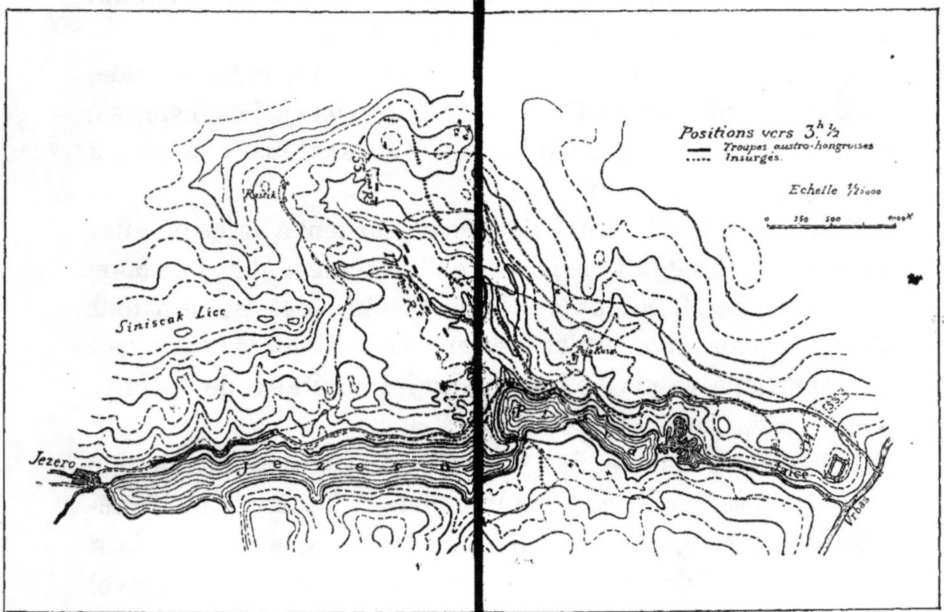

sion qui ne s'est pas mobilisé au belvédère que Dragomirow et von der Goltz appellent « la colline du général en chef »; qui, au contraire, a suivi de fort près les épisodes du combat ayant, comme disait Skobeleff « le doigt sur le pouls du combat », le général, disons-nous, pense que le moment est venu d'accentuer le mouvement décisif de la gauche; alors, à une sonnerie claironnée de bataillon à bataillon, toute la ligne exécute un changement de direction à droite.

Comme à Jepce, un violent orage (12,40) suspend pendant quelques instants les péripéties de la lutte.

Les pertes des Autrichiens s'élèvent, dans cette journée, à 22 tués (1 officier) et 173 blessés (5 officiers). Les insurgés, dont on peut évaluer la force à 5 ou 6,000 fusils, eurent à ensevelir 342 des leurs.

Les 8 et 9, les 2e et 3e brigades séjournent à Jaice où elles sont rejointes par la 1re brigade; celle-ci enlevant en une marche forcée de 36 heures les derniers 63 kilomètres. Ce séjour s'impose pour reconstituer les approvisionnements en vivres ou munitions et permettre au service sanitaire de parfaire son organisation.

Le 11, la division était à Travnik. A cette date, la colonne principale se trouvant, nous le savons, à Zenica. Conformément aux instructions qui lui sont adressées, le commandant de la VIIe division doit demeurer à Travnik jusqu'à nouvel ordre; une de ses brigades (la 1re) est détachée à Busovaca pour passer à la disposition du général en chef.

La quiétude de cette inaction est vivement alarmée par les événements de Banjaluka (14 août). A peine installé dans la ville, le G. M. Sametz n'avait pu se méprendre sur la sourde hostilité de la population prête à se soulever à l'approche des bandes infestant les alentours. La garnison de la place se trouvait extrêmement réduite, la majeure partie des troupes laissées à l'arrière étant échelonnée sur les routes pour assurer la sécurité des convois.

Confiant dans des renseignements qu'il tient pour précis,

le général s'attend à être attaqué au nord de la place et, comme il a prudemment renoncé à s'y enfermer, il établit ses troupes disponibles (4 compagnies) sur le chemin de Gradiska par lequel lui viendra le secours réclamé. Mais, contre toute prévision, les insurgés abordent la ville par son extrémité sud (le 14 au matin), culbutent les avant-postes, pénètrent dans le faubourg, puis contournent à l'ouest pour gagner la hauteur sur laquelle est sis le couvent des Franciscains. Le général Sametz appuie son peu de monde à la caserne hors et à l'est de la ville. Engagé de front contre l'enceinte, menacé sur sa droite par les bandes qui dévalent du couvent des Franciscains, sa situation devient de plus en plus critique; ainsi, il a dû abandonner à elles-mêmes les deux compagnies enfermées dans le château et ne peut plus se dégager qu'à l'aide d'une intervention du dehors.

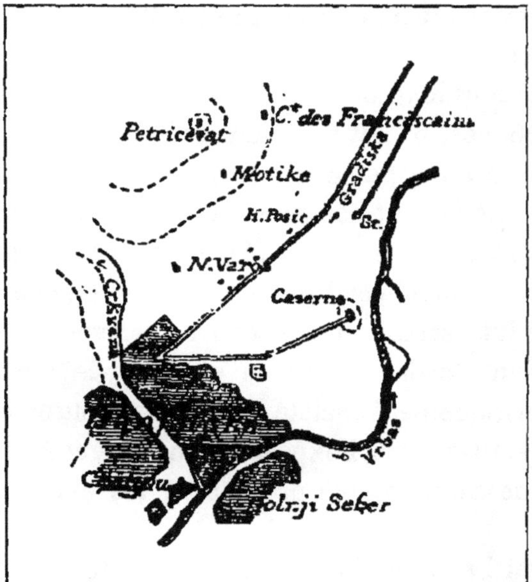

Celle-ci est heureusement prompte ; tout d'abord, vers 9 heures, une demi-batterie escortee par un peloton de uhlans a hardiment pris position ; peu après le capitaine

Weber accourt avec deux compagnies qui prolongent l'extrême droite vis-à-vis de Petricevac. Cette entrée en ligne refoule les insurgés sur le faubourg; la droite achève son mouvement de conversion et dépasse Motike. Vers 11 heures, trois sections ramassées par le major Putti sont poussées sur la ligne qui touche alors à N. Varos; enfin, un dernier effort jette la troupe dans le faubourg enlevé après une chaude mêlée; la demi-batterie amenée sur la hauteur de Motike ouvre aussitôt son feu contre la ville que les insurgés évacuent vers midi, se retirant dans la direction du sud.

En résumé, des divers détachements éparpillés dans toutes les directions, 2 compagnies de pionniers rejoignent au début de l'action, et plus tard le major Putti rassemble à peu près l'effectif d'une autre compagnie. L'effort a ainsi été soutenu par 1,900 hommes et 4 pièces; les pertes sont de 3 officiers et 43 hommes tués, 5 officiers et 112 hommes blessés, plus 8 disparus.

Certes, s'il convient de louer sans réserve l'énergique attitude des troupes, on est assez en droit de se demander si le général Sametz n'a pas commis quelques imprudences : la première en ne faisant pas procéder, dès son installation, au désarmement de la population; la seconde en ne couvrant pas avec tout son monde sa ligne de retraite, dans une position défensive lui permettant d'attendre l'arrivée de renforts qui ne pouvaient tarder. Dans le château, le major Monari avait énergiquement résisté aux plus vigoureuses attaques, mais n'était-ce pas l'exposer bien dangereusement à une catastrophe sans notable profit pour les événements à venir?

Le major Putti a eu la louable initiative de marcher au bruit du combat avec le peu de monde qu'il tenait sous la main; il est fâcheux qu'il n'ait pas rallié deux compagnies et demie assez proches : il aurait pu ainsi déboucher en forces sur Motike et hâter la solution de l'affaire.

Quant au général commandant la division, il avait dû, dès les premières inquiétudes, renoncer à secourir Banjaluka ; la menace d'un mouvement insurrectionnel l'avait forcé à envoyer vers Livno un bataillon et une batterie, de sorte qu'il n'avait plus à sa disposition, sous Travnik, qu'une force extrêmement réduite : 4 bataillons, 2 escadrons et 2 batteries.

CHAPITRE III

Opérations en Bosnie. — Evénements qui précèdent l'occupation de Serajevo. — Marche de la colonne de gauche (XXe division). — Coup de main des insurgés sur Gracanica. — Combats de Dolnja-Tuzla les 9 et 10 (croquis). — Retraite sur Gracanica. — Combat d'arrière-garde le 11. — Passage de la Bosna à Kostainica, le 16 août. — Faut-il engager sa dernière réserve? — Des retraites.

A la XXe division incombe la mission compliquée de flanquer à gauche la colonne principale, de pacifier la partie orientale de la Bosnie, puis, après s'être montrée à Zwornik, de rétablir sa liaison avec Serajévo au moyen d'une colonne portée par Dol-Tuzla.

A la date fixée du 29 juillet, la division passe la Save à Samac sur un grand bac que remorquent les vapeurs de la Compagnie danubienne ; retardée par le mauvais temps, elle ne se met en mouvement que le 1er août sur la route de Gradacac (22 kilomètres).

Premier échelon : 8,297 hommes, 1,160 chevaux, 24 pièces, 166 voitures (6,212 fusils et 220 sabres).

Deuxième échelon : 1,544 hommes, 1,595 chevaux, 664 voitures (468 fusils, 27 sabres).

Comme le pays est tout de plaine, l'avant-garde n'est flanquée qu'à petite portée de mousqueterie, la cavalerie détachant ses patrouilles à une distance moyenne de 8 à 10 kilomètres. L'obligation de réparer la route, notamment de nombreux ponceaux, rend la marche longue et pénible (durée d'écoulement de la colonne de 5 heures du matin à 10 heures du soir).

Le lendemain 2 août, le premier échelon se dirige sur Gracanica, couvrant son flanc droit par le bataillon du major von

Halper (distance moyenne de 2 kilomètres sur une ligne de petites hauteurs) et ne portant à gauche en terrain découvert que de simples patrouilles. Les difficultés de la marche sont encore si grandes que le général Szapavy doit s'arrêter à Dobrovica (22 kilomètres); néanmoins, comme il est urgent d'atteindre Gracanica, il y détache le major von Halpert avec trois compagnies, la dernière compagnie du bataillon demeurant postée sur le flanc droit de la colonne.

Ce détachement, soit noté en passant n'avait pas sa sérieuse raison; il était imprudent (1) d'aventurer le soir ces trois compagnies à 8 kilomètres d'un bivouac dans une ville chiffrant une population musulmane de 2,000 âmes; mieux valait de toute manière attendre le lendemain matin pour y jeter une forte avant-garde.

Les observations faites et les renseignements recueillis indiquent de la part de la population une sourde hostilité, contenue seulement par la présence des troupes impériales. On sait aussi que des bandes se sont massées dans la haute vallée de la Spreca, principalement autour de Dol-Tuzla.

L'ennemi pourtant était plus proche qu'on ne le supposait, plus osé qu'on ne voulait le craindre. Le 4 au matin, un fort groupe d'insurgés vient attaquer le faubourg turc de Dravnik, èspérant entraîner les alliés qu'il sait avoir dans la ville; une très énergique offensive des Autrichiens finit par avoir raison de cette aventure.

Enfin, le 6 au matin, après cinq pleines journées employées à passer les 30 kilomètres qui séparent Gradacac de Gracanica, la division tout entière s'y trouve rassemblée en état de se porter sur Dolnja Tuzla, objectif qu'il importe de saisir au plus vite :

---

(1) Cette critique est si justifiée que le premier soin du général est de renforcer ce poste détaché et de lui indiquer, réflexion faite, après le combat du 4, une position de ralliement, sur les hauteurs au sud de Dobrsvica.

1° Parce que l'on pouvait espérer, par la présence des troupes, étouffer les premiers symptômes d'une insurrection à laquelle, on le savait maintenant, le gouvernement turc ne refusait ni son adhésion ni son concours;

2° Parce qu'il y avait avantage à changer sa ligne d'étape sur N. Brcka.

Le 8, la colonne s'arrête à quatre kilomètres de Dolnja Tuzla (1), l'avant-garde se heurtant à une certaine résistance; tout porte à prévoir que l'occupation de la ville sera vivement disputée.

La journée du lendemain a pour résultat de refouler les insurgés sur les point couvrant les approches de la ville. Le général commandant la division a manœuvré offensivement avec son aile droite (7 compagnies sur la rive gauche de la Jala), sa gauche garde la défensive sur la croupe de Molukat Molove, tandis que le centre tient ferme comme trait d'union entre les deux ailes. Une très tenace résistance sur les pentes nord de la Ravna Tresnja et les obstacles du terrain ne permettent pas à la droite de franchement achever son mouvement de conversion. Enfin, presque à l'issue du combat, un retour offensif des insurgés faillit compromettre ce flanc gauche ; les réserves étaient heureusement toutes proches (2).

---

(1) Le service de protection sur le flanc gauche est assuré tantôt par des flanc-gardes fixes lorsque le terrain est difficile, tantôt, en terrain d'un parcours aisé, par de petits groupes longeant parallèlement la colonne.

(2) Ne pas tenir ses réserves trop éloignées : on s'exposerait à rendre vain le premier effort des troupes assaillantes. Le 15 juillet, à l'attaque de Nicopolis, au centre russe, les 1er et 2e bataillons du régiment Galiz, sortant des tranchées, parcourent 600 mètres en terrain découvert et s'emparent de la redoute turque n° VIII. Puis le 1er bataillon pousse son succès jusqu'à la grande redoute n° III ; il descend bien dans le fossé de cet ouvrage; mais non secouru à temps, il est refoulé avec des pertes considérables.

M. le général Bernard expose comme suit le fonctionnement des réserves dans ses observations finales sur la bataille de Solférino :

Combats de Dolnja-Tuzla (9 et 10 août 1878).

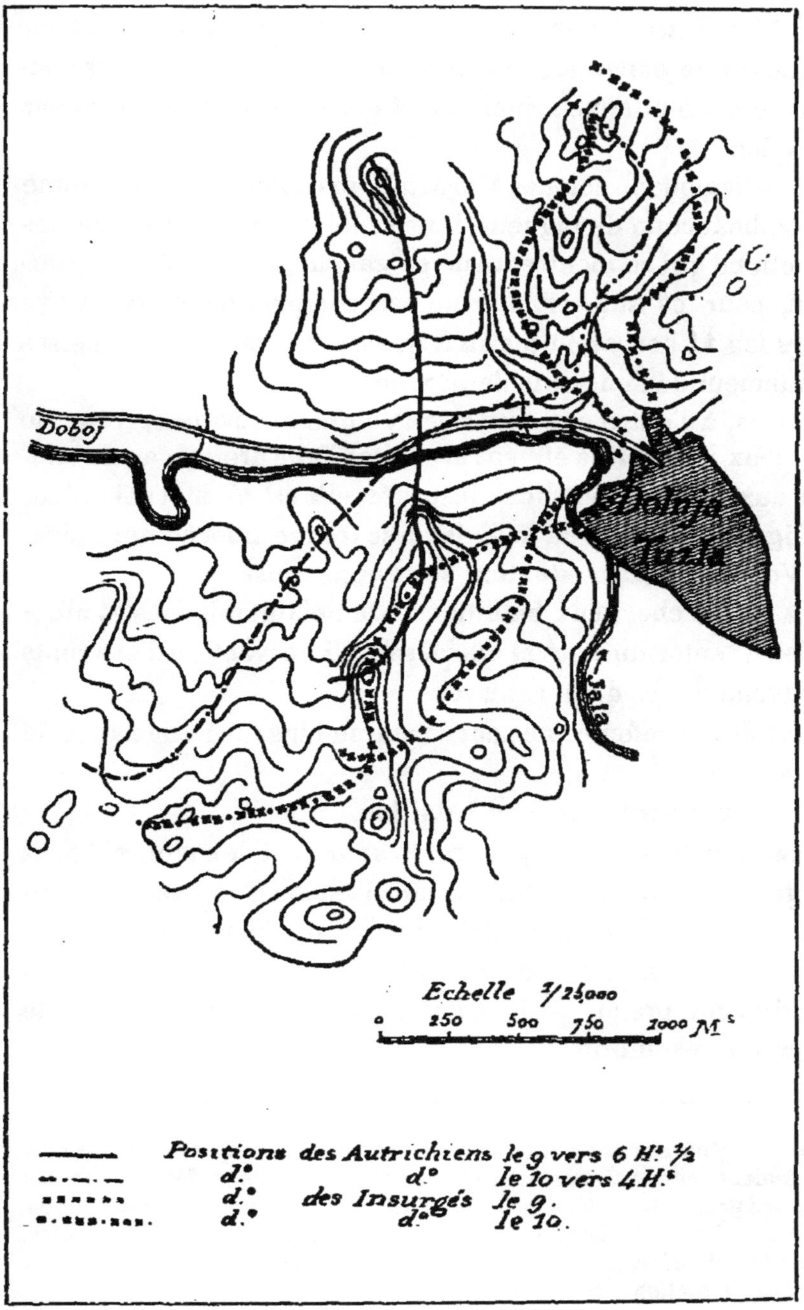

Le 10, les troupes impériales reprennent l'attaque. La gauche est renforcée de trois compagnies que le lieutenant-colonel Morucutti doit conduire par un mouvement tournant sur l'aile droite ennemie ; le centre et la droite attendront le succès de cette attaque principale et décisive pour se porter sur la ville.

Le lieutenant-colonel Morucutti exécute son programme avec beaucoup de vigueur, il ne se laisse pas retarder par les fractions qui se montrent sur sa gauche, oppose à ces groupes, pour les amuser, une de ses compagnies et se trouve vers les 11 heures du matin à quelques centaines de mètres seulement de l'enceinte de la ville.

Mais, à l'autre extrémité de la ligne austro-hongroise, de fâcheux incidents s'étaient produits ; l'aile droite n'a pu résister aux efforts répétés des insurgés, elle est bientôt débordée, la ligne de retraite de la division se trouve ainsi compromise.

Vers 2 h. 1/2 la situation se résume ainsi :

A la gauche, deux bataillons et demi immobilisés et inhabiles à tenter un nouvel efforf, sans l'intervention d'éléments nouveaux tirés de la réserve.

La droite refoulée ne peut se maintenir sans l'assistance de la réserve.

Or, en réserve, un seul bataillon.

La question pour le général Szapary est de savoir s'il peut engager cet unique bataillon dans l'espoir d'assurer à sa gauche un succès bien près d'être acquis, ou s'il doit le conserver intact pour parer aux éventualités d'une retraite. Le général de division prend, quelque douloureuse qu'elle lui soit, cette dernière résolution.

« Les généraux autrichiens montraient pour la plupart qu'ils ne considéraient leurs réserves que comme le bouclier de la défaite, oubliant que les grands tacticiens en avaient toujours fait un outil à deux fins, destiné, dans l'offensive à décider et à conserver le succès, et à être, dans la défensive, la barrière d'acier qui conjure la mauvaise fortune. » (*Traité de tactique*, tome VI.)

Ordre est donné de trainer le combat jusqu'à la tombée de la nuit, puis de commencer le mouvement de retraite par la gauche (1). Le général en chef, aussitôt avisé de la détermination prise, est prié de faire établir un pont à Doboj et d'y expédier des ravitaillements. (Rapport parvenu le 12 à Jenica.)

---

(1) Le major Meckel consacre dans son excellent ouvrage *Taktik* à *l'Abrechen eines Gefechtes* et au *N'æchtlicher Abzug* quelques passages qui doivent se lire.

De plus, la pratique des guerres nous enseigne divers procédés qu'il n'est peut-être pas sans profit de remémorer :

La retraite d'une arrière-garde s'opère habituellement par *échelons*, soit que ceux-ci soient fournis par l'arrière-garde, soit qu'ils soient tirés des bataillons de queue du gros de la colonne.

Ces échelons sont *mobiles* ou *fixes*. Il sera presque toujours préférable, pour ménager une arrière-garde qui aura été sérieusement engagée, d'adopter le système des échelons *fixes* ou de *manœuvres* successivement disposés.

Ex. : Retraite après l'affaire du col de Mouzaïa, combat du bois des Oliviers, 20 mai 1840 ; le 17e léger forme l'arrière-garde et est recueilli par le 2e bataillon de zouaves.

L'emploi de ces échelons de manœuvres permet mieux que toute autre méthode d'utiliser les terrains favorables à l'action des armes combinées, pour infliger de salutaires leçons au poursuivant.

Ex. : Retraite sur Oran, la brigade Perrégaux fournit l'arrière-garde; épisodes de la journée du 10 février 1837 à 9 heures et 11 heures du matin.

Mais, outre ces échelons fixes ou mobiles, il sera possible, dans bien des circonstances, de tendre des *embuscades d'arrière-garde*, simples ou successives.

Ex. : Le 10 juin 1841 (premier ravitaillement de Mascara), le lieutenant-colonel Renault cache dans un ravin la compagnie de carabiniers du 13e léger et 24 cavaliers. Les Arabes, voyant le bataillon d'arrière-garde (2e bataillon du 13e léger) continuer son mouvement rétrograde, s'élancent à sa poursuite, mais arrivés sur le plateau où le lieutenant-colonel Renault les attendait. celui-ci démasque son embuscade et refoule l'ennemi.

Le 26 mai 1841 (expédition de Mascara), le commandant Maissiat, du 41e de ligne, dérobe l'arrière-garde qu'il dirige dans les décombres de Tagdempt. Les Arabes, observant que la colonne s'est éloignée de plus d'un kilomètre, suivent et s'engagent sans défiance dans Tagdempt. Le commandant Maissiat se montre alors pour infliger aux imprudents une énergique leçon.

Le 2 octobre 1841, au soir, dans le défilé de Karoubet-el-Ouzzi (ravi-

Marches-manœuvres des 15 et 16. Combat d[illegible]oût 1878, à Han-Bjelalovac. (Voir page 63.)

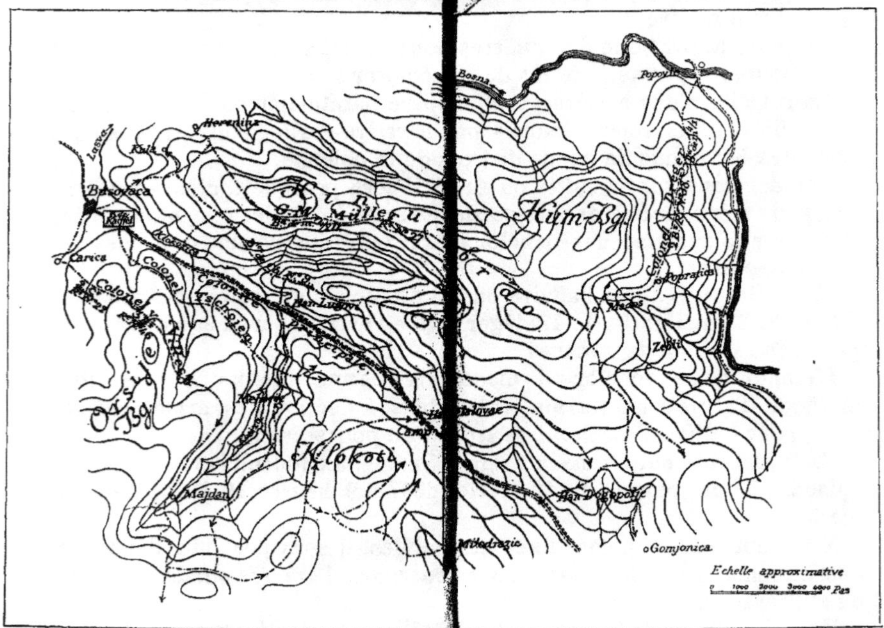

Le convoi gagne de l'espace, puis la retraite s'effectue par échelons, fréquemment interrompue par des reprises d'offensive et des mises en batterie pour tenir tête, jusqu'à Han-

---

taillement de Milianah) l'arrière-garde, fournie par le 17e léger, attire les Arabes dans quatre petites embuscades successivement échelonnées. (*Historique du 17e léger.*)

Quelquefois, ces embuscades pourront être disposées sur le flanc de la ligne de retraite.

Ex. : Expédition de l'Isser, mai 1837, colonne du colonel Schauenbours, trois compagnies du 48e.

Dans la règle, une arrière-garde trop vivement pressée doit se dégager par des retours d'offensive, des *coups de dent* ou des *remises de main* suivant l'expression du maréchal Bugeaud. Mais le maître conseille enfin de ne pas être *trop tenant* dans ces affaires. L'arrière-garde doit toujours craindre de se compromettre et d'engager plus que de raison la colonne qu'elle a mission de couvrir ; elle ne doit pas oublier non plus que, dans la mesure du possible, sa marche doit dépendre comme vitesse de celle du gros, lequel a un but à atteindre.

Il y aura toujours avantage, lorsque l'on sera obligé de battre en retraite à l'issue d'une action, d'attendre la nuit pour se dérober, Quoique cette recommandation intéresse plutôt les conséquences de la *bataille* que les suites du combat, nous croyons pouvoir en faire brièvement mention.

Il sera donc sage, l'occasion se présentant, de traîner le combat jusqu'à la nuit et de profiter des ténèbres pour opérer sa retraite. (Exemple emprunté à la *Grande Tactique* : Charles Albert après l'affaire de Goïto, se soustrait dans la nuit du 25 au 26 juillet, à la poursuite de Radetzky). Ne pas négliger en se retirant les destructions qui doivent ralentir la poursuite (ponts, gués, etc.), précautions qu'omit Charles-Albert mais que surent observer les Hongrois (décembre 1848) au passage de la Raabnitz pour retarder la marche de Windischgraetz.

Se ménager la barrière d'un cours d'eau incommode est pour celui qui bat en retraite une heureuse fortune dont profita, entre autres, le général Jablonowski mettant l'Eupel entre lui et Gorgey qui venait de lui infliger un échec (retraite sur Gran, avril 1840).

Osman-Pacha, s'il avait réussi dans sa tentative de sortie (10 décembre), projetait tout d'abord se couvrir du cours de l'Isker (La défense de Plewna).

Dans certaines circonstances, on pourra s'aider pour masquer sa retraite de stratagèmes divers plus ou moins ingénieux. De tous, le moins recommandable est assurément de laisser son arrière-garde ou ses *arrière-postes* une position surtout, si la colonne gagne une avance de quelques heures. On craindra tout au moins que les troupes ainsi aventurées ne soient culbutées et enlevées ; peut-être même l'ennemi parviendra-t-il à se glisser entre la queue de la colonne et l'ar-

Pircovac, où la division s'arrête le 11, à 4 heures du matin, à la poursuite très entreprenante des insurgés (1).

Les pertes des troupes austro-hongroises sont dans ces deux journées de 3 officiers et 28 hommes tués, 9 officiers et 170 hommes blessés, plus 5 disparus.

A 5 heures du soir, la colonne se remet en mouvement sous

---

rière-garde trop distante, péril dont ne saurait suffisamment préserver l'établissement d'une *arrière-garde provisoire.*

La « ruse » des feux dans les bivouacs abandonnés a presque toujours eu du succès et réussira bien souvent encore.

M. le colonel Robert, dans sa *Tactique de combat des grandes unités* (IIe partie, page 361), rappelle l'exemple du maréchal Ney dans sa retraite de Portugal; un autre exemple plus élémentaire nous est fourni par le capitaine Guitard, du 3e bataillon d'Afrique, escortant (fin mars 1841) un convoi de Constantine à Batna alors simple redoute pour la surveillance des débouchés de l'Aourès. A la dernière étape, le capitaine Guitard est prévenu que les Chaouïs se disposent à l'attaquer de nuit; il fait allumer de grands feux tout autour de son bivouac et se trouve déjà hors d'atteinte lorsque les montagnards constatent sa disparition.

Le général Dembinski a eu recours non moins avantageusement à un stratagème un peu plus compliqué basé sur l'interprétation des *indices.*

Fin juillet 1831, menant à travers la Lithuanie une belle retraite et échappant aux colonnes russes qui l'entouraient de toute part, le général polonais réussissait à rentrer à Varsovie.

Certain jour, pour se dérober à la surveillance trop gênante des Russes, Dembinski porte à ses avant-postes des détachements d'infanterie montée, lesquels, cheminant sur une route poussiéreuse, soulèvent de hauts et épais nuages: simultanément les postes relevés rejoignaient la colonne à travers champs.

Les Russes, comprenant comme il convenait cet indice significatif, prennent les armes, s'attendent à être alarmés, puis ils se disposent eux-mêmes à l'attaque; grande est leur déconvenue de ne trouver devant eux qu'une ligne sans consistance qui disparaît bien vite pour rejoindre la colonne que Dembinski a fait bénéficier d'une sérieuse avance.

Dans les opérations de la *petite guerre,* les ruses et stratagèmes sont infinis et variables; ils ne peuvent s'enseigner; les recueillir et les méditer est œuvre personnelle.

(1) Pour les retraites en échelons, c'est toujours l'échelon supérieur qui doit se retirer le dernier; il peut être un peu plus fort que les autres. (*Instruction sur le service des colonnes en Algérie,* commandant Villot, 1876.)

la protection d'une forte arrière-garde laissée à une demi-heure de distance; les insurgés qui durant toute la journée n'ont cessé de chicaner attendent ce moment pour attaquer à fond; l'arrière-garde doit se déployer et se porter en avant; plusieurs salves bien fournies arrêtent les velléités de l'assaillant. Le général de division, en entendant l'engagement assez sérieux de son arrière-garde, a porté deux bataillons dans une position de recueillement et en échelon en arrière un régiment tout entier prêt à parer à la première éventualité.

Les journées des 9, 10 et 11 fournissent matière à quelques observations :

1° Le 10, avons-nous dit, l'aile droite austro-hongroise est chargée de l'attaque principale et décisive : « Par cette manœuvre, écrit la relation officielle, la division pouvait encore se rapprocher de la route à N. Brcka, c'est-à-dire de sa plus courte communication avec la Save. »

Nous savons que la bataille préparée dans les plus heureuses conditions cherche à concilier les exigences de la tactique avec celles de la stratégie. Mais il n'y a dans le cas particulier aucune raison pour invoquer des considérations stratégiques, les convenances tactiques seules pouvaient entrer en compte; il ne faut pas faire trop d'honneur à un ennemi qui ne manœuvre pas.

En Bosnie, comme en Algérie et d'une façon plus générale dans toutes les guerres, en pays insurgé, la faculté pour les troupes irrégulières de battre en retraite dans une direction à peu près quelconque rend la détermination du point décisif fort malaisée; il faudra s'aider en général des conditions topographiques, de l'intérêt moral ou matériel que les insurgés ont de se retirer dans telle ou telle direction.

De plus, la division, immobilisée par l'accumulation de ses impedimenta dans les vallées de la Jala et de la Spreca, n'avait aucun intérêt immédiat à rechercher la ligne de Nova-

Brcka qu'elle ne pouvait utiliser qu'après l'occupation complète de Dol-Tuzla.

En cette occurrence la stratégie n'avait rien à faire ; inutile alors d'en appeler à ses conseils.

2° Sans rien critiquer observons simplement que le front de combat paraît trop étendu et que les forces auraient peut-être dû être plus judicieusement réparties.

3° Le 10, alors que l'affaire tournait à son désavantage, le général Szapary a été placé dans l'obligation de résoudre un des problèmes les plus discutés de la science.

Napoléon a bien enseigné qu'il ne ne faut jamais désespérer de la victoire tant qu'il reste des braves autour du drapeau, mais lui-même s'est contredit.

Le 9 novembre 1870, à Coulmiers, entre 3 et 4 heures du soir, le général Von der Tann s'est trouvé matériellement dans une situation analogue à celle du général Szapary, deux bataillons lui restaient en réserve pour soutenir une situation bien compromise.

Ou engager son dernier homme, brûler sa dernière cartouche pour faire traîner le combat jusqu'à la nuit et entamer alors sa retraite,

Ou profiter d'une situation momentanément favorable (bonne attitude de l'aile droite) pour rompre l'engagement.

Le premier parti ne peut être prudemment adopté que lorsque l'on sait avoir à toute proximité des troupes à même de vous recueillir et de reprendre le lendemain le combat. Or, l'assistance la plus voisine ne pouvait être fournie que par la XXIIe division, laquelle se trouvait à 10 heures de marche du champ de bataille.

Le général Von der Tann donna à 4 heures l'ordre de retraite.

Le commandant de la XXe division a donc sagement agi en prenant la résolution d'un mouvement rétrograde.

4° Il a été non moins habile et réfléchi, tenant grand compte « du caractère du vainqueur », en opérant une retraite lente, entremêlée d'actions de résistance et de retours offensifs vigoureux dès que le suivant se montrait trop pressant. « C'est ainsi que, comme le lion blessé, un grand général n'abandonne qu'à pas mesurés le terrain sur lequel il a pu vaincre. »

Le « *divin* » de Clausewitz professe dans ces termes.

Le maréchal Bugeaud, un autre maître émérite moins doctrinairement savant, mais plus psychologiquement pratique, a écrit dans ses ***Principes physiques et moraux des combats de l'infanterie*** : « Faites-vous mouton et l'on vous tondra ; il faut se faire lion dans les retraites et quand on a donné à l'ennemi qui vous serre de trop près trois ou quatre bons coups de dents (remises de main) on est respecté. »

Il n'est pas nécessaire, pour appliquer ces principes, d'être le ***grand général*** que Clausewitz place en scène ; il suffit d'être homme de cœur et de commander à des soldats fidèles au devoir. Tels furent les braves Danois de la division Steinmann couvrant, le 6 février 1864, l'évacuation du Danewirke et arrêtant sur les hauteurs boisées de Oversœ la poursuite du corps de Gablenz.

5° Quoique dans l'armée impériale et royale les actes de bravoure ne soient plus à enregistrer, nous ne pouvons pas omettre de citer un épisode du combat d'arrière-garde du 11 : les insurgés, conduits par un chef à cheval et agitant un drapeau, arrivent à 50 pas des Autrichiens ; à ce moment le cavalier tombe frappé d'une balle et les siens cèdent quelques pas ; profitant de ce mouvement de recul, le caporal ***Sékulic*** se précipite en avant et s'empare du drapeau aux acclamations de ses camarades ; ce brave reçoit en récompense la médaille d'or de la Valeur militaire.

Le général Szapary avait tout d'abord l'intention de séjourner quelque temps à Gracavica, d'abord pour imposer à l'ennemi par son attitude (1), puis pour se refaire, enfin, pour se créer le loisir de préparer la route par laquelle doivent s'écouler les mille voitures de son convoi. Il pense se retirer sur Doboj; le retour par Gradacac est matériellement impraticable et moralement impossible, car ce serait faire l'aveu de sa défaite; gagner directement Maglaj tenterait assez, mais la traversée de la Paklahica-Planina offre de presque insurmontables difficultés.

Les intentions premières du général de division sont toutefois modifiées par l'attaque qu'il subit le 13, attaque dirigée d'abord contre les avant-postes à l'est de la ville, puis bientôt devenue générale. Les bandes très nombreuses garnissant les hauteurs sur les deux rives de la Spreca, au nord principalement, accusent catégoriquement l'intention de l'ennemi de menacer la ligne de retraite de la division. Dans de telles conditions, tout retardement devenait une faute.

Pendant que le train s'écoule dans la vallée pour gagner le pont jeté à Kostainica (2), l'arrière-garde est absorbée (le 13) dans une série ininterrompue d'engagements partiels; le 14, la division commence à passer la Bosna.

L'état des chemins est si piteux que l'ambulance en tête du train, partie à 2 heures de l'après-midi de Gracanica, n'arrive au pont que le lendemain matin un peu avant 9 heures (distance 12 kilomètres) (3).

---

(1) L'attitude du parti qui bat en retraite est pour celui qui poursuit un indice certain de la portée matérielle et morale de son succès. Après Magenta, la proximité des bivouacs de l'armée autrichienne faisait avec raison penser à l'Empereur qu'il aurait le lendemain une nouvelle bataille à livrer. Et de fait cette bataille aurait eu lieu si Giulay n'avait pas rejeté les propositions du général Raming; ce général, en constatant que les Français avaient arrêté leur poursuite à Rebecco, concluait logiquement, comme l'écrit la relation de l'état-major prussien, qu'ils avaient eux-mêmes été assez maltraités pour ne rien pouvoir entreprendre de sérieux.

(2) Ce pont fut établi par la 14e compagnie de pionniers transportée en voitures le 13 au matin de Brod à Doboj.

(3) Cette retraite de Dol Tuzla sur Kostainica offre certaines et frappantes analogies avec le mouvement que le maréchal Clausel dut effectuer sur Oran (7-12 février 1836); pour bien saisir ces rapprochements, relire le *Duc d'Orléans.*

CHAPITRE IV

Opérations en Bosnie. — Événements qui précèdent l'occupation de Serajevo. — Reprise de la marche sur Serajevo en deux colonnes, le 14 août. — Procédés du F. Z. M. von Philippovic pour la guerre en pays de montagnes. — Marches-manœuvres des 15 et 16 (*croquis*). — Combat de Visoka, le 17 (*croquis*). — Ordres et contre-ordres donnés pour la journée du 18. — L'occupation de Serajevo remise au 19 août.

Nous avons acquis, dans les chapitres qui précèdent, la connaissance du mouvement particulier de chacune des colonnes, pénétrant offensivement sur le territoire turc avec le mandat délivré par la conférence de Berlin ; nous pouvons maintenant nous enquérir du procédé stratégique adopté par cette offensive.

Le général baron de Kuhn, dans son œuvre magistrale *La Guerre en pays de montagnes*, définit comme suit trois modes d'exécution :

1° Marche en avant concentrique de plusieurs colonnes, en massant la majeure partie de ses forces sur la principale ligne d'opérations.

Le procédé est peu recommandable, par suite de la difficulté de parfaitement coordonner la manœuvre des différents éléments. Nous verrons plus tard, dans le précis de l'insurrection de 1882, les risques auxquels on s'expose lorsque les circonstances obligent à adopter ce procédé.

Tactiquement ses résultats sont médiocres. Aussi, l'archiduc Charles discrédite la méthode (Grundsætze der hœheren Kriegskunst, — *Des positions, attaques et défenses*) : « Jamais la jonction des colonnes n'est assurée, tant de causes multiples interviennent pour troubler les combinaisons; une colonne non venue au rendez-vous fait manquer tout le plan de l'attaque. »

Nous aurons encore prétexte à propos des manœuvres qui précèdent la bataille de Slivnitza, de discuter plus en détail cette théorie de la jonction.

2° Enveloppement stratégique par un flanc ou simultanément par les deux. — Ce mode est très avantageux, mais n'est pas toujours d'une application pratique. Il tient la défense dans l'incertitude et précipite la catastrophe.

3° Forcée stratégique quand on a pu, par de feintes manœuvres, égarer la défense et lui faire maladroitement poster ses réserves stratégiques.

Ces deux dernières conceptions ne sont toutefois de mise que dans une guerre régulière ; dans l'état insurrectionnel, la défense n'a pas assez de consistance pour motiver ces procédés (1).

---

(1) Nous trouverons, dans un rapport sur le combat de Han Bjelalovac. 16 août, la caractéristique de la guerre en pays de montagnes, telle que la comprend le général Philippovic lui-même. Nous compléterons aussi par quelques citations les principes particuliers à ce genre d'opérations.

Le général Ruiz Dana, auteur d'un ouvrage fréquemment cité : *Etude sur la guerre civile dans le nord de l'Espagne,* formule des observations précieuses à noter :

« Les contre-marches sont le salut du guerillero. Les forces doivent être réparties en colonnes mobiles et en colonnes de positions qui se replient. » Puis ce conseil essentiel résumant pour ainsi dire la théorie tout entière de l'auteur : « Nous recommandons d'une manière toute particulière au chef supérieur chargé du commandement dans une pareille guerre. de ne jamais chercher à faire face de tous les côtés à la fois, il n'en retirerait aucun avantage. Le parti le plus sage consistera à rechercher quelle est la bande la plus considérable ou celle qui possède à la tête le guerillero le plus intelligent et le plus renommé ; il réunira alors le plus grand nombre possible de colonnes, mènera vivement les opérations, poursuivra l'ennemi sans trêve jusqu'à ce qu'il soit parvenu à l'anéantir ; il procédera de la même façon avec un autre groupe. et ainsi de suite battant et dispersant chacun d'eux l'un après l'autre sans difficulté. »

Le maréchal de Saxe (*Mes Rêveries*) a consacré à la guerre des montagnes « un court crayon » (suivant l'expression de Saint-Simon) : « Ne jamais attaquer le taureau par les cornes » ; c'est un des rares principes *absolus* de la science militaire admis par le maréchal Bugeaud.

Clausewitz, dans sa *Théorie de la grande guerre*, fournit, sur la dé-

Il nous semble que le général Philippovic n'a servilement suivi aucune de ces formules ; il a procédé avec une plus sommaire simplicité : le gros de ses forces chemine sur la principale ligne d'opérations — la vallée de la Bosna — et,

---

fense et l'attaque des montagnes, d'intéressants mais très spéculatifs chapitres.

Comme doit l'énoncer plus tard le général von Kuhn, le célèbre théoricien estime déjà que les guerres en pays de montagnes favorisent peu l'action décisive de la défense ; il est vrai que la résistance relative y trouve son application la plus opportune et que ce sont les petits postes détachés qui, dans leur isolement, se prêtent le mieux à ce genre de résistance. Mais d'autre part cette résistance ne croît pas en raison de l'augmentation de l'effectif des détachements. Pour l'attaque, Clausewitz préconise la pénétration stratégique sur un front étendu et une seule manœuvre : « couper l'ennemi de sa ligne de retraite ».

Nous lisons dans la *Stratégie* de Blume un très remarquable chapitre traitant de la guerre en pays de montagnes, attribuant également les plus réels avantages à l'offensive tout en estimant qu'une défense active et énergique peut créer à l'assaillant de très périlleux embarras ; le chapitre est particulièrement instructif dans son examen de la valeur d'une région montagneuse ou d'une chaîne de montagnes sur la ligne d'opérations d'une armée.

Le général Berthaut (*Principes de stratégie*) ne traite pas à proprement parler le sujet qui nous intéresse ; nous nous réclamerons néanmoins de son opinion parce qu'il conseille au défenseur d'une frontière en pays de montagnes de prendre l'initiative de l'attaque successivement avec la majeure partie de ses forces assemblées contre les colonnes ennemies au moment de leur débouché.

Et maintenant, pour terminer, rappelons après Gouvion Saint-Cyr (t. II, *Camp. de* 1794, p. 88), comment le général Baraguey d'Hilliers apprécie les difficultés de cette guerre spéciale, particulièrement en ce qui concerne les devoirs du général (En tête de sa belle reconnaissance de la Valteline, des Engadines et de la vallée du Rhin, rédigée en 1803) : « La guerre de montagnes est la pierre de touche des généraux habiles. C'est là que les plus petits détails, ceux mêmes qu'on pourrait juger minutieux, et qui le seraient dans un pays de plaine, acquièrent de l'utilité ; qu'un chef ne doit rien négliger ; qu'il doit s'armer de courage pour braver lui-même les climats, les éléments, les saisons et les obstacles de tout genre qui naissent sous ses pas ; voir tout par ses yeux, se défier des rapports même des personnes qui, par état ou par opinion, semblent les plus dignes de confiance. Constamment en défiance et sans cesse en mouvement, il ne doit s'avancer, si j'ose m'exprimer ainsi, que la sonde à la main et se souvenir toujours que, pour avoir négligé de reconnaître avec soin le défilé des Thermopyles, 300 héros y furent victimes de leur imprudent courage, lorsqu'un malheureux pâtre y livra avec eux, au roi des Perses, la liberté de la Grèce. »

comme il serait aussi imprudent que peu pratique d'engager toute la masse dans ce couloir, on utilisera également les directions latérales ; enfin, il y a aussi avantage à s'assurer la possession d'objectifs secondaires couvrant les flancs de la ligne d'opérations. Ces considérations font adopter la dislocation en deux colonnes latérales ; l'une à l'est, vers Dol-Tuzla, indépendante et ne contribuant pas au *coup de massue ;* l'autre, sur le flanc droit, après avoir satisfait à une mission déterminée, se soudera à la colonne principale en avant du point décisif.

Nous l'avons dit, le procédé est des plus sommaires ; c'est *la forcée stratégique* sans manœuvre préalable, qui, dans le présent cas, serait superflue ; c'est encore l'application simple du principe fondamental de la guerre que Jomini énonce ainsi : « Porter par des combinaisons stratégiques le gros des forces d'une armée sur tous les points décisifs du champ de guerre. » (Ici un unique point décisif, Serajevo.)

Porter *le gros de ses forces*, car, comme le dit encore Jomini : « L'emploi des masses sur les points décisifs constitue seul les bonnes combinaisons. »

L'emploi des masses est nécessairement précédé d'une *concentration ;* elle se fait ici en avant du champ de bataille présumé, suivant le caractère même de la stratégie napoléonienne (1).

---

(1) Napoléon place toujours le point de concentration en avant du champ de bataille présumé et autant que possible couvert par un cours d'eau. Se portant sur Leipzig il écrit d'Erfurth, le 27 avril 1813, à Ney : « Tous les mouvements doivent se faire derrière la Saale, comme derrière un rideau » ; et le lendemain à Eugène : « Vous devez savoir que mon principe est de déboucher en masse. » C'est cette manœuvre que Bernadotte, dans une conversation avec Moreau, à la veille d'entrer en campagne, qualifiait *le coup de massue.*

En opposition avec cette pratique, l'école moderne prussienne place le point de concentration sur le champ de bataille même (Sadowa, Wœrth, Orléans, Le Mans). Von der Goltz, dans son admirable livre *La Nation armée,* développe la thèse de Scharnhorst et conclut : « qu'il est plus facile de rassembler de grandes masses par la concentration

Combat de Vis[illegible]oût 1879).

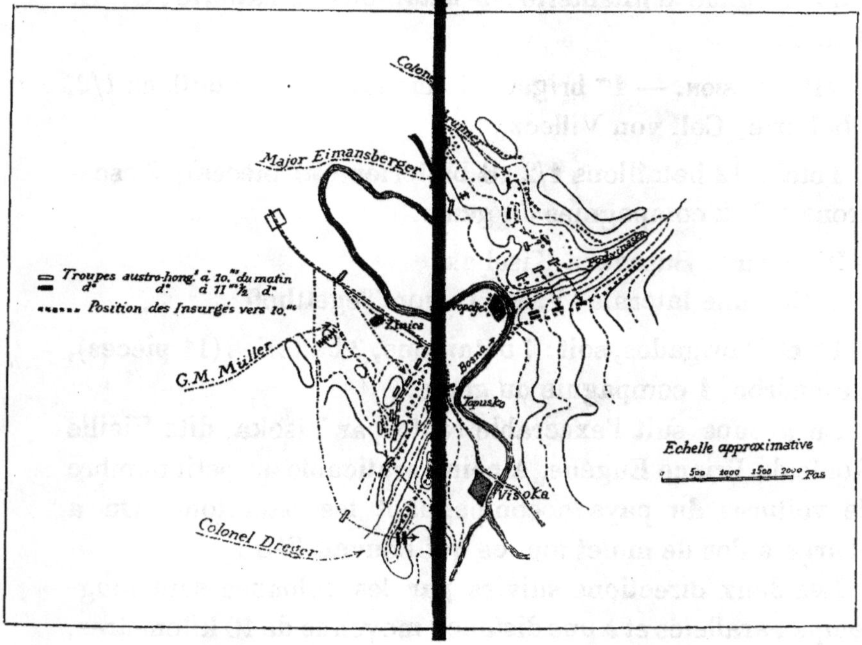

Nous avons laissé, à la date du 13 août, cinq brigades jalonnant la ligne Zenica-Vitez ; elles reçoivent le 14 l'ordre de reprendre le mouvement sur Serajevo en deux colonnes, savoir :

1° Colonne principale, avec laquelle marche le F. Z. M. von Philippovic :

VIe DIVISION. — 3e brigade de montagne : 6 bataillons, 1 batterie ; G. H. Müller ;

39e brigade d'infanterie : 3 bataillons, 1 batterie ; G. H. Kaiffel.

VIIe DIVISION. — 1re brigade de montagne : 3 bataillons 1/2, 1 batterie ; Col. von Villecz.

Total : 12 bataillons 1/2, 6 batteries (40 pièces), 2 escadrons 1/2, 2 compagnies du génie.

Itinéraire : Busovaca-Kiseljak.

2° Colonne latérale ; F. M. L. von Tegetthoff :

1re et 2e brigades, soit : 7 bataillons, 3 batteries (11 pièces), 1 escadron, 1 compagnie du génie.

Ce groupe suit l'exécrable route par Visoka, dite Vieille Route du Prince Eugène, à peine praticable au petit nombre de voitures du pays accompagnant les bataillons. On a chargé à dos de mulet tout ce qui pouvait l'être.

Les deux directions suivies par les colonnes sont longtemps parallèles et à une distance moyenne de 10 kilomètres, mais elles sont séparées par un massif *malaisé*, à travers duquel trois communications transversales ont été indiquées pour le service de la correspondance.

Le 14, une reconnaissance d'un bataillon, éclairée par un peloton de hussards, que la colonne de gauche pousse au

---

que par le déploiement ; on atteint mieux le but en faisant marcher les différentes fractions sur l'étendue voulue, sur les routes convergeant au but. »

De ce principe *aux mouvements enveloppants* la transition est aisée, presque naturelle.

delà de son bivouac, trouve Kakanj occupé par les insurgés; la F. M. L. Tegetthoff prend en conséquence ses mesures pour le lendemain, mais le passage de la Bosna à Popovic ne lui est pas disputé, et c'est seulement au moment où les avant-postes relèvent les détachements de flanc-gardes, que les insurgés au nombre d'environ 1,400 attaquent sur les deux rives de la rivière. Le combat, qui se prolonge jusqu'à 6 heures du soir, motive l'engagement successif de 20 compagnies (4,000 hommes). Dispositif et procédés habituels: artillerie au centre et effort décisif sur une aile, dans le cas contre la droite ennemie; 6 compagnies du régiment n° 52 prononcent ce mouvement avec 3 compagnies déployées, 1 en réserve et 2 en crochet offensif à l'extrême gauche.

Le même jour, la colonne principale manœuvrait pour se rapprocher du col de *Han-Belalovac* que l'on prétendait solidement obstrué par les insurgés.

Cette marche-manœuvre consiste simplement en une dislocation en trois colonnes, les deux ailes avancées. C'est à cette occasion que nous recueillerons la *formule* même du procédé que nous avons eu jusqu'ici à constamment caractériser.

« Dans la guerre en pays de montagnes, le fond de la vallée est cheminé par l'échelon tenu en arrière.

» Les versants sont les aires de combat.

» La marche en échiquier se transpose de même en dispositif de combat.

» Comme en toute circonstance de guerre, le secret du succès réside dans une bonne et judicieuse préparation du combat; ici, la répartition des forces se déduit avant tout du terrain; il y a avantage aussi à fixer exactement le moment des principaux mouvements.

» Assurément, l'agencement du combat, l'adoption d'une décision sont, *dans la guerre de montagne*, exceptionnellement importants et difficiles, parce que, les ordres une fois donnés et transmis, aucune modification n'est plus possible, mais le correctif existe et est à chercher dans le choix des commandants de colonne, dont le caractère, l'énergie et la décision assurent — comme facteurs essentiels et plus qu'en tout autre circonstance — le succès de l'entreprise. » (Rapport du commandant du 13e corps sur le combat de Han Belalovac).

Citons encore, pour bien préciser l'action tactique, un extrait de l'ordre du 16 août.

« Ainsi.... après avoir tracé l'itinéraire des colonnes, l'attaque se dessinera concentriquement, le rôle principal incombant aux colonnes latérales. Au centre, action passive ; c'est le feu nourri (1) de l'artillerie qui doit presque uniquement l'entretenir. »

En exécution de ces dispositions (le 15), la colonne du G.-M. Müller gravit le massif sur la rive droite de la Klokotica (Hinu-Brdo); la colonne du centre est à Busocava, dans la vallée; la colonne de droite du colonel von Villecz ascensionne l'Orsije ayant pour objectif Méhocic.

Le mouvement de ce dernier détachement offre seul quelques particularités intéressantes. Extrême difficulté de marche par d'épouvantables sentiers; les bataillons, partis à 5 heures de Busovacà, n'arrivent au bivouac qu'à 8 heures

---

(1) Avant von Philippovic, Joubert, peut-être seul, avait formulé les mêmes principes avec une égale précision; le 17 mars 1797 il écrit de Trente à ses généraux — Vial, Dumas, Baraguey-d'Hilliers — pour ordonner la pénétration dans le Tyrol (allemand) : Vous savez aussi bien que moi que les attaques de front dans les montagnes doivent s'éviter avant d'avoir essayé d'inquiéter l'ennemi sur ses derrières. Au reste, le plus opiniâtre l'emporte toujours à la guerre. »

Ces préceptes, il les applique au combat de Clausen, ordonnant à son infanterie légère d'escalader des rochers qui semblent inacessibles pour débusquer les Tyroliens et tourner leurs redoutes. Quand les ailes de l'ennemi sont suffisamment étreintes par cette attaque inattendue, Joubert se met à la tête des 11e et 32e demi-brigades rangées en colonnes serrées et marche sur le centre qu'il perce après un court mais violent effort.

Aujourd'hui le procédé d'exécution matérielle a seul changé.

et demie du soir. Pour éviter la complète désagrégation de sa troupe, le commandant avait prescrit que chaque fois qu'une unité serait arrêtée par un obstacle, avis devrait lui en être donné par un billet passé de main en main ; ce billet portant également indication du temps supposé nécessaire à l'unité pour reprendre sa place, permettrait au commandant d'arrêter la colonne, puis de la remettre en mouvement au moment précis et voulu.

Afin de dérober à l'ennemi, qu'il sait très proche, la direction exacte de son cheminement, le colonel stationne sa troupe à la descente de Orsije, fait observer un silence absolu et attend la tombée de la nuit pour monter les pentes déboisées du versant opposé.

Pour la journée du 16, l'ordre de marche est le suivant :

Objectif : Kiseljak.

La colonne de droite quitte son bivouac à 5 heures du matin pour atteindre le sommet de Klokoti.

La colonne du centre suit à 9 heures du matin la grande route (13 kilomètres).

La colonne de gauche (7 heures et demie) longe les côtes de l'Hinu-Brdo ; 2 bataillons et 1 batterie sont détachés de la colonne Tegetthoff par Popovic et Popratica pour joindre leur action à celle de la colonne de gauche (G.-M. Müller).

Vers 9 heures et demie, le combat s'engage à gauche et au centre à hauteur de Han Lugovi ; il se trainait en longueur, presque uniquement entretenu par des salves de mousqueterie et le feu régulier de l'artillerie lorsque, vers les 11 heures, les insurgés cèdent brusquemént.

Cette subite retraite venait d'être imposée à l'ennemi par l'arrivée sur son flanc gauche de la colonne du colonel von Villecz. Cet officier, sorti à 4 heures et demie de son bivouac de Madjan, s'était porté par une succession de changements de direction en droiture sur le camp des insurgés à Han Bjelalovac, en ayant soin, toutefois, de régler son mouvement de manière à ne pas avoir sur les bras la masse que l'attaque du G.-M. Müller refoulerait dans la vallée.

Cette manœuvre, très bien conduite, est l'épisode marquant de la journée du 16.

Les bandes ennemies, guidées par Ismaël Beg et Hussein Beg de Serajevo, pouvaient être évaluées à environ 5,000 hommes et 6 pièces; les troupes impériales, comptant 53 compagnies et 28 pièces, n'eurent d'engagées que 16 compagnies et 14 pièces; les pertes furent de 30 hommes dont 3 tués.

De son côté, la colonne Tegetthoff avait soutenu le 16 un petit engagement d'avant-garde à Kolotic; malgré les très grandes lenteurs du passage du train à Popovic (à l'aide d'un bac), et l'extrême fatigue des troupes (quelques détachements étaient restés deux jours sans pouvoir faire la soupe), le général poursuit le lendemain sa marche sur Visoka; il renforce à six compagnies, plus une demi-batterie, l'aile isolée sur la rive droite de la Bosna (lieutenant-colonel von Laltenbrunner); de plus, comme il n'est pas certain que le colonel Dréger (aile droite) qui se trouvait le 16 au soir sur l'Hinu-Brdo (près Jebli) puisse coopérer au mouvement de la colonne, de prudentes dispositions sont prises pour suppléer à un manquement de sa part.

A 8 heures, les avant-gardes se heurtent à l'ennemi garnissant solidement et en nombre les escarpements que longent les ruisseaux de Krvljevac et de Podvinaska. — Au centre, l'avant-garde se déploie et engage le combat de la façon déjà si souvent dite pour donner aux colonnes des ailes le temps de manœuvrer.

Sur la rive gauche de la Bosna, aucun incident; sur ce point du champ d'action la retraite des insurgés est obtenue par des renforcements progressifs et les changements de direction successifs de l'aile extérieure. Mais, sur la rive droite, les péripéties du combat sont bien moins favorables. Les insurgés ont massé à cette aile la majeure partie de leurs forces et prennent hardiment l'offensive; les compagnies extrêmes que les impériaux destinaient à la manœuvre enveloppante sont obligées de se replier en crochet défensif; le lieutenant-colonel Kaltenbrunner risque, avec une compagnie de sa réserve, une vigoureuse attaque à la baïonnette pour dégager son front trop vivement pressé, mais cet élan même est improductif; le général von Tegetthoff se décide lors à transporter sur l'autre rive deux compagnies de sa réserve générale (major Eximannsberger). — Troupes engagées : 18 compagnies et demie, 18 pièces, 3,600 hommes ; — pertes : 7 tués et 80 blessés.

Pendant que la colonne latérale était ainsi aux prises en avant de Visoka, la colonne principale, déjà éprouvée par les fatigues des journées précédentes, arrivait à 10 heures du soir à Blazuj, exténuée par une marche de 30 kilomètres (14 heures) dans un pénible terrain et sous une pesante chaleur (1).

Malgré toutes les précautions que la prudence commande en pareil cas, grand repos de trois heures, fréquentes petites haltes, les traînards avaient été nombreux.

Observation. — Durant la majeure partie de cette marche, la nature du terrain est telle que la protection des flancs peut être garantie sans grand déploiement de forces et cela d'autant plus que le G. M. Muller demeure détaché à gauche avec six compagnies cherchant à joindre le F. M. L. von Tegetthoff pour l'assister dans son attaque sur Visoka. Mais comme à un point donné la direction de marche coupe l'ensellement de Kobila-Glava, marquant une très forte position que les insurgés pouvaient avoir la tentation de disputer, le général en chef renforce, avant d'y arriver, ses flancs-gardes en faisant déboîter de la colonne un fort détachement (2 bataillons et une demi-batterie de chaque côté).

---

(1) Le régiment appelé au service des avant-postes était à ce point éprouvé qu'il dût être remplacé par un autre corps.

L'heureuse circonstance de ne pas avoir trouvé sur la position de Kobila-Glava la résistance à laquelle il s'attendait confirme le général von Philippovic dans l'opinion que les affaires des jours précédents ont jeté le découragement dans les rangs des insurgés et qu'il convient d'en profiter au plus vite pour se saisir de Serajévo.

a) Il expédie donc de Han Malin à 3 heures de l'après-midi l'ordre (1) au F. M. L. von Tegetthoff de se trouver le 18 à 9 heures du matin à Han Seminovac pour coopérer à l'action contre Serajévo. Cet ordre est reçu à Visoka à 6 heures du soir; mais d'autre part déjà Tegetthoff, rendant compte au général en chef de son engagement de la journée,

---

(1) Nous entrons dans le détail de ces ordres et contre-ordres, pour mieux faire saisir — comme du reste le général von Philippovic l'a lui-même déclaré — combien il est difficile à la guerre de revenir sur une disposition alors qu'elle a déjà été réglée et ordonnée.

Il ne sera pas sans intérêt de relire, à ce même sujet, ce que le prince Kraft de Hohenlohe-Ingelfingen écrit à propos des ordres et contre-ordres échangés par Giulay les 1er et 2 juin 1859. — Quelques pages plus loin l'auteur observe : « Les contre-ordres provenant surtout d'un généralissime ont toujours des conséquences désastreuses. Je ne sais quelle est la haute autorité militaire qui a dit : « Ordre, contre-ordre, désordre » — Mais cette expression est passée en proverbe chez nous. Les contre-ordres donnés à une troupe en marche l'épuisent rapidement. De plus, ils sont toujours accompagnés d'une confusion épouvantable qui retarde les mouvements et qui enlève aux chefs leur action sur les troupes. Beaucoup d'entre eux n'ont plus au milieu de ces brusques changements le temps de s'orienter, ils se trompent alors. Les convois de subsistances, qui sont très loin en arrière, ne peuvent plus rejoindre à temps les corps auxquels ils appartiennent et ceux-ci en ont à souffrir ».....

« On ne peut toujours éviter les contre-ordres, même ceux donnés en haut lieu ».... (Exemple de 1870 alors que l'état-major général prussien a connaissance de la marche de Mac-Mahon sur Sedan.)

« Il semble donc que le général en chef fera bien de prendre son temps et de bien peser tous les facteurs qui influent à un moment donné sur ses décisions, plutôt que d'expédier les ordres hâtivement et très longtemps à l'avance. Il faut naturellement que les ordres soient toujours donnés assez à temps pour que les différents échelons puissent encore comprendre la situation et prendre leurs dispositions d'une façon intelligente, etc. » (*Lettres sur la Stratégie*, tome I, dixième lettre.)

sollicitait un repos pour le 12 en faisant valoir la fatigue des troupes et l'urgence de rassembler son convoi.

b) A minuit, second ordre du F. L. M. von Philippovic. La colonne principale n'a pu arriver que tard et fort épuisée à Blazuj, les trains sont demeurés en arrière ; la colonne fera séjour le 18 et le mouvement sur Serajévo est remis au 19.

Rendre compte de la situation de la VIe division qui ne s'en portera pas moins le 18 à Han Seminovac ; les ordres de détail pour la journée du 19 suivront ultérieurement.

c) Le 18, à 4 heures du matin, le général en chef reçoit le rapport que le général commandant la VIe division lui a adressé la veille, à 4 heures du soir. Nouvel ordre accordant aux troupes des deux colonnes le repos du 18 et reportant au lendemain l'opération contre Serajévo.

Voyons maintenant ce qui se passait à l'état-major de la VIe division.

En exécution de l'ordre *a* expédié de Han Malin le 17 à 3 heures et arrivé à Visoka à 6 heures du soir, le F. L. M. von Tegetthoff a pris des dispositions de marche pour la journée du 18. Vers 7 heures 1/2 du matin, l'avant-garde touche Vogosca, le gros Han Seminovac ; un long repos d'une heure et demie est accordé à la troupe, le convoi qui a quitté Visoka serre sur la queue de la colonne ; puis, l'avant-garde reprend sa marche sur Han Kobila-Glava éloignant sur la droite un bataillon avec mission de chercher le contact avec l'avant-garde de la colonne principale supposée sur la route ; il est alors 9 heures 1/2.

A cet instant l'état-major de la VIe division reçoit l'ordre *b* lui prescrivant de ne pas dépasser Han Seminoro. Comme la division est en marche, qu'il ne peut la faire rétrograder, qu'il ne peut non plus rappeler immédiatement les détachements sur les flancs, le général prend la décision de s'arrêter au point où il se trouve non sans faire occuper H. Kobila-Glava et Pasin-Brdo que les insurgés ont négligés.

Enfin à 11 heures l'ordre *c* est remis au général von Tegetthoff ; il ne modifie aucune de ses dispositions et se contente de rendre compte au général en chef de sa situation :

« J'étais — écrit-il — sur le point d'occuper le Pasin-Brdo et les collines en avant de Han Kobila-Glava lorsque j'ai reçu votre ordre du 18, 9 heures 45 m. J'arrête notre mouvement ; notre avant-garde s'étale sur la ligne Hum-Han Kobila-Glava-Tolina, le gros bivouaque à Vogosca ; Serajévo parait tranquille, j'y envoie des émissaires. Si le commandant en chef l'autorise, j'occuperai demain 19, à la pointe du jour, le Pasin-Brdo.

CHAPITRE V

Opérations en Bosnie. — L'occupation de Serajevo, 19 août.

Le 18, pendant que les troupes s'adonnent à un repos bien gagné et célèbrent la fête de l'empereur, l'état-major arrête les dernières dispositions pour l'attaque du lendemain.

Ces dispositions ont pour point de départ une succession d'informations diverses : conversations avec Hafiz Pacha, l'ancien gouverneur de la province qui a dû se réfugier dans le camp autrichien; récits des émissaires; observations transmises par les stations de télégraphie optique juchées sur les hauteurs qui avoisinent la ville; rapports des reconnaissances envoyées dans la journée (deux escadrons et une demi-batterie) et dont une patrouille s'est avancée jusqu'à l'hôpital; enfin, examen du terrain par le général en chef et de son état-major du haut de l'Igman-Berg.

Colonne principale.

Résumons maintenant les ordres communiqués le 18 au soir.

1° Colonne du G. M. Kaiffel : bataillon de chasseurs n° 31. Régiments n° 7 et n° 47, une batterie de campagne, une batterie de montagne; un peloton de cavalerie, une demi-compagnie du génie, une section de télégraphie optique ; départ à 4 heures du matin pour marcher par Zeljeznica-Ilidze-Lukavica, puis changer de direction à gauche et faire face au nord, la gauche au chemin Lukavica-Serajévo, la droite cherchant à déborder les insurgés. La tâche principale incombe à cette aile.

Serajevo [illegible]t 1878.)

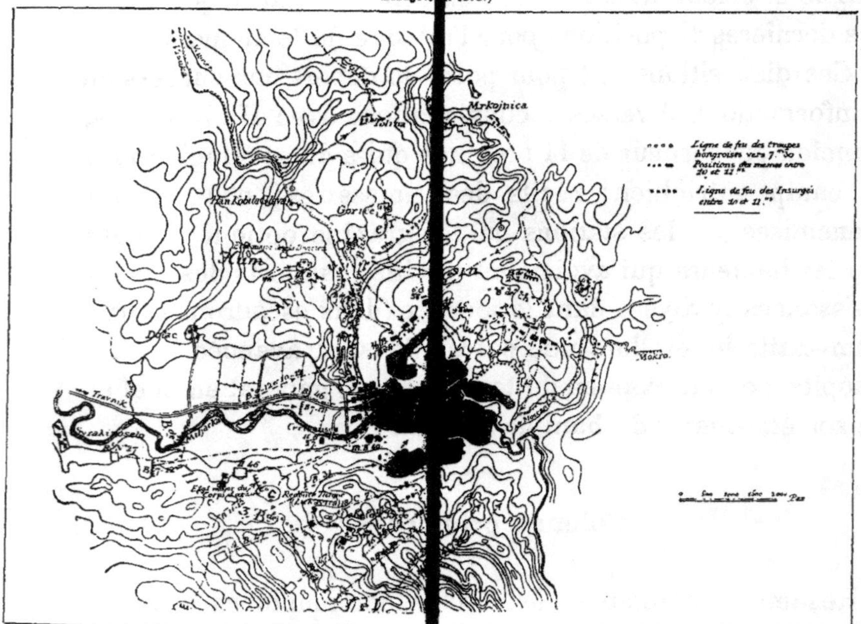

2° Colonne du C. von Villecz : régiment n° 46, deux batteries lourdes, un escadron, une demi-compagnie du génie; départ 5 heures; direction Ilidze ; arrêt d'environ une heure pour donner de l'avance au général Kaiffel, puis reprise de la marche sur le chemin de Svrakinoselo Serajevo.

La colonne doit surtout agir par le feu de son artillerie et régler sa marche sur celle de l'aile gauche.

3° Colonne du Lt-C. von Schluetenberg : régiment n° 27, une batterie de campagne, une compagnie du génie, un peloton de cavalerie, une section de télégraphie optique. Se rassemble à 7 heures, traverse Ilidze et appuie au sud-est de manière à établir la liaison entre les colonnes 1 et 2; demeure en réserve aux ordres directs du commandant en chef.

Colonne latérale.

4° Colonne du colonel Lemaic : bataillon de chasseurs n° 9, régiment n° 38 (presque en entier), deux compagnies du 2e bataillon du régiment n° 52, une batterie de montagne, une section de télégraphie optique; lieu de rassemblement entre Polina et Han Kobila-Glava, départ 3 heures du matin; direction Radova-Pasin-Brdo, y laissant une compagnie pour la protection du flanc droit ; objectif le vieux château et si possible se saisir de la route vers Mokro, retraite de l'ennemi.

5° Colonne du G. M. Müller : bataillon de chasseurs n° 27, 1er bataillon du régiment n° 52, une compagnie et demie du régiment n° 7, deux batteries de montagne, un escadron, une section du génie, une section de télégraphie optique; se forme à 4 heures du matin à Han Kobila-Glava, objectif la lisière nord-ouest de la ville.

6° Réserve : 3e bataillon du régiment n° 52 et une section de télégraphie optique sur le Humberg.

Il pourra nous suffire d'analyser les phases essentielles de l'action.

Sur la rive droite de la Miljacka, vers les 10 heures du matin, la colonne du G. M. Müller couvrant la croupe entre les ravins de la Susica et de la Kosava se trouve fortement engagée avec les insurgés qui tiennent la lisière de la ville; à gauche, la colonne Lemaic a été entièrement déployée devant le vieux château dans lequel l'ennemi a été rejeté. Les deux lignes de feu sont à peine distantes de 400 pas, les troupes autrichiennes attendent que l'artillerie (16 pièces) ait achevé son œuvre.

Nous avons à signaler :

a) Un combat d'avant-gardes (4 compagnies du bataillon de chasseurs n° 9 et 2 compagnies du régiment n° 52) très énergiquement soutenu, non seulement par la mousqueterie, mais aussi à l'arme blanche, pour refouler une contre-attaque des insurgés; l'attitude des 3e et 4e compagnies de chasseurs, des 5e et 6e du 52e, montre bien — n'en déplaise à une docte et officielle revue — que l'attaque à la baïonnette n'est pas forcément la simple « constatation du résultat acquis ».

b) Le jeu très méthodiquemnt réglé des réserves.

c) Un exemple du remplacement des munitions; le bataillon de chasseurs n° 9 ayant épuisé la presque totalité de ses munitions, de nouvelles lui ont été fournies par les compagnies du régiment n° 32 en deuxième ligne. On pourrait même se demander s'il ne convenait pas dans ce cas particulier de faire relever le bataillon de chasseurs déjà éprouvé par les vigoureux efforts du début.

Sur l'autre rive de la Miljacka, la colonne de Villecz à gauche, la colonne Müller à droite s'étendent de la rivière jusqu'à Debelo-Brdo manœuvrant déjà pour déborder cette position; 52 pièces accablent la ville de projectiles.

Nos observations porteront :

a) Sur le soin extrême des colonnes à se relier entre elles.

Ainsi, la colonne Vilecz déplace à sa gauche un escadron de hussards pour la liaison avec la division von Tegetthoff; à sa droite, un bataillon d'infanterie pour maintenir le contact avec la brigade Keiffel retardée dans sa marche par les accidents du terrain et un intense brouillard qui ne se lève qu'à 7 h. 1/2. Plus tard, le général en chef disposera deux compagnies de sa réserve vers le Hum-berg pour se souder à la division von Tegetthoff, puis ensuite le reste de la réserve au nord de la route, sur les hauteurs qui séparent l'Osica et la Susica.

b) Sur les très attentives et multiples reconnaissances en vue de déterminer les emplacements de batteries.

Retournons maintenant sur le champ de bataille même où nous avons laissé — on s'en souvient — la brigade Lemaic entourant le vieux château, mais ne pouvant, sans assistance, forcer ce dernier obstacle. Pour dégager ce point, le F. M. L. von Tegetthoff vient de donner au général Müller l'ordre de pousser en avant et de pénétrer dans la ville sous la protection de la batterie tirant du Pasin-Berg; après un combat fort vif, parfois même avec prises de corps, la brigade atteint, vers 11 h. 1/2, les premières maisons de l'enceinte; presque simultanément, à l'extrême droite de la brigade Lemaic, le lieutenant-colonel Segerc gagnait avec deux compagnies du 38e l'entrée de la rue conduisant à la mosquée du Bey.

La colonne principale, elle aussi, affirmait ses avantages. Elle parvenait sous le couvert de son artillerie, et après renforcement au centre (six compagnies de la réserve) à rompre la première ligne de résistance des insurgés sur le Debelo-Brdo et à les précipiter dans les faubourgs.

De tous côtés, donc, les soldats impériaux pénètrent dans la ville dont les rues deviennent l'arène d'un sanglant et farouche combat: une partie des troupes est restée au dehors autant pour éviter un encombrement déjà trop grand, que pour être prête à parer à toute éventualité.

Les deux divisions font jonction au pont de Cerisanska. A midi 1/2, le général en chef fait cesser le feu de l'artillerie et, à 2 heures, le drapeau impérial et royal, celui du 46e d'infanterie, flottait glorieux au-dessus de la citadelle.

A 5 heures du soir, l'occupation de Serajevo était une œuvre complète.

Dans cette journée du 19 août, 16 bataillons, 52 pièces, 4 escadrons 1/2, soit environ 13,000 hommes, se trouvèrent engagés. Les pertes furent : tués, 2 officiers et 55 hommes ; blessés, 10 officiers et 304 hommes ; le régiment le plus éprouvé, le 38e, accusait 102 hommes hors de combat.

Les insurgés avaient pu se compter de 5 à 6,000 combattants.

CHAPITRE VI

Opérations en Herzégovine. — De l'acceptation du commandement. — Marche sur Mostar de 1re et 2e brigades. — Combat d'avant-garde à Citluk. — Occupation de Mostar le 6. — La 3e brigade s'établit à Stolac le 8, et y laisse garnison. — Événements de Stolac : échec d'une reconnaissance; investissement de la place par les insurgés; combat du 17 soutenu par la 3e brigade; la 2e brigade accourt de Mostar avec le F. M. L. von Jovanovic; la place est débloquée le 21. — Occupation de Nevesinje (20 août) et de Trébinje le 7 septembre. — Mouvement des 2e et 3e brigades sur Bilek (16); détachement sur Gacko (17); arrivée à Trébinje (18); surprise de Gorica. — Expédition contre Klobuk (20 au 28 septembre).

Conformément au projet d'ensemble arrêté à Vienne et accepté par le F. Z. V. von Philippovic, la division du F. M. L. von Jovanovic doit opérer en Herzégovine, avec deux de ses brigades (2e et 3e), poussées par la vallée de la Narenta sur Mostar, tandis que la 1re brigade agira, comme colonne latérale, de Raguse vers Trébinje.

Mais le général Jovanovic est peu partisan de ce procédé, il réclame avec instance le transport de Raguse à Spalato, de sa première brigade, de façon à avoir toutes ses forces sous la main. Ni le Ministre, ni le général en chef n'approuvent ses propositions. Jovanovic insiste alors avec plus d'énergie, et, finalement, obtient gain de cause. La forme même de cette concession est instructive à retenir :

« Le gouvernement doit avoir entière confiance dans le général que les talents ont appelé à exercer un commandement si important pour la monarchie. Le Ministre donne, par suite, complète approbation à ces propositions qui ont dû être sérieusement méditées, quoiqu'à Vienne on ne s'en rende pas un compte bien exact et qu'on ne les approuve pas entièrement. »

Que les temps sont changés ! Combien est lointain le souvenir de cette méfiante tutelle dans laquelle étaient tenus les généraux par ce trop fameux conseil de guerre que le prince Balkousky, un des héros du comte Léon Tolstoï, appelle irrévérencieusement *Hof-Kriegs-Wurstchnaps-Rath.*

Cette attestation de confiance du Ministre de la guerre est fort honorable pour le général Jovanovic; elle est tout à louer.

L'insistance du général à ne pas vouloir se charger d'un projet qu'il croit fâcheux, est également des plus méritoires.

Napoléon a écrit : « Un général n'est pas à couvert de ses fautes à la guerre par un ordre de son souverain ou du ministre, quand celui qui le donne est éloigné du champ des opérations et qu'il connait mal ou pas du tout le dernier état des choses. D'où il résulte que tout général en chef qui se charge d'exécuter un plan qu'il trouve mauvais est coupable; il doit représenter ses motifs, insister pour que le plan soit changé; enfin, donner sa démission plutôt que d'être l'instrument de la ruine de son armée (1). »

---

(1) Et encore de Bonaparte en 1796 :

« Il faut que le gouvernement ait une confiance entière dans son général, lui laisse une grande latitude et lui présente seulement le but qu'il veut remplir. » (Plan de campagne pour l'armée d'Italie, 19 janvier.) — « Si vous m'imposez des entraves de toutes espèces, s'il faut que je réfère de tous mes pas aux commissaires du gouvernement; s'ils ont le droit de changer mes mouvements, de m'ôter ou de m'envoyer des troupes, n'attendez plus rien de bon. Si vous affaiblissez vos moyens en partageant vos forces; si vous rompez en Italie l'*unité de la pensée militaire*, je vous le dis avec douleur, vous aurez perdu la plus belle occasion d'imposer des lois à l'Italie. » — (Au Directoire exécutif, 14 mai.)

Puis encore, Souwarow, dictant à un de ses aides de camp : « Lorsque ma souveraine me fait l'honneur de me donner ses armées à commander, elle me croit capable de les conduire à la victoire. Et, comment peut-elle juger, mieux qu'un vieux soldat comme moi, qui suis sur les lieux, du chemin qui peut les y mener ? »

(Voir aussi *Méthode de guerre*, du général Pierron, tome Ier, première partie : « De l'unité du commandement ».)

Nous savons que les exemples d'un si grand désintéressement et d'un courage moral si fortement trempé sont rares. Le maréchal de Mac-Mahon n'a peut-être pas su, dans sa marche de Châlons à Sedan, se dégager avec assez d'énergie des instructions venues de Paris. Le général de la Motte-rouge s'est fait battre à Orléans pour avoir été trop docile à l'ordre de Gambetta : « Se porter en avant et vaincre. »

Par contre, le général Lefort avait préféré se faire révoquer plutôt que d'obéir à des instructions inexécutables (1).

Autre exemple, plus incisif que celui de Rochambeau : en 1866, le général von Brandis, Ministre de la guerre, avait décliné le commandement de l'armée hanovrienne, le roi ayant le projet de la suivre avec l'escorte de ses conseillers privés.

Comme l'écrit le prince Kraft de Hohenlohe Ingelfingen, visant Gyulay, « l'obéissance d'un général en chef ne peut pas être la même que celle d'un lieutenant qui n'a qu'à exécuter mécaniquement les commandements de son supérieur ». Il ne convient pas non plus que de vieux généraux, pleins d'honneur et de patriotisme, se laissent absolument dominer par les principes de la hiérarchie militaire et de la subordination (2). Dans d'impérieuses circonstances, un général ayant la responsabilité de ses actes doit savoir *désobéir;* d'illustres exemples autorisent cette exception.

Le prince de Ligne, dans ses *Préjugés militaires* (« Du général commandant »), rapporte le fait de Montecuculli « qui de toute la campagne n'ouvrait pas les rescripts du conseil de guerre. Il les tendait à l'empereur en venant à Vienne et, lorsqu'il lui demandait pourquoi il n'avait pas suivi les ordres qui lui étaient donnés de sa part, il lui disait : « Sire, je les ai

---

(1) Déposition du général Lefort devant l'enquête parlementaire-Général Ambert, *Récits militaires* : « Après Sedan », p. 151.

(2) D'Aurelle de Paladines, *Première armée de la Loire*, p. 240.

» baisés, je les ai mis dans ma cassette et je vous les rap-
» porte. »

Le maréchal Bugeaud, lui-même, n'a pas hésité à s'affranchir des entraves qui le gênaient comme il le confesse dans une lettre du 12 octobre 1847 au duc d'Aumale : « Il est des circonstances tellement impérieuses que, dans l'intérêt du pays, il faut savoir se passer des ordres du Ministre de la guerre. Vous auriez comme moi livré la bataille d'Isly sur le territoire marocain malgré l'ordre de ne pas passer la frontière que m'apporta la veille le colonel Foy. Vous auriez aussi continué la campagne de la Grande Kabylie si, ayant lancé le général Bedeau dans les montagnes et ne pouvant plus l'arrêter, vous aviez reçu à une journée de Hamza l'ordre de suspendre les opérations précédemment approuvées. »

Enfin, pour tout résumer, rappelons cette appréciation du général Mathieu Dumas : « L'acceptation du commandement m'a toujours paru le plus grand acte de dévouement qu'un citoyen pût faire à sa patrie (1). »

Deux voies s'offraient au F. M. L. von Jovanovic pour atteindre Mostar : la première dans la vallée de la Narenta, par Metkovic, en quelque sorte la plus naturelle ; elle avait été pratiquée par Osman-Pacha. La seconde, moins bonne, se prend par Imoski.

Le commandement devait admettre que l'attaque serait attendue sur ces routes et que les insurgés prépareraient des positions de résistance.

Or le général Jovanovic sait que « dans la guerre en pays insurgé il faut *frapper vite et fort* sur le premier ou le prin-

(1) Discours de M. Dumas sur le motif de la dénonciation qu'il a faite du ministère qui formait le conseil du roi.

cipal foyer (1) » ; il ambitionne aussi de *surprendre* son adversaire et de l'engager par de fausses démonstrations à vider les lieux pour employer ensuite toute sa masse à la forcée stratégique sur Mostar.

Dans ces conditions, aucune des deux routes connues n'était acceptable; les trois brigades concentrées entre Imoski et Vrgorac déboucheront par des sentiers perdus, puis exécuteront un changement de direction à droite qui leur fera saisir de la route Mastar-Ljubuski ; en même temps, pour tenir l'ennemi dans une trompeuse erreur, l'état-major prépare ostensiblement l'établissement d'un pont à Caplina.

Ajoutons enfin que le secret (2) des projets avait été parfaitement gardé. Le général se trouve ainsi dans la plus excellente situation pour commencer le 1er août ses opérations (3).

Les troupes s'arrêtent ce jour au delà de la frontière ; la droite, 1re et 2e brigades parties de Vrgonac, à Humac, la gauche, 3e brigade, venue de Imoski à Tihaljina.

Un bataillon de chasseurs relie les deux groupes, et, pour couvrir le flanc gauche du côté de Livno, le lieutenant-colonel Pachner a été porté avec une petite colonne volante à Han Posusje.

Le 2, les 1re et 2e brigades atteignent Ljubuski.

C'est dans la nuit du 2 au 3 que le général Jovanovic a connaissance de l'insurrection qui vient d'éclater à Mos-

---

(1) Lettre du maréchal Bugeaud du 14 octobre 1845 à bord du *Panama*. (*Le maréchal Bugeaud* par le comte d'Ideville, t. I, p. 61.)

(2) « Coupez-vous la langue plutôt que de trop parler », disait Montluc, et Napoléon plus brièvement encore dans une lettre à Rapp : « couper sa langue ».

« La vitesse est bonne pour le secret parce qu'elle ne laisse pas le temps de divulguer les choses : courir à l'improviste sur l'ennemi qui n'est pas sur ses gardes le surprendre et *lui faire sentir* la foudre avant qu'il n'ait vu l'éclair. » (Montecuculli, *Des principes de l'art militaire en général.*)

(3) Application du troisième procédé préconisé par G. B. Kuhn.

tar : la population chasse les autorités turques et se dispose à la résistance ; une partie des troupes a fait cause commune avec l'insurrection ; une autre partie est demeurée fidèle au gouverneur militaire Ali-Pacha, qui se retire à Metkovic avec le consul d'Autriche-Hongrie. Le général aurait désiré pouvoir, sans aucun retard, gagner Mostar ; il est fâcheusement retenu à Ljubiuje la journée du 3, par l'obligation d'assurer ses ravitaillements et d'organiser sa base d'opérations.

Le 4, la 3e brigade et le détachement du lieutenant-colonel Pachner étant maintenus à Ljubiuje et à Humac, les 1re et 2e brigades s'engagent sur la route de Mostar ; la protection des flancs est assurée par des flanc-gardes fixes, le terrain étant trop pénible pour permettre le cheminement de patrouilles latérales.

Dès le début de la marche, les émissaires ont rapporté qu'une bande de 5 à 600 insurgés s'était établie à Citluk, pour disputer le passage ; la pointe d'avant-garde (chasseurs dalmates à cheval) ne tarde pas à recevoir les premiers coups de fusil (11 heures).

Le bataillon d'avant-garde (bataillon de chasseurs n° 7) se déploie aussitôt : deux bataillons du régiment n° 27 entrent successivement en ligne, l'un pour *relever* le bataillon d'avant-garde, l'autre pour prolonger à droite ; enfin, deux compagnies du régiment n° 69 s'étendent vers la gauche ; l'attaque se prononce en quelque sorte simultanément sur les deux ailes.

Retenons cet exemple de *relèvement* d'un bataillon d'avant-garde au cours d'une action déjà de quelque durée et son placement en réserve ; les sacs avaient été déposés, mesure que justifie la fatigue des troupes éprouvées par une très forte chaleur.

Le 6, les deux brigades occupaient Mostar.

Sur l'échiquier restreint qui nous intéresse, Stolac appelle l'attention par une importance réelle au double point de vue tactique et stratégique.

La ville, flanquée d'un château fortifié, était indiquée par sa situation géographique comme un centre naturel de rassemblement aux insurgés du Sud et du Sud-Ouest de l'Herzégovine; elle commande et la vallée de la Narenta et la ligne Mostar-Foca; de plus, obstrue la route sur Bilek.

Il était indispensable de se saisir de Stolac; la 3e brigade est chargée de cette opération.

Le 7 août, la brigade campe à Tasoveic, où elle laisse une compagnie du génie et deux bataillons du régiment n° 32, tant pour tenir les derrières que pour surveiller les troupes d'Ali-Pacha, établies dans la Krupa. Stolac se rendit sans résistance, et, le 9, la colonne rétrogradait, mettant dans la place un bataillon du régiment n° 32 (major Halecki).

A peine la colonne s'était-elle éloignée que les environs de la ville deviennent le théâtre d'événements passablement inquiétants. Une compagnie, envoyée en reconnaissance le 12 au sud-est contre un rassemblement ennemi, revient sans avoir rien à signaler; le lendemain, nouvelle sortie dans la même direction. Par malheur le capitaine Medved, qui commande cette compagnie (8e compagnie du régiment n° 32), trompé par la quiétude de la veille, néglige les plus essentielles mesures de précaution, notamment la protection de ses flancs. Cette imprudence lui fut fatale : à quelque cent pas de Ravnica, sa compagnie tombe sous le feu d'une embuscade (environ 300 hommes) et est désastreusement rejetée sur la place, perdant 2 officiers et 74 hommes.

A la nouvelle de cet échec dont les conséquences morales sont fort à redouter, le général de division dépêche de Mostar le lieutenant-colonel Pachner avec un bataillon pour relever la garnison; en même temps deux bataillons sont établis à Domanovac.

Toutefois, les inquiétudes pour Stolac ne semblent pas

devoir se réaliser, et comme, le 15, le lieutenant-colonel Pachner télégraphie que tout est tranquille, le général Jovanovic se dispose à d'autres entreprises.

Déjà il a obtenu l'éloignement d'Ali-Pacha, qui, avec 6,500 hommes et 400 chevaux, a été transporté de Klek à Prévesa; il médite maintenant de chercher par Kanjica le contact avec le XIIIe corps ; il agira ensuite vers Nevesinje, où on lui signale de très gros rassemblements d'insurgés.

Mais, soit défaut d'informations, soit optimisme exagéré, le lieutenant-colonel Pachner avait bien inexactement renseigné le commandement; dès le 16 au matin, la place était complètement investie et la garnison obligée de se réfugier dans la citadelle. Les secours sont immédiatement mis en mouvement.

Le bataillon de chasseurs n° 19, au camp à Domanovac, est le premier à marcher suivi à une journée par le général Schuldener, avec deux bataillons, une batterie et un peloton de la 3e brigade.

Les insurgés, en masse très nombreuse, se hâtent au-devant des détachements de secours ; le 16, puis surtout le 17 à Kramenac, le bataillon de chasseurs n° 19 a fort à faire pour ne ne pas être enveloppé alors qu'un peu plus sur la gauche, à Crnici, le général Schuldener était lui-même si sérieusement attaqué que l'infanterie est mise dans le cas de dégager ses pièces à l'arme blanche.

Le succès de cette double affaire, si succès il y a, est tout au plus tactique ; malgré l'adjonction de deux nouveaux bataillons, le général, groupant alors une force de 5 bataillons avec 1 batterie, ne peut rien entreprendre le 18, même pas se dégager, et en est réduit à attendre l'arrivée du général de division mandé en toute hâte.

La situation était des plus critiques : à Stolac, comme en donnait avis le cadet Michalcsics qui avait réussi, déguisé en soldat turc, à se glisser au travers de l'investissement, la garnison n'avait d'eau que pour la journée du 19 ; à Mostar, les événements se compliquaient non moins sérieusement. Il n'y avait pourtant pas à hésiter : à Stolac, une catastrophe menaçait ; le F. M. L. von Jovanovic court au plus pressant danger.

Il quitte Mostar le 19 au soir avec une partie de sa 2e brigade (2 bataillons et demi, 1 batterie et demie), se dirigeant sur Domanovac ; à peine en marche, à 8 heures et demie, par une nuit sombre, sur un terrain difficile et inconnu, sa compagnie, en flanc-garde à gauche, est violemment surprise par une attaque des insurgés ; un bataillon tout entier et 4 pièces doivent intervenir.

Le 20, les 2e et 3e brigades effectuent leur jonction à Crnici et reprennent d'ensemble leur mouvement sur Stolac, cherchant tout d'abord à débusquer l'ennemi des positions qui obstruent la route.

Le 21 au soir, les troupes impériales entraient dans Stolac que les insurgés avaient bien compris de pouvoir conserver ; la garnison (bataillon du régiment n° 32, 20 officiers et 751 hommes), complètement bloquée dans la citadelle, n'avait pas été sérieusement éprouvée par le feu de l'ennemi, mais elle était rationnée depuis le 20 à une cuillerée d'eau et une corvée qui avait pu se glisser jusqu'à la rivière avait été presque totalement perdue (10 tués et 25 blessés).

Le 22, après ravitaillement de la place, le général de division regagnait Mostar.

Les opérations de ces derniers jours nous semblent de nature à provoquer quelques observations :

1° A propos du combat du 19 au soir (2e brigade), nous noterons l'emploi exclusif des feux de section et les très sérieuses précautions à prendre pour éviter la panique dans le convoi.

2° Dans la matinée du 20, alors que la 2e brigade atteignait Domanovac, le général Schuldener avait naturellement cherché à se mettre en relations avec le F. M. L. V. Jovanovic. Dix kilomètres au plus séparent Domanovac de Crnici ; toutefois, le pays étant complètement tenu par les insurgés, les communications sont des plus difficiles ; dans de telles conditions, il était imprudent de risquer des officiers ou des petites patrouilles pour le service de la correspondance. Et de fait, un premier groupe de trois cavaliers, expédié à 4 heures et demie du matin, parvient bien à destination, mais est capturé au retour. D'autres patrouilles ne peuvent même pas traverser. Ce n'est que vers les 10 heures du matin qu'un officier de l'état-major de la division réussit à se frayer le passage, et peu après, le général Schuldener envoyait à Domanovac, avec accompagnement de deux compagnies de chasseurs, un de ses officiers d'ordonnance. Celui-ci ayant voulu, sa mission accomplie, devancer son escorte, fut obligé de mettre sabre à la main pour s'ouvrir le passage. Il semblait commandé, dans de semblables circonstances, d'user dès la première heure d'une forte reconnaissance, pour assurer la liaison entre les deux colonnes.

3° L'affaire du 21 août se caractérise essentiellement par l'attaque du groupe de maisons de Pjezivac, que les insurgés défendent avec une opiniâtreté acharnée. Un premier bâtiment, servant en quelque sorte d'avancée, est tout d'abord enlevé, malgré l'insuffisance de la préparation par l'artillerie. Celle-ci emploie mieux ses quatre pièces pour l'attaque de la position même. Bientôt le mur d'enceinte est ébréché et une partie du bâtiment s'effondre ; estimant le moment venu de donner l'assaut, le major Theuerkanf, du 3e bataillon de chasseurs de l'Empereur, dispose trois compagnies : une au nord, une à l'ouest, une au sud, cette dernière spécialement chargée de tirer sur toutes les ouvertures par lesquelles les insurgés font feu sur l'assaillant.

Une fois la brèche d'enceinte franchie, on constate que le corps de logis est intact, que les portes et fenêtres défient toute rupture. Dans cette très critique situation, le major ramène les chasseurs sous les plus prochains abris et,

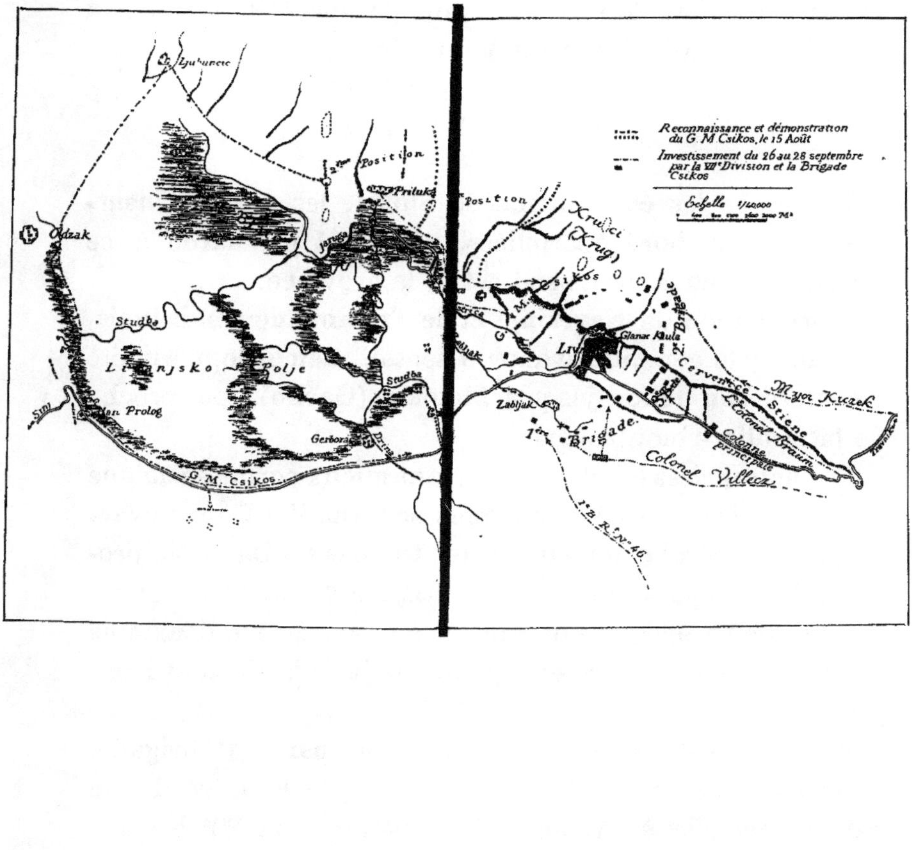
Reconnaissance et démonstration du G. M. Csikos, le 15 Août
Investissement du 26 au 28 septembre par la VIIe Division et la Brigade Csikos
Echelle 1/40,000
Ljubunċic
Position
Prituka
Position
Odzak
Studba
Livanjsko ~ Polje
Studba
Han Prolog
Sinj
Gerbosa
G. M. Csikos
Kru[illegible]ci (Krug)
Csikos
Glavac Kula
Liv
2e Brigade
Zabljak
1re Brigade
Cervenice ~ Stiene
Colonel Braum
Colonne principale
Colonel Villecz
M^gor Kuzek

pendant qu'une partie de la troupe tient l'adversaire en respect, l'autre partie dépouille deux meules de foin à proximité, répand le foin autour de la maison et y met le feu. Tous ceux qui n'ont pas fui périssent dans l'incendie.

Il est à retenir de cet épisode :

a) Pour l'assaillant, l'obligation de ne pas se compromettre à l'assaut avant d'avoir, par un moyen quelconque, reconnu et tâté le terrain ;

b) Pour le défenseur, la précaution de procéder, dans un rayon immédiat, à la destruction de tous les matériaux pouvant être utilisés par l'ennemi.

Peu après les événements de Stolac, les bandes insurgées, tout d'abord éparpillées, n'avaient pas tardé à se ressouder dans la partie sud-est de la province.

L'occupation de Nevesinje et de Trebinje devenait indispensable ; le général Jovanovic sentait même l'opportunité d'étendre son action jusqu'à Metokia (Gacko), tout proche de la frontière monténégrine.

Ces entreprises lui étaient d'autant mieux permises qu'une quatrième brigade de montagnes se formait à Domanovac, et que le général commandant les troupes en Dalmatie promettait la coopération de la 20e brigade d'infanterie ; enfin, à cette même époque s'organisait en Bosnie une deuxième armée, devant étendre ses opérations jusqu'à Foca et Konjica.

Névesinje est aisément saisi le 29 août par la 1re brigade, et de son côté, sans plus de difficultés, le F. Z. M. baron Rodich détache à Trebinje (7 septembre), la 20e brigade d'infanterie (3 bataillons et demi, 13 pièces).

Laissant la 1re brigade à Névesinje, le général Jovanovic se met à son tour en mouvement avec les 2e et 3e brigades (8 bataillons et demi, 12 pièces, 1 peloton) et une bande de quelques centaines de volontaires chrétiens, dont Ivan Mussic de Stolac a offert les services. Nous verrons ce *corps franc* spécialement chargé de la protection latérale de la colonne, notamment sur le flanc droit, dans la Ljubomir-planina, qui force la courbure de la route entre Stolac et Bilek.

Le 16 septembre, les deux brigades campent sous Bilek; elles y sont parvenues sans avoir été aux prises avec l'ennemi, mais non sans fatigues et retards, par suite de la nécessité d'assurer, dans cette région d'une structure tourmentée, le bon fonctionnement du service des flanc-gardes.

Le général Jovanovic reste le 17 à Bilek, pour appuyer la marche des deux compagnies détachées sur Gacko; le lendemain, il gagnait Trébinje par le défilé de Gliva, que le commandant de la 20e brigade avait eu la précaution de faire garder.

Le général V. Nagy venait d'apprendre par une douloureuse expérience combien dans cette région, malgré les apparences trompeuses, l'ennemi était attentif à toute surprise. Une compagnie couvrant la rentrée d'un détachement employé à la réparation de la route était tombée, à la traversée du village de Gorica, dans une embuscade, puis totalement dispersée, perdant 2 officiers et 51 hommes tués, 1 officier et 21 hommes blessés, plus 12 disparus.

Le commandant de la XVIIIe division ne s'attarde pas à Trébinje; il en repart presque aussitôt pour opérer contre Klobuk que son adossement à la frontière, sa position pour ainsi dire inexpugnable ont fait choisir comme dernière place d'armes par les insurgés.

Klobuk, véritable nid d'aigle, ne pouvant être investi que par le nord, est réduit après un bombardement de trois jours; ses défenseurs le vident le 28, en se laissant glisser à l'aide de cordes le long de la paroi sud et se réfugient sur le territoire du Monténégro.

Cette petite expédition se recommande à notre attention par la préparation et l'exécution des marches, l'effort prodigieux des troupes, de l'artillerie surtout, pour vaincre les difficultés du terrain rendues plus sensibles encore par des pluies presque ininterrompues.

C'est ainsi que le matériel a dû être fréquemment démonté et manœuvré de force; que le gué de Grancarevo Doluje a été passé par les caissons flottants, etc.

C'est ainsi encore que la colonne abandonnant la voie naturelle du thalweg de la Trebinjica s'élève en trois groupes sur les hauteurs bordant la rive droite afin de saisir plus directement l'adversaire sur les points mêmes où il aurait pu songer à la résistance; la supériorité dont bénéficiait le général Jovanovic lui permettait de manœuvrer avec une si franche décision.

Il convient de remarquer enfin le soin extrême à préserver de toute inquiétude les communications de la colonne, soit entre le gros et Trébinje, soit entre les divers éléments qui la composent; presque tous les débouchés, tels que ponts et défilés importants, sont solidement gardés.

CHAPITRE VII

Opérations en Herzégovine. — Expéditions sur Livno (*croquis*). — Première expédition du G. M. Csikos, le 15 août, à titre de simple reconnaissance. — Deuxième expédition du duc de Wurtemberg (VIIe division), du 26 au 28 septembre : capitulation de Livno. — Rentrée des 1re et 3e brigades à Travnik ; la 2e brigade occupe Glamoc (2 octobre).

Dans les premiers jours d'août, l'agitation manifestée sur la frontière fait craindre au gouverneur général de la Dalmatie, non pas seulement une propagation du mouvement insurrectionnel, mais, ce qui est bien plus fâcheux, des incursions sur le propre territoire de sa province.

Le F. Z. M. baron Rodic, pénétré d'une vérité chère au maréchal Bugeaud et désireux de la manifester (1), organise à Sinj une brigade de montagnes dite « brigade de réserve » dont il confie le commandement au G. M. Czikos (régiment d'infanterie n° 21 venu de Trieste, un bataillon de marche, un corps de miliciens territoriaux fort de 600 hommes, deux batteries).

Au cours même de cette formation, comme nous l'avons vu par les chapitres précédents, les événements se précipitent en Bosnie. Dès l'entrée des troupes impériales dans la province, la population musulmane de Livno s'était insurgée : le gouverneur turc avait été massacré et les chrétiens se trouvaient livrés sans défense à toutes les excitations d'une turbulence qu'aggravait encore le fanatisme déchaîné. A la nouvelle du combat de Jaice (7 août), les fortes bandes (on

---

(1) Lettre du 9 février 1843 au duc d'Aumale : « Il y a longtemps que je m'aperçois que le meilleur moyen de défendre et de protéger, c'est d'attaquer et de faire redouter à l'ennemi les maux dont lui-même nous menace. »

parlait de 4,000 hommes) réunies autour de Livno comprirent instinctivement qu'il n'était que d'un intérêt tout à fait local de brigander sur la frontière dalmate et que l'essentiel pour l'instant commandait de rallier les bandes, aux prises, vers Trawnik, avec la masse principale du corps d'invasion.

Des considérations analogues, mais inversement déduites des faits, dictaient au F. Z. M. Rodic la ligne de conduite à observer; il lui appartenait, par une démonstration faisant craindre un sérieux danger pour Livno, de rappeler en arrière les bandes soucieuses de grossir les résistances que le XIIIe corps allait avoir à surmonter dans son opération sur Serajevo.

Pressé d'agir, quoique ne disposant pas immédiatement de tous les moyens sur lesquels il espérait, le gouverneur général doit se contenter d'une simple *action démonstrative*, en poussant au delà de la frontière les compagnies disloquées à Imoski, Sinj et Knin; celles-ci figurent pour ainsi dire les avant-gardes d'une opération d'ensemble projetée contre Livno (1).

Cette démonstration amène tous les résultats qu'on pouvait en attendre; les bandes éloignées de Livno y reviennent précipitamment et, comme pour mieux entrer dans le jeu des Autrichiens, les notables de la ville désirant gagner du temps à la défense, feignent d'entrer en négociations avec les Impériaux. Il importait maintenant d'attacher l'ennemi à la place sans lui permettre, revenant de son erreur, de courir menacer la ligne d'opérations de la VIIe division; or, comme sur ces entrefaites le régiment d'infanterie n° 21 est

(1) Cet artifice d'intimidation trouve une fréquente application dans les pratiques de la petite guerre : le commandant Bernard, dans sa brillante opération pour surprendre le pont de Fontenoy, arrivé dans le rayon de la place de Toul, se dit l'avant-garde de l'armée de Bourbaki. La campagne dans le Nord offre un exemple de même caractère.

arrivé à destination, le commandant prescrit pour le 15 août un mouvement combiné avec une reconnaissance (1).

Les approches de Livno sont couvertes par les ravins de la Drina et de la Studba se déversant dans une cuvette marécageuse, véritable impasse dans laquelle le G. M. Csikos évite prudemment de s'engager. Sa marche, du reste, a été des plus mesurées : un bataillon couvre ses derrières, deux compagnies flanquent à gauche le gros de la colonne (deux bataillons), à droite une compagne en flanc-garde fixe liant le bataillon de l'arrière au gros. Arrivé à Gerborac, le général arrête sa colonne ; un peloton est poussé en reconnaissance vers Gubir où quelques insurgés se sont montrés, un autre à gauche explore la vallée de la Bistrica et se relie aux deux compagnies de gauche. Ces reconnaissances s'engagent avec l'ennemi dans un échange de coups de feu, puis, comme le but de la démonstration est amplement atteint, le G. M. Csikos ordonne la retraite. Le détachement qui opérait par Ljubunac, plus sérieusement engagé, ne dut qu'à l'extrême circonspection de sa conduite de ne pas tomber dans une embuscade (2).

L'occupation permanente des débouchés devait faciliter, quand il conviendrait, la reprise d'une plus décisive opération contre Livno ; celle-ci se trouve forcément retardée jusqu'au moment où la VIIe division peut se concentrer autour de Travnik.

Le F. Z. M., duc de Wurtemberg, dispose de 11 bataillons d'infanterie, 1 compagnie du génie, 2 escadrons et

---

(1) Le terrain jusqu'à Livno avait été très exactement exploré, quelque temps avant le commencement des hostilités, par le lieutenant Mollinary. Mais, depuis, les conditions militaires et politiques s'étaient trop considérablement modifiées pour ne pas rendre cette reconnaissance, sinon indispensable, tout au moins désirable.

(2) Sur le mont Kruci, un troupeau de bœufs pâturait paisiblement ; au moment propice, il est rapidement dispersé pour démasquer l'artillerie et l'attaque des insurgés.

5 batteries 1/2, soit 9,208 hommes, 256 chevaux et 28 pièces.

Ces forces sont réparties en trois brigades ;

1re brigade, colonel Villecz : 3 bataillons, 1 peloton, 1 batterie ; 2,426 hommes, 48 chevaux, 4 pièces. Etablie à G. Vakuf ;

2e brigade, Archiduc Jean Salvator : 3 bataillons, 1 compagnie du génie, 1 escadron, 2 batteries : 4,103 hommes, 160 chevaux, 8 pièces. Etablie à Travnik ;

3e brigade, G. M. Sametz : 3 bataillons, 1 peloton, 1 batterie ; 2,676 hommes, 48 chevaux, 4 pièces. Etablie à Popoze.

La garnison de Travnik est maintenue en un groupe spécial également dénommé brigade, sous les ordres du colonel Hostinck (2,531 hommes, 112 chevaux, 4 pièces).

L'intention du général est de se mouvoir en trois colonnes dans la vallée de la Suica, mais comme il appréhende de se heurter à une première résistance vers Kuprès, il commence tout d'abord à y concentrer, le 25 septembre, ses deux brigades de droite (2e et 3e).

La marche du lendemain aboutit à l'investissement de Livno : la 3e brigade, au centre, sur la route ; la 2e, prolongeant à droite sur le plateau de Crvenice Stiene ; la 1re brigade, à gauche, observant la face sud de la place.

A l'ouest, pour se relier aux 1re et 2e brigades et compléter ainsi l'investissement, la brigade du G. M. Czikos, elle, a réussi, en se dérobant dans le brouillard, à s'étaler sur les hauteurs au nord de la ville.

Le 27, les troupes resserrent l'investissement tout en évitant avec soin, en conformité des instructions données, d'engager la moindre action. La ligne étirée en cordon, sur un circuit d'environ 10 kilomètres, mais inégalement garnie, est solidement soutenue par les réserves ; les pièces de campagne tirent à une distance moyenne de 2,200 mètres, celles de montagne varient entre 900 et 1,200 mètres.

Le bombardement commence à 7 h. 30, dure toute la journée et n'est interrompu de temps à autre que quand le brouillard s'amasse trop épais ; en dix heures, 2,300 projectiles tombent sur Livno. La riposte, tout d'abord vive, se ralentit dans l'après-midi ; néanmoins, d'après le rapport des patrouilles d'officier poussées en avant (3 heures), les insurgés garnissent encore l'enceinte. Le soir, les pièces sont ramenées en arrière sous la protection de l'infanterie ; dans la nuit, la 1re brigade se tapit par des travaux d'approche à 600 mètres de l'enceinte.

Pour le lendemain (28), le général projetait la reprise du bombardement, mais cette fois en concentrant son feu sur la Glanac-Kula, véritable clef de la position ; dès que cette préparation aura été reconnue suffisante, l'infanterie de la 2e brigade doit être lancée à l'assaut.

Ces dispositions n'aboutissent pas à exécution, car, le 28 au matin (7 heures), la place bat la chamade ; la résistance avait été soutenue par 5,000 hommes (dont moitié de troupes régulières) et 15 pièces de position (1).

Après la reddition de Livno où demeure la brigade dalmate du G. M. Czikos, les 1re et 3e brigades rentrent à Travnick ; la 2e brigade excursionne à Glamoc qu'elle occupe sans résistance le 2 octobre.

(1) Les troupes resserrent le cordon d'investissement jusqu'à exécution complète de la capitulation ; fixation d'un seul point de sortie pour l'échange des parlementaires, etc., très sage précaution à ne jamais négliger.

TROISIÈME PARTIE

Renforcement et organisation de la IIe armée.

CHAPITRE PREMIER

Organisation de la IIe armée ; spécialisation des corps qui la composent. — Opérations dans la Bosnie orientale. — Affaires du IIIe corps autour de Doboj ; reconnaissance générale et combats des 4 et 5 septembre (croquis). — Des agents auxiliaires du commandement. — Opérations combinées des IIIe et IVe corps ; le IVe corps passe la Save, à Samac (14) ; occupation de Nova-Brcka; à travers la Majevica-Planina ; jonction des deux corps sous Dol-Tuzla (22 septembre). — De l'importance de la fortification passagère. — Colonne mobile du G.-M. Kopfinger sur Glasinac (24 au 27 août). — Colonne mobile du F. M. L. von Tegetthoff et combat de Mokro (3 septembre). — Opérations de la Ire division contre Visegrad : combat de Senkovic-Bandin (21 septembre) ; occupation du Visegrad (4 octobre).

Les événements des premières journées d'août étaient de nature à alarmer l'optimisme du cabinet de Vienne ; on n'avait assurément pas pu s'illusionner au point de croire que l'occupation de la Bosnie et de l'Herzégovine suivrait un cours pacifique, mais on ne s'était pas non plus attendu à une résistanc aussi formidable.

Or, il n'y avait pas à s'y méprendre, le soulèvement était général ; la population musulmane, aussi bien que les chrétiens, sur l'abstention desquels on pensait devoir compter, avaient pris les armes.

L'effort imposé aux troupes cessait d'être proportionné à leur effectif. Le XIIIe corps, il est vrai, était parvenu jusqu'à Sérajevo, brisant les résistances accumulées sur la route, mais tout le reste de la province, notamment la partie orientale, appuyée à la Serbie, demeurait insoumis.

Cette œuvre de pacification à étendre plus complètement en Bosnie, comme en Herzégovine, ne pouvait être menée à fin, surtout être rendue durable, que par un accroissement considérable de forces.

Dans toute situation de guerre, la rupture de l'équilibre est la résultante de deux forces : *mobilité* et *masse*, lesquelles doivent être tenues dans un rapport harmonique.

Lorsque l'une de ces forces est infirmée, l'autre doit bénéficier d'une plus-value. Dans le présent état de choses, la *mobilité* étant entravée par des accidents orographiques exceptionnellement pénibles, il devenait indispensable de surcharger la *masse* pour rétablir, dans des conditions certaines de succès, la combinaison des deux termes.

Ces considérations expliquent l'ampleur des moyens mis en action lorsque le gouvernement de Vienne eut reconnu l'impérieuse nécessité de renforcer les forces agissantes en Bosnie et Herzégovine.

Nous rappellerons que les Ire, IVe et XXXVIe divisions étaient déjà établies sur la Save ; ordre est donné de les porter sur le pied de guerre.

Puis, à la date du 19 aout, l'empereur décrète la mobilisation des XIIIe, XXXIe, XXXIIIe et XIVe divisions ainsi que de la 14e brigade de cavalerie ; ces sept divisions sont combinées avec les trois divisions déjà engagées en Bosnie en une nouvelle armée dite *IIe armée*, aux ordres du F. Z. M. von Philippovic.

Elle s'organise à quatre corps, plus une division indépendante :

IIIe corps : F. M. L. Szapary. — Ire, IVe et XXe divisions.

IVe corps : F. M. L. von Bienerth. — XIIIe et XXXIe divisions.

V^{e} corps : F. M. L. von Ramberg. — XXIVe et XXXIIIe divisions.

XIIIe corps : F. Z. M. duc Guillaume de Wurttemberg. — VIe, VIIe et XXXVIe divisions.

XVIIIe division : F. M. L. von Jovanovic.

Au total (commencement d'octobre) :

154,892 hommes. 4,488 sabres. 292 pièces (1).	159 bataillons. 37 compagnies techniques. 14 compagnies de chemins de fer de campagne. 5 compagnies d'artillerie de forteresse. 30 escadrons. 26 batteries de campagne. 21 batteries de montagne. 22 équipages de pont.

Nous tenons pour inutile d'entrer dans le détail de la très vaste complétation des services de l'arrière nécessitée par ces formations. Notons seulement que les transports entretenaient 29,425 voitures et 4,718 animaux de bât ; les 30 compagnies du train spécialement affectées aux étapes chargeaient sur 2,520 voitures un approvisionnement de cinq jours pour ces onze divisions.

L'état-major général, en décrétant la mobilisation de ces corps, spécialisait en même temps leur affectation.

Le IVe corps doit pénétrer entre Brcka et Samac, ayant pour objectif Zwornik.

Le Ve corps est tenu en réserve entre Brod et Sistek.

Le IIIe corps, chargé de la pacification de la Posavina, doit

---

(1) En y comprenant les formations de landwehr, les troupes de garnison mobilisées, le service de réserve, etc. : 262,353 hommes et 109,365 chevaux.

Doboj (position du 4 septembre).

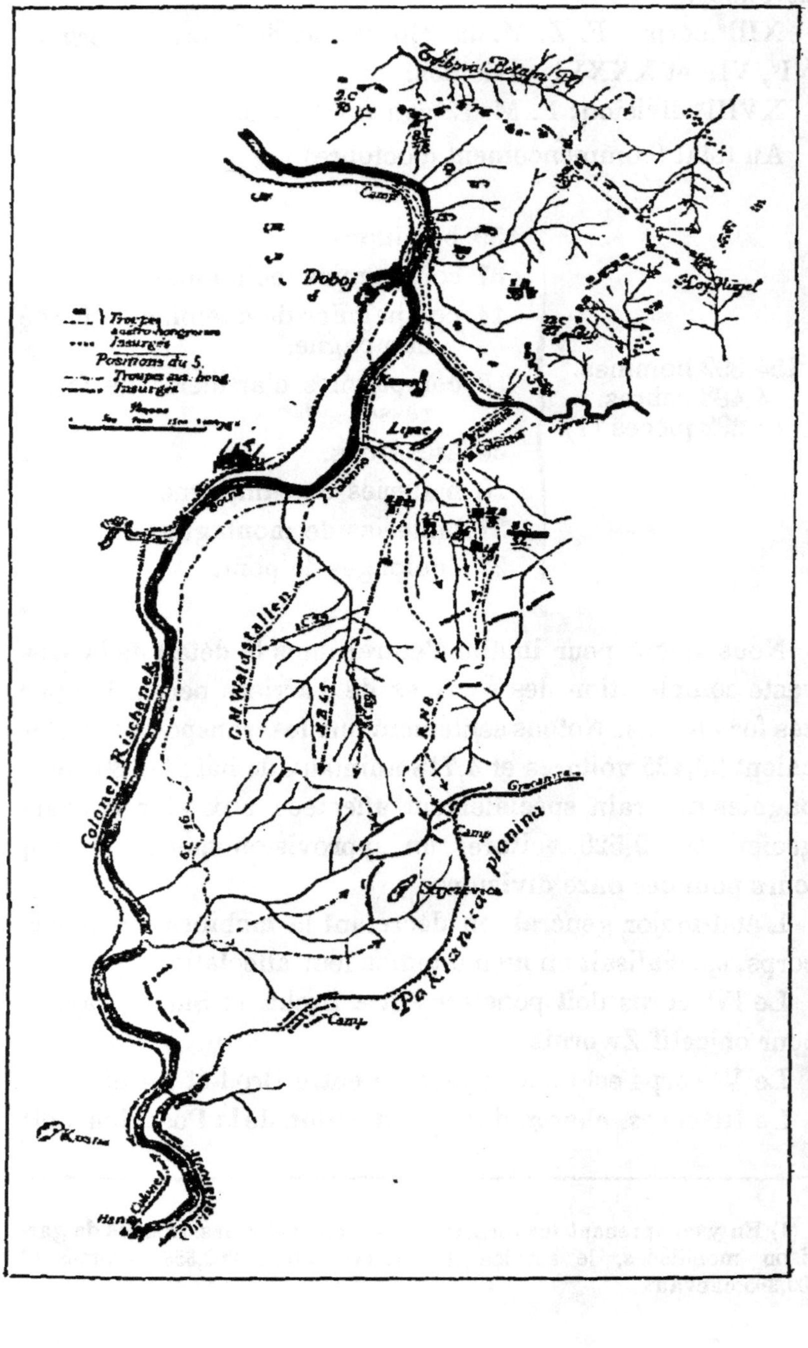

rallier une partie du XIIIe corps à Serajevo, l'autre partie étant appelée à opérer dans la Bosnie occidentale.

De toutes ces divisions, une seule, la IVe, pouvait être attendue à Doboj vers le 5 septembre ; les autres ne devaient guère entrer en ligne que du 10 au 15 du mois.

Une pause générale intervient donc en ce moment, période plus exactement *défensive* que d'absolue accalmie.

Nous mettrons ce répit à profit pour reprendre, comme suite du chapitre III de la deuxième partie, l'exposé des opérations de la XXe division, revenue dans la vallée de la Bosna après son insuccès sous Dol Tuzla.

Le mouvement de retraite de cette division avait été suivi dans la Bosnie orientale d'un soulèvement général dont Mehamed Effendi, mufti de Taslidza, s'était en quelque sorte proclamé l'organisateur.

Dans de semblabes conditions, la XXe division ne pouvait rester inactive ; aussi le général en chef ne tarde pas à lui assigner pour tâche :

De maintenir intactes les communications dans la vallée de la Bosna ;

De suivre les insurgés à la trace si leur masse, au lieu de s'immobiliser, prenait la voie du sud, vers Serajevo, et même, en cas de mouvement rétrograde, l'observer de très près pour simuler une reprise d'offensive.

Le 15 août, à Kostainica, la lenteur du passage oblige le général Szapary à demeurer sur la rive droite de la Bosna, sous la protection de très forts avant-postes. La prise de possession des hauteurs de la Tribova-Bétaju-Planina amène un premier engagement : une des compagnies trouve l'emplacement qui lui était assigné occupé par l'ennemi, les autres compagnies appuient à son aide ; le commandement se

Combat de Senkovic (21 septembre 1878). (Voir page 118.)

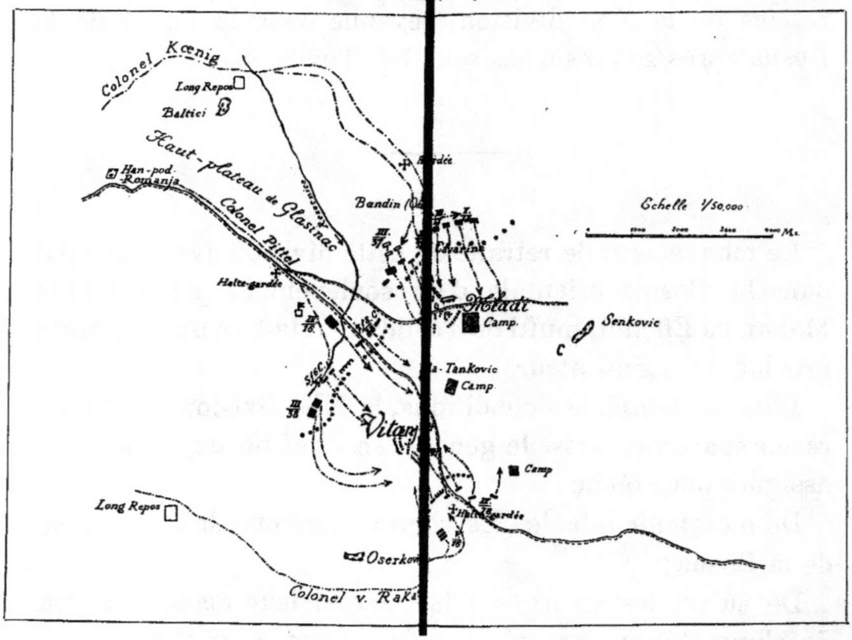

trouve bientôt obligé de détacher de nouvelles troupes pour boucher la trouée produite par ces déboitements.

Le lendemain, nouvelle et très vive attaque des insurgés, principalement au saillant que dessine le centre ; le général se voit par deux fois contraint de renforcer son dispositif de sûreté.

Ce dispositif s'étale dans l'angle formé en aval par la Spreca et la Bosna ; les conditions en laissent beaucoup à désirer. Il a fallu garnir les hauteurs et accepter un développement à ce point exagéré que la grand'garde du centre est éloignée du camp de près d'une heure et demie. Cette grand'garde ainsi aventurée faillit être gravement compromise après l'échec d'un retour offensif qui ne put être repris par suite de l'extrême fatigue des hommes et du manque de munitions.

Des situations semblables se rencontrent fréquemment à la guerre : le terrain est imposé, il faut savoir en prendre son parti et y plier ses convenances. Néanmoins, le présent exemple est intéressant à distinguer, parce qu'il permet d'insister sur la nécessité de soutenir les avant-postes par de fortes et proches réserves.

La chaine du général Szapary, dépourvue de points d'appui, présentait assurément le péril d'une trop faible consistance ; il en avait été ainsi pour ménager des troupes épuisées. Comme les faits en témoignent, cette très louable sollicitude s'est méprise sur les moyens, car il est hors de doute que le développement donné au réseau et ses renforcements successifs se sont traduits par un effort beaucoup plus considérable que celui qu'on avait pensé éviter (1).

Le 19, autre attaque, mais déjà la XXe division a reçu le renfort d'une partie de la XXXVIe division (71e brigade) : les 23, 26 et 30, nouvelles affaires de peu d'importance.

(1) 5,500 hommes engagés sur un effectif de 7,114 combattants.

Dans les premiers jours de septembre, le F. M. L. Szapary réunit autour de Doboj les trois divisions (Ire, IVe et XXe) constituant son nouveau commandement. Du côté des insurgés, la situation n'est plus aussi tout-à-fait la même ; les projets de Sali Aga Serajlja contre Maglaj paraissent définitivement abandonnés, Korosko a été vidé, les communications entre Doboj et Maglaj sont seules encore incertaines. Comme il était nécessaire de savoir au juste à quoi s'en tenir sur les positions et les intentions de l'ennemi, le général commandant le corps d'armée ordonne pour le 4 septembre une série de reconnaissances tant à petites distances (sections) que plus au loin pour des détachements spécialement composés.

Nous remarquerons qu'aucune des fractions détachées sur la rive droite de la Bosna ne néglige la protection de son point de passage.

Le bataillon de chasseurs n° 25 laisse au pont d'Usora deux compagnies qui y établissent des tranchées.

Le régiment d'infanterie n° 54, plus au sud, affecte une compagnie à la garde du gué de Kamen.

Signalons encore l'emploi de patrouilles d'officiers aventurées au loin pour reconnaitre les positions de l'ennemi.

Le 54e ne tarda pas à être engagé dans un combat assez sérieux pour motiver l'envoi d'un renfort (régiment d'infanterie n° 8 et une batterie). Le G. M. Waldstætten, qui amène ces troupes, acquiert bien vite la certitude que le feu ne peut suffire à débusquer l'ennemi ; il se décide à l'offensive en portant trois compagnies à l'assaut au travers et au delà de la chaine du 54e qui continue son feu jusqu'au moment décisif (combat sur la hauteur de Lipac, 16 tués et 94 blessés).

Ces manœuvres du 4 septembre ont eu pour conséquences immédiates d'éloigner les insurgés des environs de Doboj, mais n'ont pu modifier la gène de la situation plus au sud, entre Doboj et Maglaj. Afin de dégager complètement cette route et tendre la main à la garnison de Maglaj, le général

Szapary organisa pour le lendemain (5) une opération plus étendue en amont de la Bosna.

Sur la rive gauche, le lieutenant-colonel Rischanek (3 bataillons et 1 batterie) marche sur Maglaj.

Sur la rive droite, le G. M. Waldstætten avec neuf bataillons et une batterie forme trois colonnes qui pivotent sur la gauche (régiment d'infanterie n° 8), afin de faire effort principal sur la gauche de l'ennemi, le détacher de la route Doboj-Maglaj et le rejeter dans la vallée de la Spreca.

Sur la rive droite de la Bosna, les insurgés se sont solidement retranchés dans une position qu'indique le tracé de la route Maglaj-Gracanica. Deux affaires absolument distinctes l'une de l'autre s'engagent dans ce secteur : d'une part, les colonnes de droite et du centre; d'autre part, la colonne de gauche.

Le combat des colonnes de droite et du centre n'est, à proprement dire, qu'une escarmouche d'avant-garde, il se termine à la nuit close sans aucun incident notable et nous n'en conclurons que quelques observations sur le rôle des agents du commandement.

Vers les 4 heures et demie du soir, alors que l'artillerie prépare l'enlèvement d'un ouvrage aménagé par les insurgés, le G. M. Waldstætten envoie un lieutenant attaché à son état-major chercher les deux compagnies et demie demeurées au gros de l'avant-garde.

Lorsque l'officier revient vers les 5 heures sur la ligne de feu, la situation n'est plus la même; il modifie *proprio motu* les ordres du général et fait simplement donner l'assaut par une partie de la chaine.

Cette ligne, très dense, essuie de la part des défenseurs de la redoute un feu d'une extrême violence; la marche en avant est, sinon interrompue, tout au moins ralentie.

Le capitaine Manojlovic, également attaché à l'état-major, se trouvait à ce moment sur une hauteur lui ménageant un bon champ d'observation; il remarque dans la troupe poussée à l'assaut une certaine fluctuation et court la faire soutenir par les deux compagnies et demie qui se sont rapprochées de la chaine.

A notre avis, cet épisode se déroule très logiquement sans qu'on puisse contester au lieutenant Schmidt et au capitaine Manojlovic d'avoir agi de leur propre initiative conformément aux intentions qu'ils savaient être dans la pensée du général commandant.

Quelques instants plus tard, le même capitaine Manojlovic, constatant le progrès de l'attaque, projette d'exploiter plus amplement encore cette heureuse fortune et lance, dès que l'ordre est rétabli, deux compagnies du 16e de la position conquise à la rupture du centre ennemi, puis à l'attaque même de son camp. Malheureusement, ces deux compagnies échouent, et comme l'entreprise ne cadre pas avec le plan général, qu'elle procède à l'insu du brigadier, que par suite aucune assistance n'est à espérer, le capitaine doit demeurer sur les conséquences de son insuccès.

La relation de l'état-major a bien soin de déclarer (page 522) que le capitaine Manojlovic a agi en cette dernière circonstance « en dehors du rôle qui lui appartenait, outrepassant les intentions de son général ».

Cette question de l'initiative dans la communication des ordres a, depuis longtemps, servi de thème à sérieuses discussions : les uns tendent à réduire les officiers organes auxiliaires du commandement au simple rôle d'agents de transmission, impersonnels, par conséquent plus ou moins inintelligents ; les autres leur octroient avec moins de rigueur une certaine part d'initiative.

Cette dernière interprétation paraitrait la plus logique, car il est naturellement admissible que des officiers, en communion de pensée avec le général, au courant de ses intentions, soient à même de *constater* les modifications nécessaires aux ordres dont ils sont porteurs par suite de brusques changements de situation.

A bien peser cette appréciation, on peut néanmoins formuler qu'elle est plus spécieuse que fondée. Le bénéfice de l'initiative crée d'inéluctables obligations de responsabilité ; or, l'autorité aussi bien que la responsabilité du général sont et doivent demeurer sans partage ; l'officier d'état-major chargé d'une transmission n'assume qu'une responsabilité très limitée et *purement matérielle :* il n'a donc aucun droit à faire acte d'initiative personnelle.

Nous pensons donc qu'un officier doit à un supérieur auquel il transmet un ordre toutes les explications de nature à faire saisir la pensée du commandement au moment et dans la situation où l'ordre a été conçu ; il y ajoutera — s'il y a lieu — ses observations sur les modifications survenues dans cette situation. Le supérieur qui reçoit l'ordre pourra consulter l'intermédiaire du commandement, pour se pénétrer plus complètement des intentions du général ; mais, ainsi renseigné, il assume sous sa propre et entière responsabilité l'exécution de la mission qui lui est destinée (1).

---

(1) Consulter sur cette question les leçons sur le service d'état-major professées à l'Ecole supérieure de guerre par M. le commandant Altmayer.

Dans ses *Souvenirs des guerres de Crimée et d'Italie* (p. 247), le général Lebrun rappelle un épisode personnel qu'il nous paraît intéressant de remémorer :

Le 4 juin 1859, à 2 heures et demie de l'après-midi, le général de Mac-Mahon avait chargé le général Lebrun, son chef d'état-major, de se tenir avec la division La Motte-Rouge, lui-même allant chercher la division L'Espinasse.

A un moment donné, le général La Motte-Rouge demande au général Lebrun :

— Qu'avons-nous à faire à présent ?

« Il pensait sans doute, écrit l'auteur des *Souvenirs*, que le général de Mac-Mahon m'avait donné des instructions et que son devoir était de s'y conformer quand je les lui aurais fait connaître.

» — Mais mon général, répondis-je, décidez comme vous l'entendrez ; le général de Mac-Mahon ne m'a pas donné d'instructions que j'aie à vous communiquer, mais si vous me permettez de vous le dire, les Autrichiens occupent déjà le village (Robechetto), il ne faut pas leur permettre de s'y retrancher, et je crois que pour cela il faut attaquer

L'occasion que nous ne pouvions négliger de discuter une des questions les plus intéressantes touchant le fonctionnement du service d'état-major en campagne, nous a fait suspendre le récit de la journée au moment où nous allions nous enquérir du combat qu'avait eu à soutenir à gauche le régiment d'infanterie n° 8 ; cette action purement passive est caractérisée par l'engagement très tardif des réserves ; ainsi le colonel commandant la colonne est empêché par le général de division accouru sur les lieux d'employer son bataillon avant l'arrivée du régiment n° 54, appelé en toute éventualité ; à la nuit, le régiment est ramené en arrière, pour ne pas demeurer sous bois exposé à de trop faciles surprises; le terrain est si difficile que les communications n'ont pu être établies avec la colonne du centre.

A l'extrême droite, dans la vallée de la Bosna, le 3e bataillon du régiment n° 45 et le bataillon de chasseurs n° 25 avaient réussi, trainant le combat toute la journée, à donner la main au détachement sorti de Maglaj.

Pour le 6, le général commandant le corps d'armée se prépare à continuer les opérations avec l'adjonction d'une nouvelle brigade, celle du colonel V. Bruckner. Mais l'ennemi, convaincu, par la journée du 5, de sa complète impuissance, évacue la rive gauche de la Spreca, s'égrenant dans toutes les directions.

Après le *dégagement* de Doboj, le IIIe corps prend quelque repos, attendant le passage de la Save par le IVe corps pour

---

sans perdre une minute ; à chaque minute de retard, l'enlèvement du village sera rendu plus difficile. Le bataillon du 45e n'a qu'à se jeter tout de suite sur l'entrée du village tandis que les trois bataillons de tirailleurs se jetteront à droite sur les clôtures qui se trouvent devant eux

» — C'est cela, reprit le général.

» Et il alla donner l'ordre de commencer l'attaque. »

combiner avec lui une nouvelle offensive sur les divers objectifs de l'échiquier oriental.

Le 14 septembre, le F. M. L. von Bienerth traverse la Save à Samac sur un pont rapidement jeté par la 13e compagnie de pionniers et sous la protection de la 61e brigade. Le lendemain, ses deux divisions gagnent Gradacac après une échauffourée des plus insignifiantes, et se disposent à manœuvrer de concert avec le IIIe corps contre Gracanica, et Dol Tuzla où s'héberge Mehmed Effendi, le Mufti de Taslidza; la XXXIe division (F. M. L. von Kees) à droite se porte en avant tandis qu'à gauche la XIIIe division (F. M. L. von Frœlich) stationne sur la ligne de la Tinja tirant le trait d'union entre Gradacac et Nova-Brcka.

Ce mouvement n'a pas le temps d'être ébauché, qu'arrive du IIIe corps (F. M. L. Szapary) la nouvelle de l'évacuation de Gracanica; le F. M. L. von Binerth modifie en conséquence ses dispositions et, prenant pour objectif du moment Nova-Brcka, converge à gauche sur la XIIIe division. Cette marche le conduit, après quelques petits engagements, sur le front de la division von Frœlich, à la prise d'assaut de Nova-Brcka défendue par environ 3,000 insurgés sous la bannière de Cemerlic-Beg (37 tués dont 30 officiers, 155 blessés dont 3 officiers, 1 officier et 8 hommes disparus).

De Nova-Brcka, où s'attache maintenant la ligne de communication du IVe corps, nouveau changement de direction face au sud, Dol Tuzla étant l'objectif visé.

La traversée de la Majevica Plamina, très disputée par les insurgés, donne lieu le 21 à toute une série d'échauffourées dont le procédé nous est familier : combat trainant sur le front pour permettre aux ailes de fermer la tenaille; puis, dès que cette action se fait sentir, pression générale d'une énergie bien soutenue.

Reprenons un exemple, celui de la colonne du centre. Le 5e bataillon du régiment d'infanterie no 32, bataillon d'avant-garde, demeure sur la route et engage une action démonstrative contre un groupe d'insurgés bordant une parcelle de bois. Le 4e bataillon du même régiment, tête du gros, déboite à droite; pour l'instant, aucune menace contre la droite des insurgés, parce que l'on attend l'arrivée, au bruit du canon, du bataillon de flanc-garde (2e bataillon du régiment n° 60).

A l'extrême droite du dispositif, le colonel Killic flanquait la colonne principale, cherchant en même temps à établir le contact avec le IIIe corps dans la vallée de la Spreca. Durant cette marche, deux compagnies en flanc-garde, à gauche, tombent sur l'extrémité de l'aile ennemie. Le capitaine Czertik, en tête de ce détachement, évalue à près de 1,500 le nombre d'insurgés qu'il a devant lui; il est évidemment trop faible pour attaquer; mais d'autre part aussi son recul peut compromettre le fonctionnement régulier du déploiement en introduisant l'ennemi entre les divers éléments des colonnes; le capitaine adopte le parti à la fois le plus sage et le plus habile : il se couvre par de rapides tranchées et tient ferme jusqu'à l'arrivée de secours mandés en toute hâte.

Ce ne fut que le 22 au matin, après plusieurs tentatives infructueuses, que le F. M. L. von Biernerth put entrer directement en relations avec le F. M. L. Szapary; il savait toutefois depuis deux jours, par les communications de l'arrière, que le IIIe corps se trouvait en mesure d'attaquer, le 22, Dol Tulza par l'ouest et le sud.

De son côté, le commandant du IVe corps étend la XIIIe division à l'est, la XXXIe division à l'ouest de la route Dokanj-Tulza; à l'extrême gauche, le F. M. L. von Frœlich doit s'efforcer de gagner la route Gor-Tuzla pour couper aux insurgés la retraite vers la Drina; à l'extrême droite, le colonel Killic lie le IVe au IIIe corps.

Le 22 au matin, 39 bataillons d'infanterie et 72 pièces sont en mesure de forcer Dol-Tuzla; le combat fut rendu inutile par la disparition des bandes ennemies.

Pour achever la pacification de cette partie de la province de Bosnie, un seul point restait à occuper : Jivornik. Le F. M. L. V. Bienerth y porta la XXXIe division.

D'autre part, la Senica était occupée par le G. M. Latterer.

Il nous a paru superflu de détailler la marche du IIIe corps (16 bataillons et 4 batteries) parti le 17 septembre de Doboj pour rejoindre le IVe corps aux approches de Dol-Tuzla ; nous ne pouvons toutefois omettre de mentionner le soin extrême qu'apporte le commandement supérieur à Brod (F. M. L. von Ramberg) à régler et harmoniser, d'après les rapports qui lui parviennent, la marche des deux corps d'armée.

Notons enfin comme épisode curieux l'emploi des chevaux empruntés au train pour porter, le 19 septembre, des environs de Gnojnica à Lucavec une patrouille (lieutenant Sestic), destinée à assurer la liaison avec le régiment de réserve n° 70 flanquant depuis sa sortie de Maglaj l'extrême droite du IIIe corps.

Les affaires des premiers jours de septembre sous Doboj fournissent à la relation officielle de l'état-major prétexte d'insister avec une préocupation très caractéristique sur le rôle important de la fortification passagère.

C'est le 16 août que les troupes commencent à remuer la terre ; ces travaux sont activement continués, soit pendant les moments d'accalmie, soit sous le feu même de l'ennemi ; généralement, les abris sont d'abord établis aux points tactiques les plus importants ; les avant-postes ne tardent pas non plus à se couvrir ; puis peu à peu, les tracés s'exhaussent et se perfectionnent, malgré la difficulté de fouiller avec de simples outils portatifs un sol rocheux à peine recouvert d'une mince couche de terre végétale. Parfois, comme sur la hauteur dite Loy-Hugel (du nom d'un officier tué à l'ennemi), nécessité est de se contenter d'un parapet en mottes sèches, meublé de terres rapportées.

Les travaux de déboisement pour dégager le champ de tir sont aussi fréquemment exécutés ; les insurgés comprennent si bien la signification de ce débroussaillement, qu'aux coups de hache des soldats autrichiens répondent immédiatement des coups de fusil ; on dut abandonner la hache et lui subsistuer la scie.

Par suite de l'ossature topographique, les tranchées sont fréquemment exposées au danger de l'enfilade ; on doit les traverser de vingt en vingt pas. Entre chaque traverse, le tireur approprie lui-même son logement au moyen de mottes de terre, etc., etc. ; quelques-uns des abris ainsi organisés purent résister au tir de l'artillerie ; exemple : le 30 août, position du régiment d'infanterie n° 29, exposé pendant quatre heures au feu de trois pièces tirant à la distance de 1,650 mètres ; comme la troupe bivouaque dans les ouvrages, les traverses servent à appuyer les toitures des couverts improvisés.

Dans les derniers temps, presque tous les parapets avaient été surchargés de bonnettes transformées, par des recouvrements de bois et de terre, en véritables créneaux.

Souvent les communications avec l'arrière, avec l'emplacement des cuisines, des feuillées, etc., avaient été légèrement défilées.

Les soldats autrichiens, comprenant bien vite l'utilité de ces travaux, s'y appliquèrent avec zèle et n'eurent qu'à se féliciter de leur labeur ; les pertes par le feu de l'ennemi diminuèrent sensiblement : ainsi, dans la journée du 16, les pertes se chiffraient à 221 hommes tant tués que blessés, tandis que les 19, 23 et 26 août elles se réduisent, quoique les effectifs engagés aient été plus nombreux, à 51, 11 et 26 hommes.

Les insurgés, eux aussi, firent un fréquent mais rudimentaire emploi de la fortification passagère en forant des trous de tirailleurs; ces abris, disposés en ligne, étaient soigneusement masqués par des haies artificielles de gazons rapportés, etc., etc. (1).

Nous avons déjà dit précédemment que l'occupation de Vlasenica avait été le dernier épisode des opérations dans la Bosnie orientale ; il nous reste maintenant à revenir quelque peu en arrière pour relater les manœuvres qui préparent cet acte final.

Après la prise de possession de Serajevo et en expectant l'arrivée des renforts qui devaient permettre des opérations à plus ample envergure, nous n'avons guère à signaler que deux marches-manœuvres :

1° Celle du G. M. v. Kopfinger avec 6 bataillons, 2 batteries et 1 peloton de hussards sur Glasinac, à 35 kilomètres au nord-est de Serajevo ; cette brigade marche sans sacs, portant seulement le biscuit et les vivres de conserve (24 au 27 août).

2° Colonne du F. M. L. v. Tegetthoff avec les 1re et 2e brigades de la VIe division (9 bataillons 1/2, 8 pièces, 1 escadron), et combat de Mokro (3 septembre).

Dans la nuit du 1er au 2 septembre, parvenait à Serajevo l'avis d'un très fort rassemblement d'insurgés dans la Romanja Planina ; la position étant inabordable de front, le général songe à manœuvrer sur les deux ailes et pour ce, à disloquer la colonne en trois groupes. Mais, dans l'intervalle, des informations plus précises autorisent le général en chef

---

(1) Nous ne croyons pas devoir négliger de signaler dans un précis traitant de la guerre en pays de montagne la belle étude que le *Memorial de ingenieros de esercito* consacre aux forts de montagne (octobre 1889). Par la même occasion, nous ne saurions trop engager ceux de nos camarades que la question intéresse dans tous ses détails, à rechercher dans la *Schweiz Zeitschrift fur Artillerie und Génie* nos 6-7, 1887, une très instructive conférence du capitaine Beker, faite à la section militaire de Todi sous le titre : *Das Rekognosziren im Hochgebirge*.

à conseiller à son lieutenant de porter son effort principal contre la droite ennemie à l'effet de le couper de la ligne de la Spreca (direction de Zwornik). En conséquence, le F. M. L. v. Tegetthoff renforce sa gauche et réussit, après une marche des plus pénibles (les guides eux-mêmes s'étaient égarés), à la poster sur le flanc droit des insurgés ; au centre, le combat se traine non sans une certaine opiniatreté jusqu'au moment (12 heures 1/2) où se fait sentir l'action de la colonne de gauche.

Quelques jours plus tard, l'entrée en ligne des corps attendus imprimait aux opérations une capacité d'offensive plus rigoureuse et plus étendue.

Nous ne saurions mieux faire, pour esquisser la situation du moment, que d'extraire d'un ordre du 15 septembre les indications générales données au F. M. L. v. Vecsey commandant la Ire division du IIIe corps.

« La grande masse des insurgés se trouve dans la vallée de la Spreca, le noyau près de Gracanica, quelques groupes à Tuzla, Brcka, Samac, Modric et Gradacac ; des fractions insignifiantes ont été vues à Bjélina, Janja et Zwornik.

» Le VIe corps d'armée franchit la Save à Samac, marchant sur Gradacac pour prendre le contact avec le IIIe corps qui se trouve à Doboj ; celui-ci saisit également l'offensive avec un jour de retard sur le IVe corps.

» Nous sommes en droit d'espérer que cette manœuvre aura pour conséquence de détruire le gros rassemblement des insurgés, ci-dessus précité, tout au moins — ce qui est plus vraisemblable — de le disperser dans toutes les directions. Les insurgés du district de Zwornik regagneront certainement leurs foyers quoiqu'il ne soit pas improbable qu'un certain nombre d'entre eux aient l'intention de se rallier à Zwornik. Les insurgés accourus de districts en dehors du champ même de l'opération, de Serajevo, Kladanj, Vlasenica, Srebrenica, etc., s'efforceront d'abord, suivant toutes les présomptions, de se reformer sur certains points, tels que Vlasenica et Kladanj ; ils se réfugieront finalement dans le Sandchack de Novi-Bazar.

» Il s'agit donc avant tout d'occuper les points de Vlasenica-Kladanj.

» En conséquence, j'ordonne, etc., etc. »

Puis en substance :

La 71e brigade d'infanterie, G. M. Pistory, détache le régiment d'infanterie n° 79 (col. V. Dand) et une batterie à Olovo ; le reste de la brigade se divise sur Vlasenica.

La 1re brigade de montagne (col. Kœnig) se déplace d'abord sur Visegrad, puis sur Gorazda.

La 2e brigade de montagne (VIIe division), stationnée à Mokro, assure les communications avec l'arrière.

Le 20 septembre, les troupes de la division du F. M. L. v. Veczey se trouvent concentrées à Han-na-Romanja ; on y apprend que l'ennemi accapare une très forte position au nord de la route de Rogatica, la droite vers Bandin, la gauche vers Han-Kapic ; pour le débusquer le général manœuvre en avant ses deux ailes, à gauche le colonel Kœnig, à droite le colonel V. Rakasovic.

Le combat de Sankovic-Bandin est, politiquement comme militairement, un des plus importants et des plus décisifs qui se soient livrés au cours de cette campagne ; le succès en a été décisif par le mouvement aussi intrépide qu'intelligent de la brigade Kœnig.

La publication de la section historique donne de cette affaire une relation très minutieuse ; malgré tout l'intérêt qu'offre la lecture de ce récit, nous devons nous limiter aux seuls préliminaires qui condensent en quelque sorte l'enseignement essentiel.

D'abord à gauche :

Le 20 septembre, à 4 heures du soir, la brigade Kœnig (5 bataillons, 1 peloton, 1 batterie, soit 3,522 hommes et 4 pièces) sort du bivouac de Han-na-Romanja pour prendre, conduite par ses guides, de détestables sentiers sous bois ; la colonne, dérobant ainsi sa marche aux guetteurs de l'ennemi, atteint, à 7 heures 1/2 du soir, les hauteurs à l'ouest de Baltici, où un long repos de cinq heures et demie est accordé aux troupes ; on repart à 1 heure du matin, au moment où la lune se lève, pour arriver à 3 heures sur le flanc droit des insurgés dont les feux éclairent l'horizon vers le nord de Bandin.

On procède aussitôt à la reconnaissance de la position. Comme le colonel Kœnig sait que la colonne du centre ne doit entrer en ligne qu'à 7 heures du matin, qu'il apprécie être environ à une heure et demie de marche de la position ennemie, le départ est ordonné pour 5 heures 1/2 et, de fait, le premier coup de canon est tiré à 6 heures 50.

Ce serait le cas ou jamais de dire, comme l'écrivait le général v. Voigts-Rhetz au général Tümpling, le 29 juin 1866, en date de Munchengratz « *Die gange Machine klappte wundebar anf Stunde, ja Minute* » (1).

A droite, la colonne v. Rakasovic (3 bataillons, 1 batterie, 2,120 hommes et 4 pièces) quitte le bivouac à 3 heures de l'après-midi pour marcher vers le sud jusqu'à 8 heures du soir ; long repos de cinq heures en halte gardée. Le mouvement est repris à 1 heure après minuit, puis, de 3 heures à 5 heures, nouvelle halte sur le Golo-Brdo.

La colonne, qui ignore encore l'action du détachement de gauche, s'engage à 7 heures 30 au bruit du combat de la colonne du centre, colonel v. Pittel (3 bataillons, 1 batterie, 1,990 hommes et 4 pièces).

Dans cette affaire, les troupes impériales eurent à déplorer, tant en tués qu'en blessés et disparus, une perte de 478 hommes.

Quelques jours plus tard, la Ire division tout entière se ramassait à Rogatica, d'où elle se dirige sur Visegrad : en premier échelon la brigade Kœnig et sur le flanc droit le

---

(1) *Die 5 Infanterie division im Feldguge 1866.* — v. Lützow.

colonel v. David (1 régiment, 1 batterie) avec mission de passer la Drina, à Medzidzia, pour menacer la ligne de retraite de l'ennemi.

Mais Visegrad avait été vidé par les insurgés dans la nuit du 3 au 4 octobre et, d'autre part, le colonel v. David n'avait pu, faute de moyens, passer la rivière.

Après l'occupation de Visegrad et de Vlasenica (G. M. v. Latterer), de petites colonnes mobiles battent les alentours jusqu'à la frontière.

L'œuvre de conquête dans cette partie de la Bosnie était dès lors achevée.

CHAPITRE II

Opérations dans la Bosnie occidentale.—Opérations contre Kljuc ; insuccès de la première tentative (23-24 août) ; expédition du G. M. Sametz, (4-8 septembre). — Des positions de flanc pour couvrir la retraite. — Opérations contre Bihac, échec du 7 septembre ; mouvement combiné des 28e et 72e brigades (15-18 septembre). — Combats de Pleci (6 et 7 octobre). — Principaux enseignements à retenir de cette campagne.

Comme en témoigne dans toute sa simplicité la seule éloquence des événements que nous avons eu à relater, la population de la partie orientale de la Bosnie manifestait contre l'occupation de la province par les troupes impériales une résistance qu'actionne un sentiment, sinon réellement national, tout au moins très proche allié du panservisme.

Nous ne retrouvons pas ce même caractère dans la zone occidentale, dans la partie de la Croatie demeurée en partage à la Turquie. Là, point de nationalisme ; l'insurrection, fomentée et soutenue par les autorités ottomanes, y exploite une séculaire antipathie de voisinage et un fanatisme se refusant à accepter les compromissions de tolérance religieuse.

Il ne pouvait être permis à la pénétration autrichienne d'attendre que le temps ait accompli son œuvre d'apaisement ; les formations insurrectionnelles ayant leur noyau à Livno et à Klujc, exposaient trop la ligne Banjaluka-Trawnik à d'incessantes menaces.

Le détail des opérations contre Livno a déjà été donné ; il nous reste seulement à relater celles intéressant Kljuc.

Le 23 août, une petite colonne sous les ordres du major v. Catinelli (1 bataillon du régiment n° 52, 2 compagnies du régiment n° 22, 1 batterie) quittait Banjaluka se dirigeant sur Kljuc (1), où 1,500 à 2,000 insurgés s'étaient amassés.

Le major v. Catinelli est évidemment trop faible pour s'engager à fond; néanmoins, il parait avoir eu la prétention de ne pas s'en tenir à une simple reconnaissance; ainsi, il fractionne son détachement en deux groupes, celui de droite (4 compagnies et 2 pièces) avec mission de prononcer un mouvement tournant, tandis que le groupe de gauche agit démonstrativement.

La supériorité numérique de l'ennemi, sa très menaçante attitude ne permettent même pas au commandant de manœuvrer en portant son aile droite en avant (sonnerie de : Aile droite en avant); il a hâte, la nuit venue, de se replier sur Han-Cadjavica.

Le major v. Catinelli, quoique peut-être trop téméraire, ne doit pas être blâmé ; il a fait ce que lui commandait le devoir militaire et a fort louablement exploité les brillantes qualités de sa troupe; l'entière responsabilité de l'insuccès incombe à l'état-major qui a ordonné cette expédition sans nécessité aucune. Il n'y avait aucun besoin de risquer une reconnaissance, car on savait suffisamment tout ce qu'il importait de connaître; on ne pouvait davantage escompter les chances chimériques de s'emparer de Kljuc par un coup de main; encore une erreur à imputer à l'exécrable manie des détachements.

Dans les premiers jours de septembre, lorsque l'intervention de la XXXVIe division rend disponibles les trois brigades de la VIIe division, le G. M. Sametz est chargé d'une seconde opération contre Kljuc (4 septembre). Comme on peut compter trouver l'ennemi posté sur la route directe de Kljuc à Han-Cadjavica, le général ne laisse sur cette direction que

(1) Une bande de volontaires chrétiens forte de 300 hommes était employée à la protection du flanc gauche.

deux compagnies (major v. Catinelli) chargées du rôle démonstratif, et lui-même, marche à l'ouest pour descendre la vallée de la Banjica où doit le rejoindre le colonel Janski (7 compagnies). Cette marche du 4 est à ce point obstruée de difficultés que le général constate l'impossibilité de continuer le mouvement et d'aborder la position de ce côté ; il est forcé de revenir sur ses pas.

Cet épisode nous permettra une dernière fois de faire valoir combien il est difficile de ressaisir les ordres une fois qu'ils ont été lâchés ; ce ne fut que par un hasard providentiel que le colonel Janski eut connaissances des modifications survenues dans les projets du commandant de l'expédition.

La journée du 5 est employée à des marches et contremarches.

Le lendemain, le G. M. Sametz prépare son attaque en accentuant son effort principal sur la rive gauche de la Sana (7 compagnies et demie); sa droite (6 compagnies), sur la route par Velecevo, ne devant s'engager que plus tardivement. Mais les insurgés ne se prêtent pas volontiers à cette manœuvre; au lieu de se réfugier sous Kljuc suffisamment défendu par un castel, ils se retirent excentriquement, menaçant à leur tour l'aile gauche de la brigade (1).

---

(1) « Habituellement, une armée (une troupe) doit toujours se *retirer* sur ses renforts. » (M. le général Derrecagaix, *La guerre moderne*, tactique des retraites). C'est sa direction naturelle, comme l'indique M. le général Pierron (*Stratégie et grande tactique*) insistant sur la définition des termes : ligne de retraite, ligne de communication, ligne d'opération.

Les retraites divergentes, latérales ou parallèles (campagne de 1757, Frédéric après le siège d'Olmütz ; campagne de 1814, Soult après la bataille d'Orthez ; retraite des Danois après la chute des lignes de Danewerke, 24 avril 1861, etc., etc.; voir aussi colonel Fix, *Stratégie appliquée*, tome II, page 103), ces procédés de retraite, disons-nous, ne sont que des expédients.

En 1812, Kutusoff dérobe son mouvement réel en faisant retirer un faible corps dans une direction trompeuse, la masse principale adoptant la route de Kalouga, Toula, Zarousk ; en octobre 1805, l'archiduc

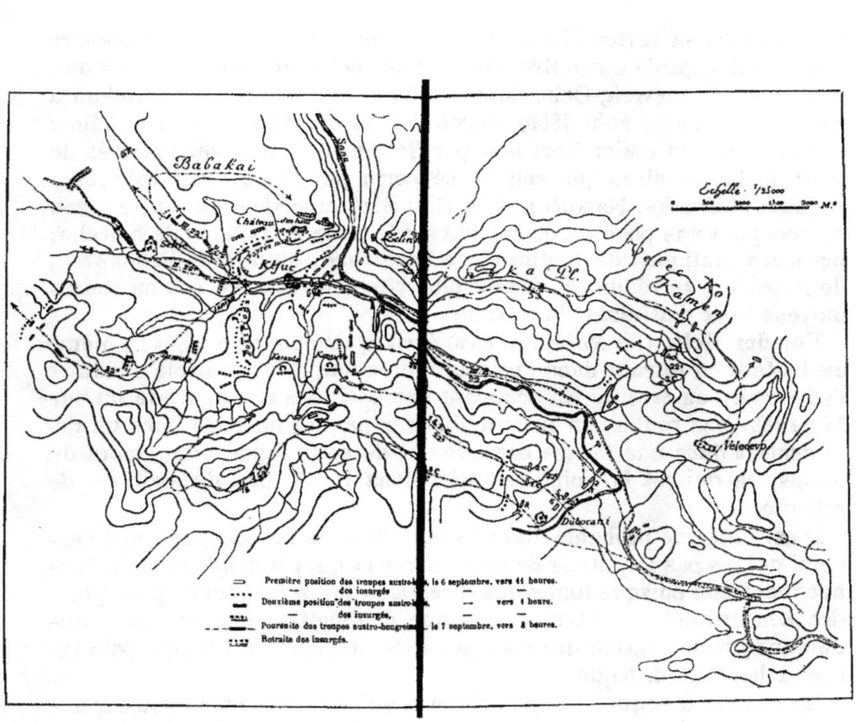
Babakai
Château
Kljuc
Echelle 1/25000
Velecevo
Dubocani
Première position des troupes austro-h..., le 6 septembre, vers 11 heures.
— des insurgés — —
Deuxième position des troupes austro-h... — vers 1 heure.
— des insurgés, — —
Poursuite des troupes austro-hongroi... le 7 septembre, vers 8 heures.
Retraite des insurgés.

Cette aile ainsi tenue en panne, le dispositif tout entier se trouve compromis ; le G. M. Sametz est obligé de ramasser les fractions qui lui tombent sous la main, pour prononcer au centre un choc vigoureux.

Ferdinand, à sa sortie d'Ulm, donne le change à Murat, faisant prendre à son arrière-garde une autre direction que celle qu'il suivait lui-même ; le duc de Brunsweig-Oels, dans sa fameuse escapade de Zwickaü à Brême (24 juillet-7 août 1809), cerné de toutes parts, envoie le faible détachement du major Korf occuper Brême et y annoncer l'arrivée de toute la bande alors que celle-ci se porte par Hoya, Delmenkorst à Elsflath et Braake. Napoléon, à la Rothière, procède d'une autre façon en occupant une position de combat sur le flanc de la ligne de marche ; mais ces pratiques de Kutusoff, de Ferdinand, du duc de Brunsweig, de Napoléon, se réduisent encore plus simplement à de rudimentaires moyens pour dissimuler la retraite.

Von der Goltz (*La Nation armée*) écrit également à ce sujet : « Même en battant en retraite dans une seule direction, il est possible d'induire l'adversaire en erreur. En occupant des positions sur la droite ou sur la gauche des routes, on pourra l'attirer par là, lui faire faire un déploiement dans une fausse direction et de cette façon on gagnera du temps, ce qui est le point essentiel dans toutes les dispositions de retraite. »

Il est plus que probable, dans l'exemple nous préoccupant, que l'ennemi qui n'a pas l'aptitude de manœuvres et qui n'a même pour le faire aucune raison puisque toutes les directions lui sont bonnes pour prendre son envolée, il est assez logique d'admettre, pensons-nous, que l'unique préoccupation des insurgés a été de gagner du temps pour retarder la chute de Kljuc.

En grande tactique, l'emploi d'une position de flanc pour couvrir une ligne de retraite ou de communication est blâmée par les classiques.

Clausewitz (*Théorie de la grande guerre*, actions sur les flancs) condamne formellement les positions de bataille, surtout quand elles suivent une direction oblique ou parallèle à la ligne de communication ; telle fut la raison tout au moins théorique de la perte de la bataille de Vittovia (23 juin 1813) ; la ligne de retraite de l'armée française courait par Vergana à l'aile droite et parallèlement au front ; il suffit à Wellington d'agir sur cette aile pour nous rejeter en désordre sur Pampelune.

L'archiduc Charles (*Geistder Kriegs Kunst*) apprécie de même, invoquant, entre autres exemples, celui de Kray au début de la campagne de 1800 (Engen, 3 mars).

Dans la manœuvre stratégique, Napoléon assure que le meilleur mode de protection n'est pas de battre en retraite directement, mais bien de faire choix d'une position latérale.

Grâce à l'élan des troupes, les premières maisons sont emportées et les Autrichiens peuvent coucher sur leurs positions prêts à reprendre le combat (1).

Le 7 devait être jour de repos; le général demeure sur la défensive, se disposant pour le lendemain à nettoyer les abords de la place et à attaquer le château. Les insurgés, qui ce même jour avaient mis en ligne près de 3,000 hommes, lui font la part plus belle qu'il n'osait l'espérer en abandonnant dans la nuit leurs positions.

Les affaires autour de Kljuc avaient fait éprouver aux troupes impériales une perte de 44 tués, 227 blessés et 42 disparus.

Tout à l'extrémité ouest de la province, sur les rives de l'Una, Bihac avait acquis, comme centre de rassemblement des insurgés, une importance d'autant plus considérable que sa proximité de la frontière provoquait l'inquiétude jusque sur le territoire de la Monarchie.

Au commencement de la campagne de 1813, Eugène, se préoccupant tout naturellement de couvrir Berlin, mais en y courant droit par la route de Francfort, invitant ainsi l'ennemi à l'y suivre avec toutes ses masses alors même qu'il n'aurait pas encore eu cette intention, Eugène aurait dû prendre quelque part sur l'Oder une forte position, l'ennemi intimidé n'aurait pu franchir la rivière avec l'armée française postée sur cette forte barrière prête à le menacer de flanc ou de dos. Cette position, Napoléon l'indique plus tard, dans une lettre du 9 mars : « Un général expérimenté qui eût établi un camp devant Custine..... »; puis encore dans une lettre du 15 : « Si, au lieu de vous retirer sur Francfort, vous vous fussiez groupé devant Custine, l'ennemi aurait regardé à deux fois avant que de rien jeter sur la rive gauche, vous auriez du moins gagné vingt jours..... »

Expédient, rien de plus, mais qui, comme l'écrit von der Goltz, doit faire gagner du temps, un des deux facteurs essentiels du problème stratégique.

(1) Une partie des troupes passées sur la rive gauche avaient reçu l'ordre de déposer les sacs ; ces compagnies ne purent être alimentées.

Combat de Bihac (7 septembre 1878).

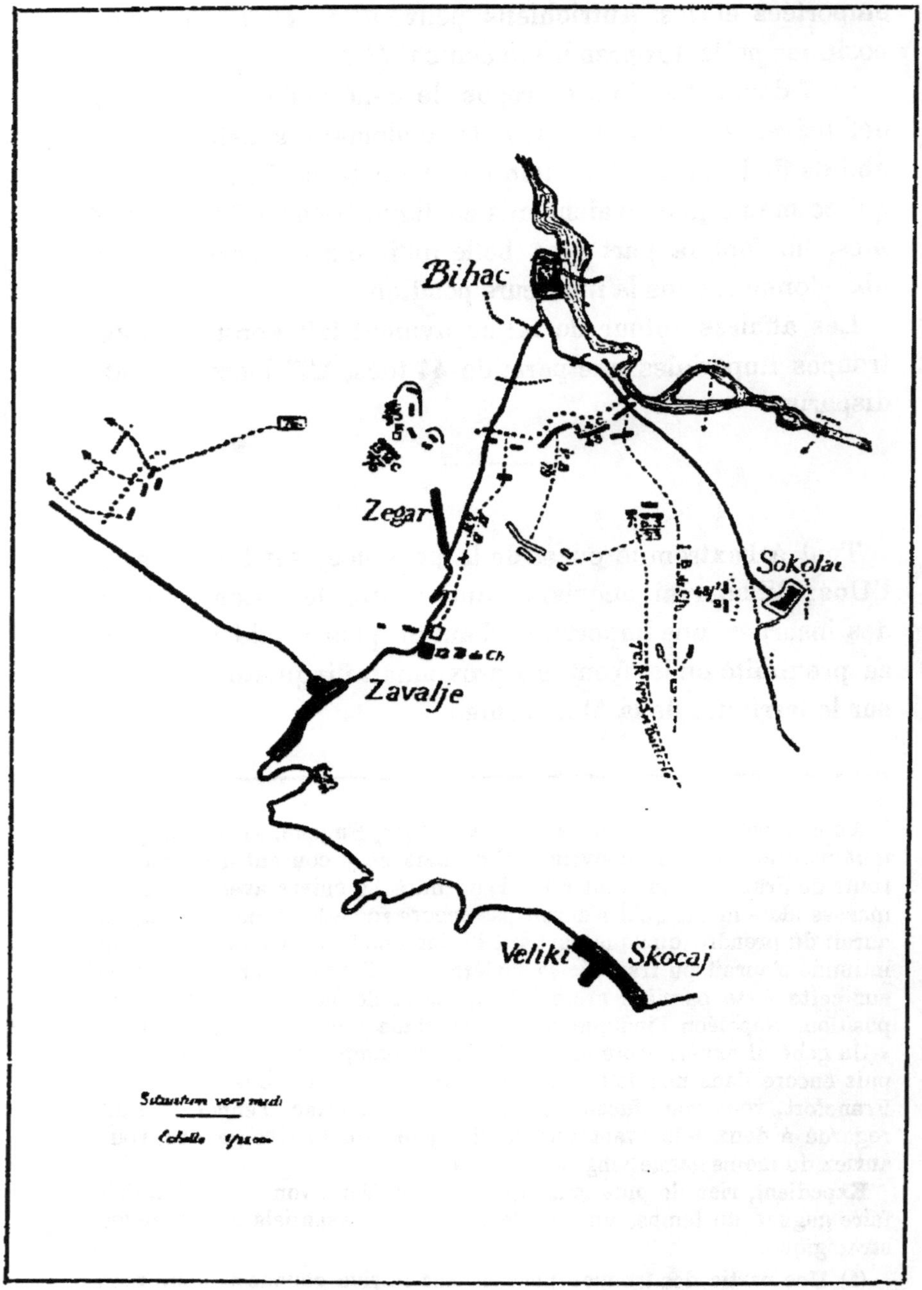

Combat de Bihac (18 septembre 1878).

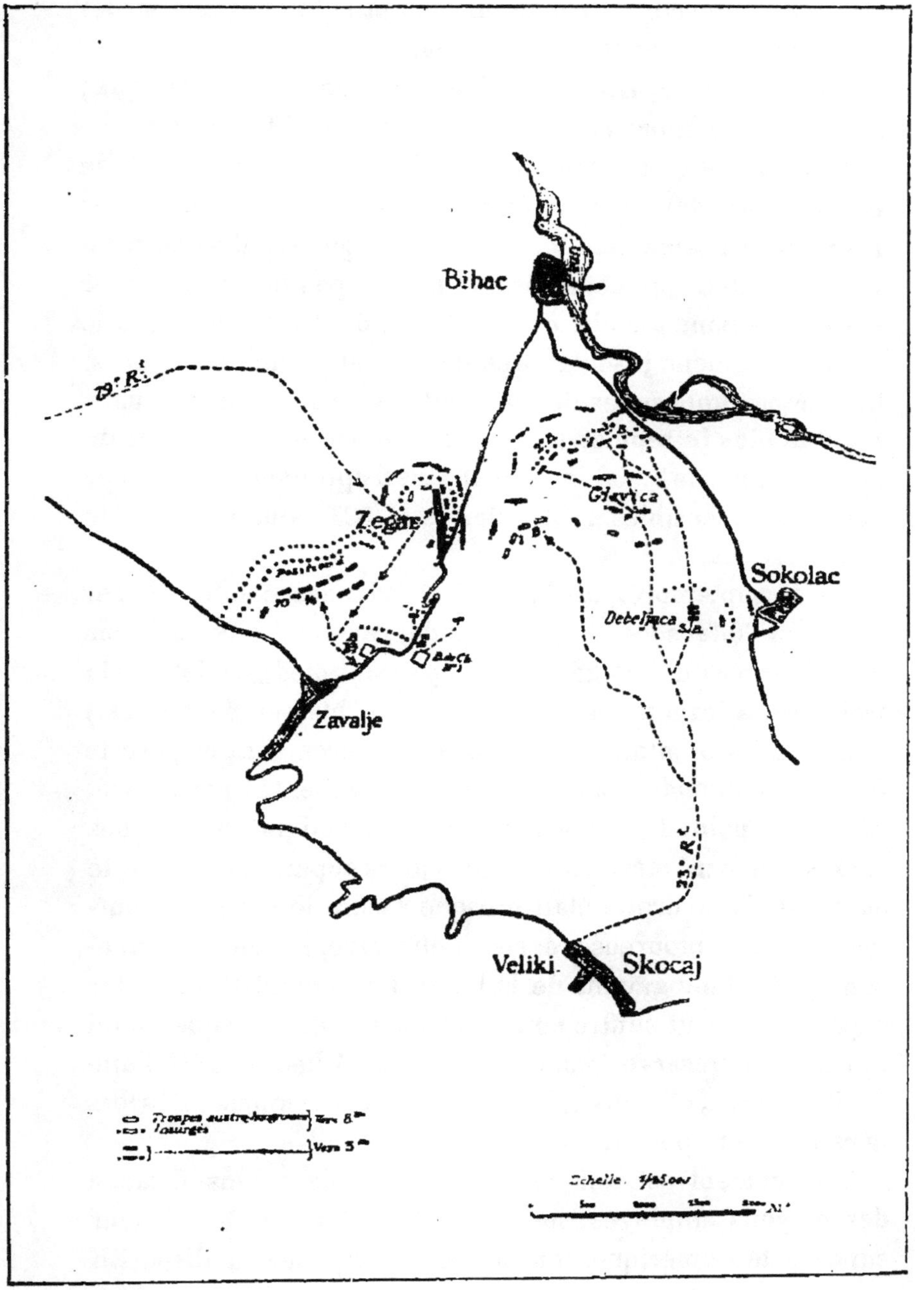

Trop pressé d'agir et sans attendre l'arrivée des renforts annoncés, le G. M. Zach risque le 7 septembre une première démonstration contre Bihac en postant la 72e brigade sur les hauteurs de Zegar et de Debeljaca.

Le 7 novembre, à gauche, Zégar échoue dans son attaque ; sa reculade compromet le succès partiel du 23e à droite.

L'échec de cette démonstration est dû à un défaut de coordination dans la manœuvre et à un emploi inhabile des réserves, certainement tenues trop éloignées ; il est surprenant, en effet, que cette réserve ne soit pas intervenue pour couvrir le flanc gauche de la colonne de droite alors que le 79e était ramené jusqu'auprès de Rastel ; comme toujours, les troupes impériales déployèrent les plus brillantes qualités et la plus intrépide valeur pour compenser l'infériorité du nombre (plus de 5,000 insurgés) ; aussi éprouvèrent-elles des pertes fort sensibles : 21 officiers et 533 hommes hors de combat.

Le 15 septembre, les 72e et 28e brigades combinées reprennent l'offensive : la 72e brigade, revenant aux positions de la journée du 7, la 28e brigade prenant pied, au delà de la frontière, à Jezacic (pertes : 17 tués, 157 blessés, 5 disparus.)

Le 12, les 6 bataillons 1/2 et les 18 pièces dont dispose le G. M. Reinlænder donnent dans d'excellentes conditions, défiant au point de vue de la manœuvre tactique les critiques si fâcheusement méritées quelques jours auparavant. Déjà, le succès de l'aile droite était presque assuré lorsque les insurgés, par une vigoureuse reprise d'offensive, menacent sérieusement le flanc gauche de la ligne. Le général Reinlænder espère qu'il peut suffire pour faire face à cette attaque de lui opposer sa réserve, mais peu après (4 heures 1/2) l'aile droite courait, elle aussi, le risque d'être enveloppée. Dès lors la retraite s'imposait.

Cet accident est uniquement attribuable à l'insuffisance des moyens employés; les insurgés ont pu, grâce à leur supériorité numérique, tourner les deux ailes du dispositif et empêcher la percée au centre que le général Reinlænder était sur le point de réussir.

Toutefois, ces attaques répétées, les pertes très sensibles qu'il dut essuyer, démoralisent l'ennemi à tel point qu'il renonce à couvrir Bihac et se retire dans la nuit ; le 19 au matin, les Autrichiens occupaient la ville.

Après son installation à Bihac, le général Reinlænder entreprend dans la région, également parcourue par des colonnes mobiles, une tournée générale qu'il pousse jusqu'à Vélika-Kladus, Vinograc et Jezeski.

L'investissement de Vélica-Kladus dont la garnison réussit à se dérober (20 octobre) est un épisode sans grand intérêt que nous passerons d'autant plus volontiers sous silence qu'il nous reste encore quelques lignes à consacrer à un fait d'une importance militaire plus réelle.

De toutes les colonnes lancées à la poursuite des bandes insurgées, celles engagées contre Pleci furent seules à rencontrer de la résistance.

Le 6 octobre, le détachement du colonel Buchta se heurte à une position très sérieusement organisée par les insurgés ; le colonel projette, trainant le combat sur son front, de brusquer l'action par un mouvement sur la droite, et il sollicite en même temps, pour prolonger sa gauche, l'intervention d'une colonne voisine, celle du lieutenant-colonel Eltz. Favorisé par cette intervention qui oblige l'adversaire à s'étendre, le colonel Buchta rompt le centre ennemi et enlève brillamment avec sa gauche la clef de la position ; malheureusement les six compagnies chargées à droite de la manœuvre enveloppante avaient été assaillies par des forces trop supérieures et par suite obligées de rétrograder. Ce mouvement découvre le centre qui évacue à son tour les positions conquises ; bref les deux colonnes bivouaquent sur place, l'aile gauche, en échelon avancé, conservant le terrain gagné.

Le 7, les insurgés, comme épuisés par leurs efforts,

résistent à peine à l'élan des bataillons de première ligne (4 h. 1/2 du soir). La gauche (2e bataillon du régiment n° 48) occupe le château de Pléci.

L'affaire du 6, très tenacement disputée, avait valu aux Autrichiens, tant en tués que blessés, une perte de 14 officiers et 136 hommes ; l'insuccès de la droite paraît avoir eu pour principale cause un manque presque complet de munitions ; aussi relevons-nous dans le rapport sur ce combat la recommandation formelle faite à la troupe de ne tirer que sur l'ordre des officiers.

Le *précis* d'une opération essentiellement militaire ne nous semble pas comporter de conclusions, d'autant plus que l'enseignement qu'il a paru possible de dégager des divers épisodes a été présenté au cours même du récit ou sous la forme d'observations et de renvois.

Qu'il nous soit permis seulement de résumer sous une forme très concise les principales leçons de cette campagne, véritable modèle pour l'étude de la guerre en pays de montagnes :

1° Ne jamais attaquer le taureau par les cornes ; le maréchal Bugeaud a fait de cet axiome un des principes fondamentaux et absolus de la science militaire ;

2° Toujours couvrir ses flancs, toujours assurer ses derrières ; occuper dès que possible les points de passage obligés pour la marche à venir (revoir ce que le général Berthaud a professé à ce sujet) ;

3° Maintenir constamment la liaison entre les colonnes ;

4° Accorder au service des approvisionnements la véritable et capitale importance qui lui est dévolue dans les circonstances spéciales à la guerre en pays de montagnes ; les opérations militaires sont subordonnées à ce service ;

5° Ne pas méconnaitre l'importance de la fortification de

campagne, même en presence d'un adversaire que l'on pourrait avoir la tentation de quelque peu dédaigner.

Le maréchal Bugeaud, ce *classique* par excellence dont nous avons toujours profit à invoquer l'expérience et le savoir, n'avait-il pas lui-même mérité cet éloge de Mustapha-ben-Ismaël : « Quand il va chasser le chacal, il s'arme comme s'il devait rencontrer le lion » ?

II

L'INSURRECTION DE 1882 DANS L'HERZEGOVINE, LA BOSNIE MÉRIDIONALE ET LA KRIVOSIJE

CHAPITRE Ier

PRÉLIMINAIRES

A la fin de l'année 1881, un mouvement insurrectionnel éclatait dans l'Herzégovine, la Bosnie méridionale et la Krivosije.

Quelles en sont les causes ?

Dans l'Herzégovine et la Bosnie méridionale, le mécontement est général, commun à toutes les races de la population, à toutes les classes de la société.

Comme l'a si judicieusement constaté M. le vicomte de Chaix de Saint-Aymour, « la question bosniaque est avant tout, et depuis des siècles, une question sociale et agraire, et que, loin d'être résolue par l'arrivée des Autrichiens dans la province, n'a fait qu'entrer dans sa phase aiguë ».

La direction autrichienne, malgré une sage procession dans les idées, une grande énergie dans l'application, n'a pu résoudre pacifiquement l'embarrassant problème.

Le mécontentement latent, tacite aux origines, alors que les esprits étaient moins osés, ne tarda pas à se manifester par une révélation extérieure : le banditisme, c'est-à-dire la révolte individuelle contre l'état existant.

De bandit à insurgé, le degré, s'il existe, est bien aisé à franchir.

« Aux époques calmes et alors que les groupes sont peu nombreux, on parle de bandits infestant la montagne. Dès que surgissent des complications politiques, ces mêmes bandits se travestissent en insurgés. » (Relation officielle de l'état-major autrichien, page 7.)

Le *raïa* surtout, amèrement déçu, confond dans un même sentiment de haine ses maîtres de la veille et ses dominateurs d'aujourd'hui. Il a caressé de grandes illusions, quelque chose comme les revanches du passé, mais il s'est tout simplement mépris sur le caractère de l'occupation austro-hongroise.

A cette occupation devaient répugner, en principe, les mesures violentes ; néanmoins, elle a été contrainte de laisser subsister les abus existants, bien plus, d'en protéger les sévices et il en demeura fatalement ainsi jusqu'au jour où il lui fut loisible, graduellement et légalement, de les faire disparaître.

Le fait de ces inconséquences forcées est partout le même : n'en avons-nous pas aussi porté la gêne en Tunisie jusqu'à la date de la réforme financière et de l'abolition des capitulations consulaires ?

En Krivosije, la cause de la révolte est moins difficultueuse à pénétrer ; elle se formule uniquement dans le refus des populations à se soumettre aux obligations du service militaire.

En 1868, alors que la nouvelle loi militaire, applicable à tous les pays de l'empire, imposait le service personnel, on pensa très suffisamment ménager les anciens privilèges des Dalmates méridionaux en les exonérant du service dans l'armée active et la réserve ; on se borna à les grever d'une servitude locale dans la landwehr.

Le premier appel en 1869 fut le signal d'une insurrection consentie par toutes les populations auxquelles leur éloignement du littoral semblait garantir l'impunité.

Débilement servi ou mal conseillé par le général comte Auersperg, puis par le feld-maréchal-lieutenant baron Rodich, le ministère à Vienne témoigna en cette circonstance d'une malencontreuse défaillance. L'insurrection ne fut pas réprimée, mais raisonnée.

Le raisonnement en semblable matière n'est qu'un aveu de faiblesse dont ne se dessaisissent pas les populations rebelles à l'évolution progressiste. La preuve en fut affirmée douze années plus tard, en 1881 ; le gouverneur général de Dalmatie, ce même F.-M.-L. von Rodich, se fiant aux apparences, crut de nouveau pouvoir essayer la charge du service militaire.

Les habitants des bouches du Cattaro livrent à Risano

(27 octobre 1881) le contingent de jeunes soldats à incorporer; mais les fractions de Krivosije, de Ledenice et d'Ubli, après assemblée tenue à Dragalj, s'y refusent formellement.

C'était en somme petite chose, surtout en se remémorant le début des événements de 1869 ; on pouvait espérer amener à composition les fractions insoumises perdues dans leur isolement.

Malheureusement, cet isolement ne fut pas assez complet. Le stojan Kavacevic, qui entretenait une bande sur les confins de l'Herzégovine, accourut pour stimuler de son appui l'énergie de la résistance.

Il ne fut que trop facilement écouté ; de coupables violences ne tardèrent pas à être commises, telles que la destruction du fort de Dragalj, des blockhaüser à Crkvice et Ledenice, de la maison d'école d'Uhirine, de la cure d'Ubli, etc., etc.

Le nouveau gouverneur de la province, le feld-maréchal lieutenant baron Dahlen, avait dès les premiers jours insisté pour l'envoi d'un renfort de sept bataillons ; il comptait pouvoir en disposer dans le courant de février et prit en attendant ses mesures pour couper du littoral les districts infestés.

Un cordon, fourni par un bataillon du 16e d'infanterie avait été tendu de Lucici (Suttorina) à Orahovac; entre les stations de compagnies s'intercalaient des postes de gendarmerie.

Cette ligne eut bien vite quelques petits engagements à soutenir avec les insurgés : le 24 décembre 1881 à Parer, le 3 janvier 1882 près de Kousevice. De toute part aussi surgissaient de nouvelles bandes, jetant partout l'alarme, provoquant le désordre.

L'envoi des renforts est sollicité avec plus de hâte ; les troupes disponibles se massent pour couvrir les points d'un intérêt essentiel : Bilek, Gacko, Foca, Nevesinje, Mostar.

Nous ne détaillerons pas dans le texte du chapitre l'arrivée successive des troupes et leurs groupement en colonnes affectées aux divers secteurs de l'échiquier.

Ces renseignements sont portés en des tableaux particuliers ; disons seulement que le premier soin de l'autorité supérieure fut d'assurer l'unité du commandement en plaçant toutes les forces agissantes en Dalmatie et Herzégovine sous la haute direction du F.-M.-L. baron Jovanovich (1), commandant militaire du district de Zara (17 janvier 1882).

La relation officielle de l'état-major assigne à l'insurrection; comme date première, la nuit du 10 au 11 janvier 1882; elle est marquée par l'attaque du poste de gendarmerie d'Ulok et une énergique résistance de trente heures qui vaut au maréchal des logis chef Radakovic le bénéfice d'une honorable évacuation.

Ulok devient dès lors un centre de rassemblement pour les insurgés.

Il y aurait peu d'intérêt à suivre la série des affaires de détail livrées un peu partout à Korito, Mekagruda, Planik, Prjevor, etc. ; la simple énumération en suffit ; retenons seulement l'épisode du 16 janvier, parce qu'il fournit occasion de citer la valeureuse conduite d'un brave soldat, le caporal Spannbauer, du 11e régiment d'infanterie (prince Georges de Saxe).

Chargé avec sept de ses hommes de défendre un petit poste (Karaula) au sud de Korito, il y subit, sans se laisser intimider, l'attaque de plus de 200 insurgés, les lasse par l'énergie de sa résistance et se fraye ensuite le retour sur Korito.

Nous adopterons au cours de ce récit, pour plus de facilité d'exposition, trois divisions principales :

I. — **Les événements en Bosnie**, savoir : dans les vallées de la Naretva et de la Drina, dans la Zagorje, sur la frontière monténégrienne dans le groupe Foca, Goradza, Cajnica.

II. — **Les événements en Krivosije.**

III. — **Les événements en Herzégovine.**

Nous différerons encore de quelques lignes le détail même des opérations militaires, estimant qu'il n'est pas inutile d'ébaucher en peu de traits la physionomie géographique du théâtre d'opérations.

(1) Etienne de Jovanovich, né le 5 janvier 1828, entré au service en 1842. Prit une part active aux campagnes de 1848, 1849, 1859 et 1866. Consul général en Bosnie (1861-1865). Blessé grièvement en 1869 à la reprise du fort de Dragalj. Général-major en 1871. En 1876 feld-maréchal-lieutenant ; commande en Herzégovine la XVIIIe division.

CHAPITRE II

LA KRIVOSIJE (1)

Le pays.

Dans la partie méridionale de la Dalmatie, l'ossature orographique se redresse brusquement et s'entasse en un pâté d'une monstrueuse structure, l'Orien, dont la crête culminante mesure 1,900 mètres.

Du système de l'Orien se détache une puissante ramification allant se souder aux terrasses calcaires de Zalaci (Monténégro) pour dessiner le ceinture Est (800 à 900 mètres) du golfe de Cattaro.

Entre Cattaro et Budua, la chaîne s'éloigne déjà davantage du littoral, ses terrasses s'étalent en de plus amples plateaux; les élévations de quelques sommets se cotent encore entre 1,000 et 1,300 mètres.

Cette arête maîtresse marque son tracé par le mont Pazua (1,777 mètres), le col de Crkvice (950 mètres), le Veli-Vrh (1,285 mètres) et le Goli-Vrh (1,317 mètres).

Plus au nord, presque parallèlement à la chaîne principale, se dresse un bourrelet de moindre importance, coupé entre le Jankow-Vrh et le Bracjanskebrdo, par l'étroite brèche de Han; à l'est, cette charpente se greffe par le col de Zimje-Zdvjolo au massif de Bukovica, dont les branches forment, avec la Biala-Gora, la séparation entre les cuvettes

---

(1) L'étude géographique de la Bosnie et de l'Herzégovine se lit dans l'exposé de la campagne de 1878. Il était par suite superflu de reproduire ce chapitre.

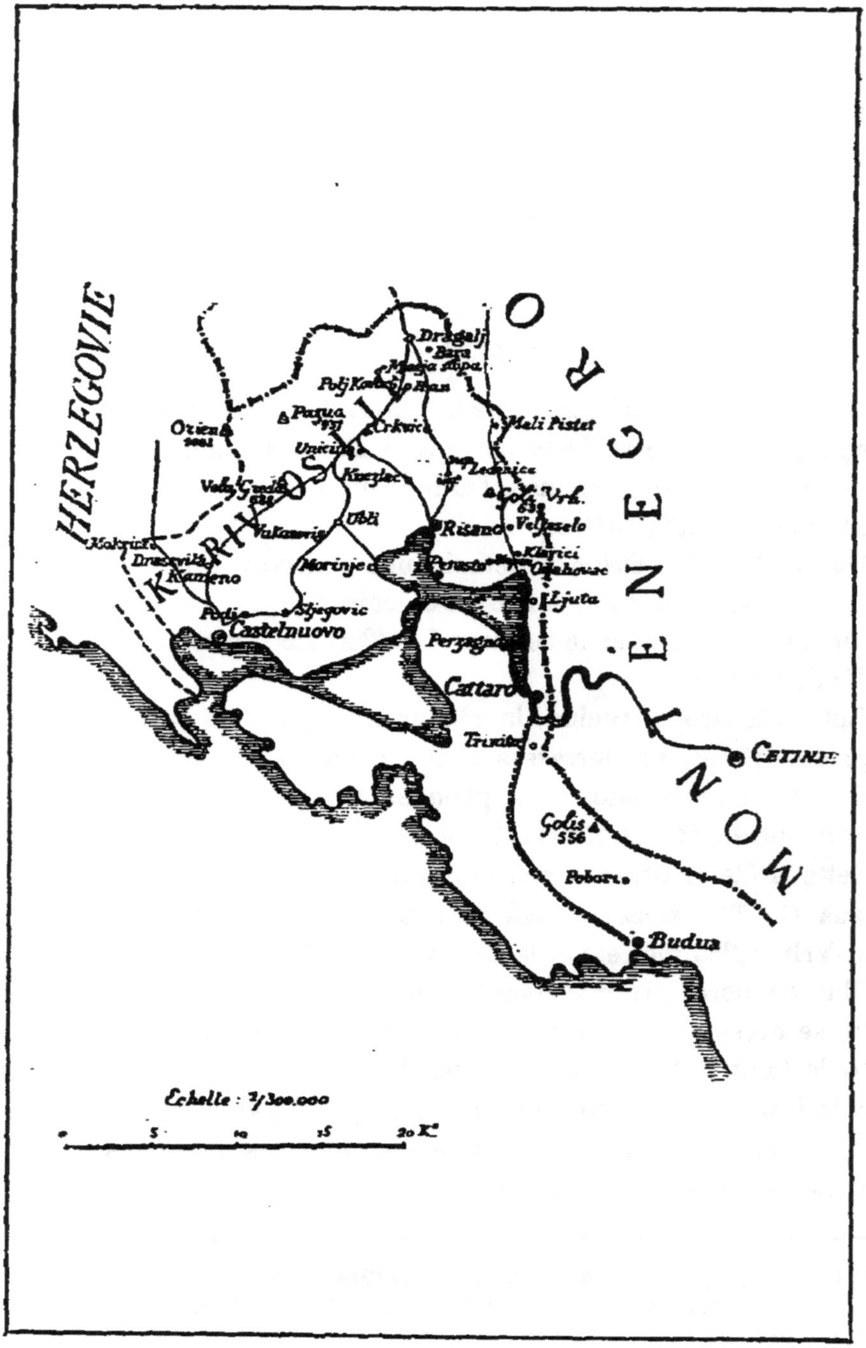
HERZEGOVINE
MONTENEGRO
KRIVOSIJE
Dragalj
Mali Pistet
Risano
Perasto
Ljuta
Castelnuovo
Perzagno
Cattaro
Trinita
Cetinje
Golis
556
Budua
Morinje
Kameno
Ubli
Crkvice
Orjen
Echelle : 1/300.000
0
5
10
15
20 K.

de Dragalj et de Grahovo ; cette ligne se suit par les sommets de Lisac, Dvrsnik, Stedin, Bjolos, la profonde dépression de Krvnajola et le col de Stekanica.

Dans la partie Ouest de la Krivosije, deux autres chainons ajoutent encore au désordre compliqué du système.

Le premier de ces chainons se sépare de la borne Vola-Greda (1,305 mètres) et limite au sud les cuvettes de Zvecava et d'Univina; l'extrémité Est, sous le nom de « Celina », touche à Poljce et tombe alors sur la gorge de Unirina.

Le second rameau lie les tronçons Dobrostica, Radostak, s'écartèle vers Morinje et limite au sud les bassins de Grab et Ubli ; ses pentes méridionales s'écoulent en deux terrasses ; la première trace les plateaux assez difficiles et étroits de Kamena et de Zljebi ; la seconde tombe en pentes douces sur la mer.

Dans la partie Est de la Krivosije, la chaine borde de près le littoral et laisse place seulement aux terrasses de Ledenice, Ubalac et Veljesolo, dominant de 800, 600 mètres les golfes de Risano et de Cattaro.

Enfin, au nord même de Risano, la masse rocheuse du Greben, dernière poussée au sud de l'arête principale, (Veli-Vrh) s'enfonce comme un coin entre la Celina, dont le sépare le torrent d'Unirina et le plateau de Ledenice, à la coupure de Radovic.

Si on en excepte la zone littorale, le climat de la Krivosije est en général rude et inhospitalier ; les hivers y sont rigoureux, les étés pénibles et secs.

La culture est misérable et ne se manifeste guère que sur les côtes et dans les cuvettes où se groupent aussi, en quelques huttes, de chétifs hameaux. La région est fortement boisée, spécialement dans le massif de l'Orien.

L'élève du bétail est la principale occupation des habitants de la montagne.

La population des districts de Castelnuovo, Risano, Perasto, Budua, les seules qui nous intéressent, s'élève à environ 14,200 âmes.

Deux routes très médiocres traversent le pays ; elles partent toutes les deux de Risano pour aboutir à fort Dragalj, l'une par le col de Crkvice, l'autre par celui de Lupoglav.

Pour ne rien négliger, reste à citer les quelques ouvrages établis dans la région : le fort de Dragalj pour un poste de gendarmerie, le blockhaus de Crkvice, les redoutes sur le Groben, à Ledenice et Stepen.

Comme on s'en rend aisément compte, les opérations militaires en Krivosije sont rendues difficiles et fatigantes, non seulement à cause des accidents topographiques, mais encore par suite de la pénurie des ressources.

Tous les approvisionnements sont à tirer de la côte ; l'eau même n'est abondante que dans la saison pluvieuse.

La ville de Cattaro (siège d'un évêché), flanquée des forts San-Giovanni et Govasda, est entourée d'une enceinte continue avec trois portes : Fiumena, San-Francesco et Porta-Marina.

La ville compte une population de 2,000 à 3,000 âmes adonnée à la pêcherie, mais tirant surtout profit de ses transactions avec le Monténégro.

La Dalmatie méridionale formait jadis avec le Monténégro la principauté de Zanta (ou Zetta) de la rivière du même nom) dépendante du grand royaume serbe.

A la chute de Lazare, dans les glorieux champs de Kossowo (1389), le royaume se désagrégea ; le gendre du roi-martyr, Georges Balscha, chercha, mais en vain, à en fusionner les débris. Les Dalmates du Sud s'organisèrent en

Etat indépendant, mais durent, peu de temps à près, se placer sous la dépendance de la République de Venise pour se garantir contre les agressions des Turcs (1420).

Le traité de Campo-Formio (1797) fait passer le pays à l'Autriche ; le traité de Presbourg (1805) cède les bouches de Cattaro au nouveau royaume d'Italie ; cependant, comme le général autrichien Prady a livré la province aux Russes (4 mai 1806), ce ne fut qu'en 1807 que la France put s'y établir.

En 1810, Cattaro et la province illyrienne sont directement rattachés à l'empire français.

En 1814, l'Autriche recouvre ses anciens droits sur le pays.

En 1849, Cattaro, sur les excitations de Venise, tente de se constituer en République indépendante ; l'Autriche dut employer la force (colonel Mamula, janvier 1850) pour y rétablir son autorité.

CHAPITRE III

LES ÉVÉNEMENTS EN BOSNIE

A. — Opérations dans les vallées de la Naretva et la Drina. a. Colonne du général-major von Czveits sur Glavaticevo (26, 29 janvier); *b.* Colonne du colonel Hotze de Serajevo dans la Krbbjina (27 janvier, 1er février); *c.* Colonne du capitaine Heiss (28 janvier, 2 février); *d.* Foca.

B. — Opérations dans la Zagorje (du 21 au 27 février). *a.* Colonnes Leddihn, Arlow, Sckulich, Czveits et Haas; *b.* Occupation permanente de la Zagorje et d'Ulok (mars).

C. — Opérations sur la frontière monténégrienne dans le groupe Foca, Goradza, Cajnica (février et mars).

A. — Opérations dans les vallées de la Naretva et de la Drina.

Dans la première quinzaine de janvier, les bandes insurgées, après les tentatives infructueuses commises aux environs de Korito et de Bileck, se trouvaient massées dans les ravins de la Zagorje, de la Krbbjina et de la Zimjepol à peu près au centre du triangle Mostar-Serajevo-Foca.

Cette position centrale permettait aux Insurgés :

1° D'intercepter les communications entre les postes tenus par les troupes d'occupation ;

2° De concentrer toute l'énergie de leurs efforts contre Foca, point pour eux d'une importance essentielle étant donnée sa proximité du Monténégro, leur principale base de ravitaillement ;

3° De recueillir aisément les secours qu'ils espèrent tenir de la Bosnie.

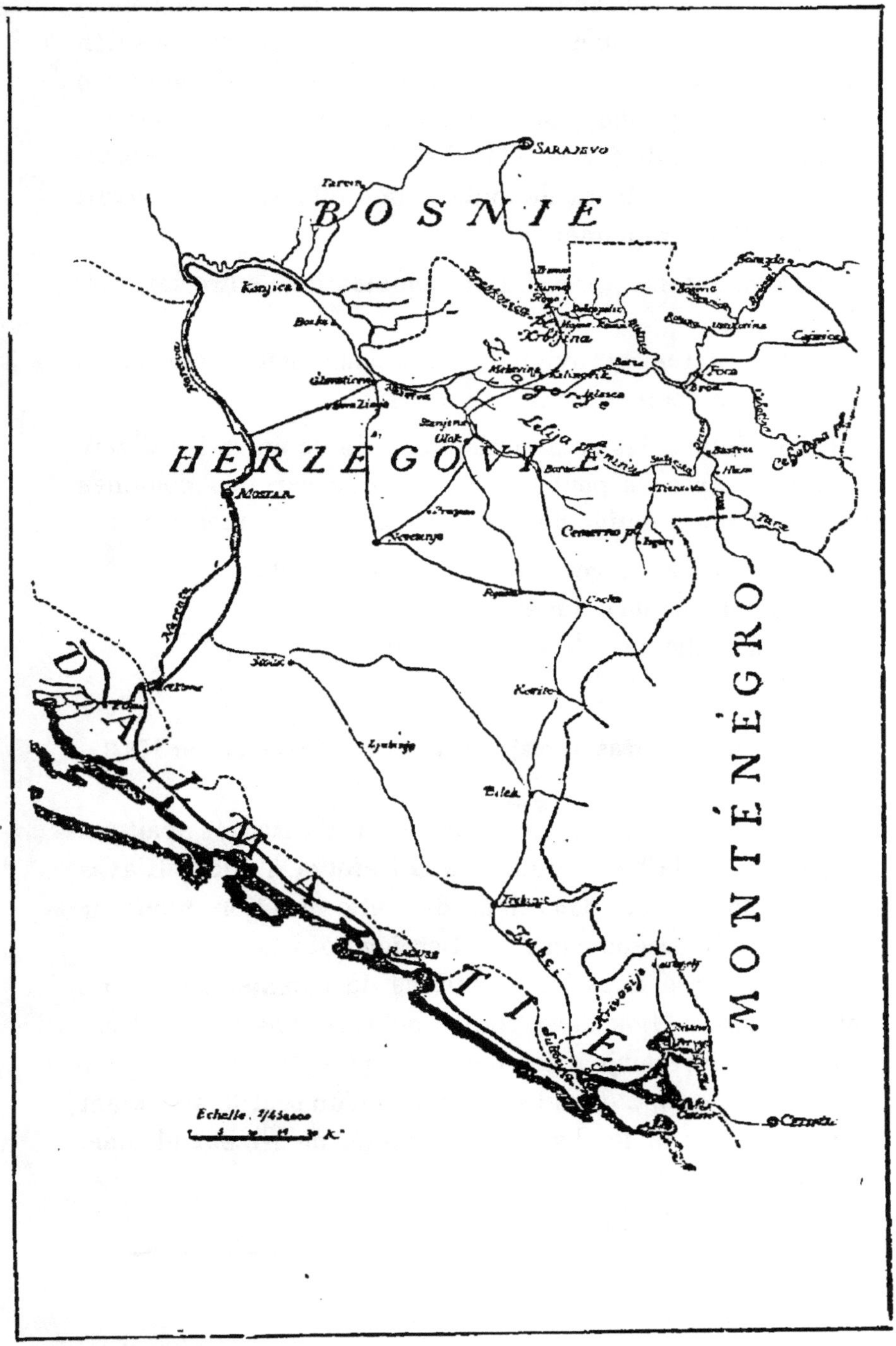
SARAJEVO
BOSNIE
HERZEGOVINE
DALMATIE
MONTÉNÉGRO
Konjica
Mostar
Raguse
Cettigne
Bilek
Trebinje
Foca
Echelle. 1/45000

D'autre part, les renforts attendus, tant pour élever l'effectif des unités tactiques que pour entrer dans la composition du corps d'armée (*Truppen, commando fur Sud-Dalmatien und die Herzegovina*), ne pouvant être arrivés que dans les premiers jours de février (1), il était commandé de s'abstenir jusqu'à ce moment de toute action offensive; il pouvait être question simplement :

1° De maintenir libres les communications entre les postes occupés;

2° De renforcer et ravitailler Foca pour mettre cette place à l'abri d'un coup de main.

Le maintien des communications libres entre les divers postes occupés ne peut être assuré que par des colonnes mobiles battant activement le pays; ainsi sont motivées :

a) La colonne du général-major von Czveits;
b) La colonne du colonel Hotze;
c) Le détachement du capitaine Heiss.

A. — Colonne du général-major von Czveits (26-29 janvier 1882).

La présence d'un groupe considérable d'Insurgés avait été signalée dans la haute vallée de la Neretva à Ulok, Glavaticevo, Borke; ils pouvaient de cette position menacer Konjica et intercepter la route Serajevo-Mostar.

Il fut d'abord dans les intentions du commandement de faire joindre à Ulok deux petites colonnes opérant de Serajevo et de Nevesinje; les moyens ayant fait défaut pour exécuter ce projet, on dut se contenter d'un seul détachement ayant pour tâche de chasser les insurgés du secteur Mostar, Konjica, Glavasticevo.

---

(1) Tableau I.

Le général-major von Czveits, chargé de cette opération, dispose :

1er et 3e bataillons du régiment n° 3 (Archiduc Charles) ; Batterie de montagne n° I/XII. } de Mostar.

20e bataillon de chasseurs, de Nevesinje ;

2 compagnies (1re et 9e), de Konjica.

Cette colonne prend pour guides des gendarmes connaissant le pays et emporte trois journées de viande de conserve.

L'opération amène, le 27, le combat de Glavaticevo, contre environ 400 insurgés, qui, après quelques heures de tiraillerie, se retirent sur la rive droite de la Neretva.

Nous avons à observer dès ce début la difficulté de bien ordonner les mouvements combinés.

Le bataillon de chasseurs à pied, engagé dans un terrain extrêmement difficile, ne put, comme l'ordre lui en avait été donné le 27 au matin, se mettre en contact avec la colonne principale. Ce bataillon, rejeté à droite dans le ravin de la Lasanica, doit renoncer à coopérer efficacement au combat du centre ; il ne put même pas, pendant ou après l'engagement, se joindre au général, et se retire directement sur Dramasewo.

Nous aurons assurément plus d'une fois, au courant de ce récit, à signaler l'inconvénient d'une manœuvre combinée de plusieurs colonnes.

L'archiduc Charles, dans ses *Grundsætze der Hoheren kriegskunst* (Des positions, attaques et défenses), recommande d'éviter, autant que possible, ces attaque combinées de plusieurs colonnes venant de divers points : « Jamais la jonction des colonnes n'est assurée, tant interviennent de causes multiples pour déranger les plus habiles combinaisons (terrain, temps, adversaire). Une colonne non venue au rendez-vous fait manquer tout le projet. »

Dans la guerre de montagnes, cette manœuvre des colonnes combinées s'impose presque fatalement; lorsqu'elle ne peut être évitée, certaines dispositions heureuses, dont nous trouverons plus loin l'application, doivent permettre de remédier, en partie tout au moins, aux contrariétés nées d'une situation défectueuse.

Il est assurément presque impossible de faire la guerre sans rien livrer au hasard; aussi, le maréchal de Saxe a-t-il bien soin d'ajouter « que c'est le plus haut point de la perfection et de l'habileté d'un général ». (*Mes Rêveries*, Du général d'armée.)

Notons, dans cette même affaire, l'emploi judicieux d'un détachement chargé de couvrir le flanc menacé du dispositif du combat. Comme la présence d'Insurgés lui a été signalée du côté de Borke, le général détache le major Ballasko, avec trois compagnies, sur la Lipeta-Planina, pour maintenir les communications avec Konjica. Au bruit de la fusillade, la flanc-garde gagne Glavaticevo.

B. — Colonne du colonel Hotze de Serajevo par la Krbljina à Foca (27 janvier au 1er février).

Le but de cette opération est d'éloigner l'insurrection de Serajevo (bande de Tungus, 800 hommes), de dégager la route Konjica-Foca, de la maitriser en s'établissant en un point central de la Krnbljina; enfin, de purger les environs de Foca.

Le commandant de ce dernier poste était invité à opérer de concert avec le colonel Hotze.

La colonne partie de Serajevo comprend :

Le 3e bataillon du 75e d'infanterie;

Le 1er bataillon du 1er d'infanterie;

La batterie de montagne n° 6/XII;

Une compagnie du génie 9/II;

Un peloton du 15e hussards ;
Un détachement sanitaire.

Après un engagement assez tenace (1) au col de Rogoj, le colonel, dont l'intention première était d'escalader le plateau de Krbljina par Dobropolje, y renonce vu l'état impraticable des chemins et se décide à contourner le massif, espérant trouver plus de facilités du côté de Miljevina.

Dans la nuit, au bivouac de Miljevina, le colonel apprend la présence de troupes autrichiennes au col de Mrezica; il marche pour joindre ce détachement qu'il pense être celui envoyé à sa rencontre de Foca; il le fait d'autant plus volontiers qu'il est privé de nouvelles de ce poste, qu'il se trouve sans guide, sans renseignement aucun.

A la place du détachement espéré, le colonel Hotze en trouve un du 80e d'infanterie poussé de Usti Katina et ne pouvant lui fournir aucune indication.

Inquiet d'être aussi sans nouvelles, le chef de la colonne se croit autorisé à renoncer provisoirement à son entreprise dans la Krbljina et se transporte à Usti-Katina qu'il ravitaille, puis de là à Foca, où il arrive le 1er février.

Première observation. — Il y a à louer la grande et intelligente initiative laissée au commandant de la colonne; il court à l'essentiel suivant que les circonstances du moment se modifient, en ayant toujours soin d'informer le commandant supérieur à Serajevo pour que celui-ci puisse parer aux éventualités.

Deuxième observation. — Noter la prudence extrême à ne pas risquer des parties détachées sans échelonner en arrière des forces de soutien. Le déplacement de Dobropolje à Miljevina découvre les approches Sud de Serajevo, celles justement que la colonne a mission de garantir; elle étend aussi

---

(1) Blessés : Capitaine S. Babie, de l'état-major; capitaine E. Tichy, du 75e, mort des suites de ses blessures; deux hommes blessés.

sa ligne d'opérations ; pour remédier à ces inconvénients, le commandement poste un bataillon (III du 62) et une demi-batterie au point important de Turnovo. Pour la même raison, en se portant à Mrezica, le colonel laisse un soutien à Varos et le pousse ensuite à Trnjine.

Troisième observation. — Constatons une fois de plus combien le service des renseignements et de la transmission des communications est difficile en pays insurgé. Le colonel, malgré tous ses efforts, ne peut se relier avec Foca ou Usti-Katina. Sur cinq émissaires, trois disparaissent et deux reviennent sans avoir pu accomplir leur mission.

C. — Détachement du capitaine Heiss.

Nous avons vu que le colonel Hotze n'avait pas trouvé à Mrezica le détachement qu'il attendait de Foca ; il l'avait manqué de fort peu.

Sur l'invitation qui lui en était faite de Serajevo, le commandant de Foca détache, le 27, à la rencontre de la colonne Hotze, le capitaine Heiss avec deux compagnies du 77e.

Le détachement remonte la vallée de la Koluna, et après deux petits engagements à l'avant-garde, arrive le 29 (soir) au col de Mrezica.

N'y ayant trouvé personne, le capitaine Heiss pense que la colonne est encore à Dobropolje, il y porte sans tarder deux émissaires et se dirige lui-même le lendemain 30 sur Varos.

Là, ses émissaires lui reviennent n'ayant pu pousser au delà, attendu que les Insurgés tiennent entre Varos et Dobropolje ; il apprend également le combat du 29 à Rogoj. Le capitaine Heiss ne peut s'expliquer que par un insuccès d'un détachement flanquant la colonne à gauche la présence si voisine du lieu du combat d'une masse d'Insurgés. Il pointe alors par Unukovici pour appuyer cette fraction gauche de la colonne, pousse jusqu'à Rogoj, éparpille ses patrouilles qui ne peuvent que lui signaler la présence de nombreuses bandes insurgées.

Arrivé à Turovo, le capitaine Heiss est enfin complètement renseigné.

La conduite de ce petit détachement en pays complètement insurgé a un très réel mérite.

D. — Foca.

La situation de Foca, contre lequel les masses agissantes des Insurgés portaient leur principal effort, était assez inquiétante ; la garnison, fort réduite, se trouvait aux abois.

Le général-major Obadich, commandant le cercle comprenant Foca, Gorazda et Cajnica, disposait du 77e régiment tout entier (non renforcé) et d'un bataillon du 62e à Gorazda et Cajnica.

Le général avait compris que dans cette situation étriquée il importait avant tout d'agir avec énergie, d'en imposer moralement aux Insurgés.

« Faites-vous mouton et vous serez tondu », disait le maréchal Bugeaud qui écrit aussi : « Il y a longtemps que je m'aperçois que la meilleure manière de défendre et de protéger, c'est d'attaquer et de faire redouter à l'ennemi les maux dont lui-même vous menace. » (Lettre au duc d'Aumale, 9 février 1843.)

Dès son arrivée à Foca (3 février), le général Obadich organise une grande sortie de la garnison dans la direction Sud ; ce détachement comprend :

Le régiment n° 75 ;
Deux compagnies du 1er régiment.
Une batterie 6/XII.

Le colonel Frendl reste dans la place avec onze compagnies (1).

La colonne du général Obadich s'engage le 4 dans la vallée de la Drina, ayant Bastaci pour premier objectif. A mi-chemin le général a connaissance d'attaques dirigées sur ses derrières ; force lui est de rétrograder au secours de la ville fort sérieusement menacée.

Les Insurgés, supposant Foca faiblement gardé, avaient risqué une énergique attaque combinée avec une tentative de soulèvement intérieur dans le quartier serbe ; repoussés par le colonel Frendl (2), ils n'attendent pas l'arrivée du général Obadich et vident la région pour se porter au nord-ouest dans la Treskovica Planina (au sud de Serajevo).

Cet élargissement autour de Foca, tout en ayant pour conséquences directes de créer à Serajevo de nouvelles inquiétudes, rend disponible la garnison de Foca et permet au F. M. L. Dahlen d'organiser une colonne pour opérer sur la frontière du Monténégro.

La mise en route de cette expédition dut toutefois être différée par suite de la nécessité d'expulser les bandes reformées après la rentrée du colonel Hotze ; il lui fallut attendre ensuite la date du 21 février, assignée à un mouvement général dans la Zagorje.

Une de ces bandes faillit s'emparer d'un gros convoi se rendant de Gorazda à Foca (6 février) ; le convoi ne fut sauvé que grâce à l'intervention d'un détachement envoyé de Foca à sa rencontre. Semblable précaution n'est jamais à négliger.

Le colonel Hotze et le lieutenant-colonel Pandur battent avec de petites colonnes mobiles la vallée de la Drina en amont et en aval, les gorges de la Bistrica, et la direction de Cajnica.

---

(1) Voir note A.

(2) Autrichiens : 4 tués, 17 blessés.

Nous avons dit que le déplacement des Insurgés après la tentative avortée sur Foca avait été pour Serajevo une menace assez inquiétante.

Etabli dans la Treskovica Planina, les Insurgés descendent sur Turova et menacent Trnova occupée par un détachement combiné des 1er et 62e d'infanterie (130 hommes, capitaine Perathover).

N'ayant pas été attaqué, comme il s'y attendait, dans la nuit du 7 au 8 février, le capitaine Perathover prend luimême l'offensive le 9, se porte sur Turovo et refoule les Insurgés dans la montagne sans cependant pouvoir donner une poursuite assez complète.

Les Insurgés, qui savent fort bien les raisons de cette attitude et qui eux-mêmes ont reçu de nombreux renforts de Vratlo. reviennent le 10 à l'attaque de Turovo.

Mais le poste avait été heureusement secouru dès la ve lle au soir par le 3e bataillon du 51e d'infanterie (major Descovich); il peut donc répondre à l'attaque par une vigoureuse offensive conduite avec cinq compagnies ; à 10 heures du matin, les Insurgés se réfugiaient en déroute dans la Treskovica Planina.

Les forces ennemies entrées en ligne se comptent ce jour à 1,400 hommes sous la conduite de Ibrahim-Beg Cengic; leur perte fut de 16 tués et de plus de 20 blessés; les Autrichiens ont 1 tué et 4 blessés.

Pour mettre ce point de Trnovo à l'abri de toute nouvelle insulte, le commandement supérieur y établit le colonel Arlow avec 2 bataillons 1/2 du 51e et 2 pièces d'artillerie.

Observation. — Le capitaine Perathover détaché à Trnovo devait, à notre avis, être en liaison avec le 3e bataillon du 62e d'infanterie (major Strastil) établi au col de Rogoj, à 7 kilomètres.

Il semble qu'il n'en a point été ainsi, car, dit la relation de l'état-major autrichien, page 68, « au bruit du combat

(9 février), le major Strastil dispose une compagnie sur Trnovo, mais celle-ci n'a plus occasion d'intervenir ».

Cette compagnie arrive trop tardivement pour être utilement engagée parce que le major Strastil n'a pu la faire marcher qu'au bruit de la fusillade. Il n'y a donc pas eu entente entre les deux détachements et le capitaine Pérathover n'est peut être pas exempt du reproche de s'être hâté, le 9, dans une inutile aventure ; il s'expose tout au moins au blâme d'avoir sacrifié à ce que Gallas disait être la sotte ambition d'acquérir aux dépens du sang d'autrui la réputation d'être brave (1). Et Frédéric ajoute (2) :

« L'officier évitera la trop grande confiance en soi-même, il ne se reposera pas seulement sur ses vues et son audace : il saura qu'il ne peut rien sans ses camarades dont l'appui lui est indispensable. »

Le 10, le major Strastil coopère au mouvement du major Descovich par l'envoi d'une compagnie qui coupe aux Insurgés la retraite sur Vratlo. Cette manœuvre est une des mieux entendues dans la guerre de montagnes, elle était familière à Lecourbe et à Masséna. (Campagne de 1799 : les généraux Gudin et Loison sur la Reuss, 25, 26, 27 septembre ; poursuite de Souvarow, divisions Mortier et Gazan.)

A la date qui nous est donnée, mi-février, les renforts réclamés du ministère de la guerre sont partiellement arrivés. Dans les régiments de la première division (Serajevo, F. M. L. von Nemethy), les compagnies ont été portées à l'effectif de 210 hommes, à 200 hommes dans les autres corps du commandement ; les 46e et 69e d'infanterie, encore à effectifs réduits, ont été transférés en Bosnie.

---

(1) *Mémoires de Montecuculli*, Des batailles.

(2) *Instruction secrète dérobée à Frédéric*, Introduction.

Le F.-M.-L. baron Dahlen répartit alors les forces à sa disposition en secteurs, chacun de ces secteurs étant garni, suivant les exigences de la situation politique et les conditions de la topographie locale.

1er Secteur : Plevlje, Prjepolje ; 1re brigade d'infanterie, général-major Hukulj : 25e d'infanterie, 18e bataillon de chasseurs.

2e Secteur : Rogatica, Romanja, Glasinac, Visegrad, Priboj, Uvac ; 7e brigade de montagne; général-major David : régiments nos 62 et 80.

3e Secteur : Foca, Goradza, Cajnica ; 8e brigade de montagne, général-major Obadich : régiment no 77, 14e bataillon de chasseurs.

4e Secteur : Serajevo, Visoka, Blazuj, Tarcin, Konjica, Zagorje ; 2e brigade d'infanterie, général-major Leddihn : régiments nos 1, 51 et 75.

5e Secteur : Travnik, Jaice, Zenica.... etc.

6e Secteur : Livno, Prozor, Bugojno, Vakuf ; 25e brigade d'infanterie, général-major Risch : régiments nos 12 et 66.

7e Secteur : Banjaluka, Bihac, Prjedor, Kljuc, Krupa, Czasin ; 26e brigade d'infanterie, général-major de Vaux : régiments nos 46 et 78, bataillons de chasseurs nos 13 et 22.

8e Secteur : ligne d'étapes : Brod-Zepce-Tesanj ; colonel Selican ; régiment no 9.

9e Secteur : Dolnja, Tulza-Zvornik, Bjelina-Brcka ; 39e brigade d'infanterie, régiments nos 65 et 69.

10e Secteur : Vlasenica, Srebzenica, Kladanj, 9e brigade de montagne ; régiment no 64.

A ce moment aussi la situation des Insurgés se dégageait à peu près comme suit :

1° La Cetra-Ceta ou colonne volante du Stojan Kovacevic, à peu près 500 hommes, menaçait Foca;

2° Les bandes de Pero Tungus et du turc Salkoforte groupaient à peu près 200 hommes chacune;

3° La Cetra du Mrdak Lubovic;

4° La bande de Vaso Buha, résidant plus spécialement dans la Zagorje;

5° La bande de l'ancien major turc Amed Dedovic, dans les environs de Nevesinje;

6° La bande d'Ibrahim Beg Cengic;

7° La bande de Hassan Beg Sabljica.

Le plus réputé de ces chefs était sans conteste le Stojan Kovacevic, un homme d'une cinquantaine d'années, originaire de Gaczko en Herzegowine, et qui depuis 1857 avait pris sa large part dans toutes les agitations du pays.

Siko Parolowich, Bogdon Zimunitsch et Lazare Soschitza, quoique moins influents, n'en étaient pas non plus à leur première campagne.

Citons comme curieux factum un manifeste émis par les principaux fauteurs du mouvement insurrectionnel réunis au comité central :

« Au nom du Tout-Puissant.

» Grand Dieu de justice, assiste-nous.

» De puissantes masses de l'armée impériale se portent contre nous en Krivosije et en Herzegovine. Le monde entier a les yeux fixés sur nos rochers, nos montagnes et cherche à pénétrer les causes de cette agression.

» Personne n'ignore plus les sanglants événements de l'année 1860. Le gouverneur Wagner s'était mis en tête de nous imposer le service dans la landwehr, mais nous lui dimes : « Permettez-nous de nous jeter aux pieds du tout-puissant » Empereur et de le supplier afin que son cœur enclin à la » miséricorde ait compassion de notre misère. »

» Wagner repoussa cette prière et jeta contre nous une armée.

» L'automne dernier, le baron Rodic voulut aussi nous imposer la landwehr; cette fois encore, nous le priâmes d'attendre et d'écouter nos protestations contre la rigueur de cette mesure, notre mode d'existence, l'exiguité de nos ressources ne nous permettant pas d'y satisfaire. Le gouverneur Rodic, patient, en référa à Vienne, mais le gouvernement refusa de nous donner droit.

» Par suite de notre attitude vis-à-vis le Vladica Petrovich, le gouvernement de Vienne décida de nous anéantir et expédia contre nous le sanginaire baron Jovanovic qui, lors de la deuxième campagne de 1869, avait été grièvement blessé par nos yatagans et nos balles. Il lui est de nouveau assigné de faire agir dans nos rochers et montagnes une grande quantité de troupes impériales; mais qu'il le sache bien, lui, le puissant gouverneur de la Dalmatie, s'il tombe en nos mains, son œil ne verra plus la lumière du jour et un ravin sera son tombeau.

» Le général Jovanovic a résolu de nous étouffer nous et nos frères de la Bosnie et de l'Herzegovine afin que l'Empereur ne soit plus troublé par les clameurs réclamant nos privilèges.

» Résolution contre résolution; nous avons juré de nous opposer par la force à l'invasion des troupes impériales.

» Si nous devons tous tomber dans ce saint combat, nous léguons le soin de nous venger à nos frères de la Bosnie, de l'Herzegovine, du Monténégro, à tous les Serbes dans les Etats des Balkans, unis aujourd'hui dans la main puissante du Tzar de Russie.

» La nation anglaise et le grand et libéral homme d'État Gladstone protègent les États des Balkans et veulent leur affranchissement de toute domination étrangère. L'empereur de toutes les Russies Alexandre III et ses conseillers regardent d'un œil favorable notre lutte pour l'indépendance. Le prince Nicolas du Monténégro, avec lequel nous avons répandu notre sang, est gagné à notre cause et nous viendra en aide.

» Nous déclarons :

» Jovanovic, le sang versé pour le maintien de nos droits sacrés et la délivrance des Serbes retombera sur toi et ceux qui t'ont envoyé combattre contre les désespérés.

» Frères de la Bosnie, de l'Herzégovine, de la Dalmatie, de la Serbie, du Monténégro, de la vieille Serbie, un effort énergique et soutenu! Joignez-vous, montagnards de la Krivosije et de la Dalmatie méridionale pour la revendication de nos privilèges nationaux.

» Salut à vous Bulgares, Serbes, Russes, à vous tous Slaves.

» Au nom du Tout-Puissant,

» Dieu de justice, tu nous assisteras.

» En Krivosije, le saint jour de Sava.

» 14-28 janvier 1882. »

Les Insurgés dans leur mode de combat ne dénotent aucun procédé particulier, aucun principe commun aux divers éléments de leur organisation; les bandes elles-mêmes ne sont formées que d'un petit noyau, autour duquel viennent se grouper momentanément ceux qui dans la région peuvent et veulent participer à l'insurrection.

Les Insurgés ont à leur bénéfice une très robuste constitution, une surprenante agilité, un courage remarquable. Les pratiques de la guerre de partisans leur sont naturellement familières; ils excellent dans les surprises et embuscades.

Une de leurs pratiques habituelles consiste à garnir une étroite gorge ou un étranglement dans la vallée ; ils courent offrir le combat, cèdent le terrain et entraînent la poursuite dans le défilé ; puis, comme au coup d'une baguette magique, surgissent de toutes parts des combattants jusqu'alors invisibles.

Quelques exemples de ces guets-apens : affaire de Krstac, 4 juin 1877 (Monténégriens) ; combat de Vucidal, 28 juillet 1876 ; combat de Han Zagozdag, en 1869.

Depuis leurs dernières luttes contre les Turcs, les Insurgés sont fournis d'une certaine quantité de Sniders et de Henry-Martini, dont ils usent pour commencer le feu rapide aux plus grandes distances, prodiguant les munitions comme on a pu le constater plus d'une fois dans les positions abandonnées, par la quantité des débris de cartouches et d'étuis vides.

Beaucoup plus nombreux toutefois sont ceux portant encore le vieux fusil à pierre, pour lequel ils ont des préférences marquées ; c'est ce qui explique, malgré l'adresse des tireurs, le peu d'efficacité de leur feu sur un adversaire quelque peu abrité.

Nous avons déjà dit quelle était dans la tactique le mode préféré des Insurgés ; mais l'embuscade n'est pas toujours d'une application possible, ainsi par exemple lorsqu'il s'agit de couper la ligne de marche d'une colonne, d'intercepter un convoi, etc.

Même dans ces circonstances, les montagnards se distinguent par le choix excellent de la position, par leur extrême habileté à profiter de tous les accidents du terrain ; l'évacuation d'une telle position ne peut dans la règle être obtenue que par l'une ou l'autre de ces méthodes :

Mouvement en avant bien préparé et soutenu par l'artillerie ;

Mouvement en avant combiné avec une menace efficace sur les flancs ;

Attaque énergique à l'arme blanche.

Ce dernier procédé, comme nous pouvons nous le rappeler, a trouvé application au combat du 19 août devant Serajevo :

Un bataillon du 38e d'infanterie et le 9e bataillon de chasseurs à pied cherchent en vain à déloger l'ennemi des positions qu'il garnit en avant de la citadelle ; l'artillerie était employée sur un autre point et le terrain rendait impossible toute action sur les flancs. Les munitions étaient épuisées, chaque homme ayant presque brûlé ses quatre-vingt-quatre cartouches; la réserve de munitions ne pouvait être amenée à temps, vu les difficultés du terrain. Dans ces conditions, le commandant de la brigade, colonel Lemaic, se décide à l'attaque directe (9 h. 1/2).

La troupe s'élance à la baïonnette (250 pas) ; les Insurgés soutiennent l'attaque par un feu meurtrier jusqu'à 40 pas ; ils comprennent alors que rien ne peut retenir l'élan des Autrichiens et se débandent en toute précipitation.

Nous avons pu recueillir à l'époque, dans tous les organes militaires de la presse austro-hongroise, bien des doléances sur les incommodités imposées au soldat dans une campagne de cette condition.

Ces « faits d'expérience » peuvent se résumer :

Les soldats, spécialement ceux des régiments hongrois, sont mal à l'aise et gênés dans leur tenue. La couleur grise des chasseurs est bien moins voyante que le bleu de l'infanterie de ligne ; la chaussure d'ordonnance ne valant rien sur ce terrain parsemé de rochers, il serait en quelque sorte indispensable de pourvoir les hommes des espadrilles dont font usage les indigènes ; la charge du soldat est bien trop considérable pour opérer dans une région aussi difficile ; le fusil, les cartouches, la musette et quelques vivres devraient suffire dans la presque totalité des circonstances.

Le campement en fer battu surcharge inutilement le sac et annonce au loin, par son cliquetis, l'approche de la troupe.

On a pu constater une fois de plus, pendant cette campagne, le sérieux inconvénient de ne pas donner aux officiers une tenue toute semblable à celle de la troupe : coiffure, manteau, etc.; le sabre du modèle porté par les officiers est une arme gênante et inutile; la *Wehr-Zeitung*, croyons-nous, dans un article bien déduit sur la guerre en pays de montagnes, proposait d'armer les officiers subalternes d'une carabine à magasin.

Le matériel d'artillerie de montagne du modèle 1863 a été l'objet de quelques reproches; certaines critiques, ressuscitant un débat déjà ancien, avouaient leurs préférences pour la fusée (1).

Les services administratifs et sanitaires ont toujours fonctionné avec une parfaite régularité (2).

---

(1) Actuellement, la pièce d'artillerie de montagne est en bronze acier (Uchatins) du calibre 7mm; poids de la pièce 89 kil. 380, de l'affût 104 kil. 390; le mulet porteur de pièce charge 130 kilogrammes; le mulet porteur de l'affût, 140 kilogrammes. La batterie compte 4 pièces (8 mulets) et 20 mulets de caisses. La batterie est approvisionnée à 448 coups, savoir par pièce :

64 obus,
32 obus à balles, } 112 projectiles.
16 boîtes à mitraille,

Obus ordinaire : limite de la portée efficace, 3,000 pas; surface dangereuse, 300 pas sur 250 pas de largeur; 62 éclats.

Obus à balle : limite de la portée efficace, 2.000 pas ; 72 éclats; surface dangereuse, 600 pas de profondeur sur 160.

La question du matériel de montagne est soumise à de continuelles études. Notons les expériences faites pour tirer avec une charge de 400 grammes sur un affût renforcé à l'effet d'obtenir une vitesse initiale de 324 mètres et une augmentation de portée. Egalement les essais tentés avec une pièce démontable du calibre de 66mm ; fermeture à coin, obturateur Broadwell.

Pièce du poids de 191 kilogrammes : charge, 650 grammes; vitesse initiale 400 mètres ; obus de trois calibres, 80 éclatements, 3 kil. 500 ; obus à balles, 3 kil. 700.

(2) Outre les ambulances mobiles de campagne, service d'évacuation : d'abord sur les hôpitaux (garnison's Spitæler), de Raguse no 24, 450 lits ; de Serajevo no 25, 635 lits ; de Mostar no 26, 450 lits et de Trieste no 9, 900 lits : puis les hôpitaux militaires (Truppen-Spitæler), de Ca-

B. — Les opérations dans la Zagorje.

Nous touchons à l'heure où, disposant de ressources suffisantes, le F. M. L. baron Dahlen va tenter l'exécution du plan conçu de longue date : l'occupation et l'établissement des troupes impériales dans la Zagorje.

Le projet du général commandant en Bosnie consiste à porter deux colonnes concentriquement sur Kalinovic, puis à y établir quatre à six compagnies servant d'appui à un fort cordon de postes de gendarmerie tendu de Foca à Konjica.

Pour compléter cette action et couper toute retraite aux Insurgés, il est presque indispensable d'agir également par la vallée de la Naretwa ; le F. M. L. baron Dahlen réclame en conséquence la coopération des troupes opérant en Herzégovine et en Dalmatie (1) ; le F. M. L. Jovanovic promet son concours, à la date fixée du 21 février.

Les diverses colonnes agissantes se répartissent ainsi :

A. — En Herzégovine.

1° Colonel Haas (1re brigade de montagne, 3 bataillons des régiments nos 3 et 71, 1/2 batterie n° 4/XI, 1/2 batterie 1/XI, ambulance, convoi de 320 animaux), part de Mostar, par Glavaticevo sur Kotovlje ;

2° Général-Major Sekulich (2 bataillons 1/2, bataillons de chasseurs nos 6, 8, 26, 1/2 batterie) origine Avtovac-Ulok ;

---

taro (300 lits) ; Castelnuovo (300 lits) : Spalato (350 lits) ; Zava (300 lits) et Gradiska (164 lits) ; Brod (600 lits). Enfin Essex, Fiume, Karlstadt, Ottocac, Vienne (garnison's Spitæler nos 1 et 2), Gratz et Buda-pest. La société de la Croix-rouge (section autrichienne) avait mobilisé des ambulances à Mostar et Serajevo, la section hongroise avait organisé son service à Brod et à Methovic.

(1) Les hauteurs de Ledenice venaient d'être enlevées.

sur cette ligne doit s'effectuer, le 28, la jonction avec la colonne Haas.

Les deux colonnes réunies opèrent vers Mjehovina, se joignent aux troupes de la 1re division et reprennent, le 25, leur marche rétrograde.

B. — En Bosnie.

L'expérience déjà acquise a appris que l'escalade du plateau était bien plus aisée par Foca que par Dobropolje ; c'est de ce côté que se donnera l'effort principal avec la 2e brigade d'infanterie ;

3° Général-Major Leddihn (2 bataillons du régiment n° 1, 3 bataillons du régiment n° 75 ; batterie n° 6/12, compagnie du génie n° 9/II, au total 1,900 hommes. et 4 pièces).

Cette brigade gravira le plateau de la Zagorje, s'établira sur le secteur Boria, Jelsaka, Kalinovic, Mosorovici, pour en déboucher, suivant les circonstances, dans les vallées de la Neretva ou de la Drina ;

4° Colonel Arlow (brigade de réserve : 2 bataillons du régiment n° 51, 1 bataillon du régiment n° 62, batterie n° 3/XII, 1/2 compagnie du génie, ensemble 1,400 hommes et 4 pièces). Cette colonne se porte de Trnovo sur Kalinovik et opère sur le plateau sa réunion avec le général Leddihn.

Suivons maintenant avec quelques détails la marche de chacun de ces éléments.

Colonne du général Leddihn.

Le général sort de Foca, le 21, à 6 heures du matin, franchissant la Drina sur un pont de circonstance jeté par le génie ; il embouche de suite la direction Budanj-Miljevina sur la rive gauche de la Bistrica.

Cette route, plus longue que la voie Ralaj-Jelec, lui est néanmoins préférable :

1° Parce que le passage à Brod aurait dû être disputé aux Insurgés ;

2° Parce que le chemin de Ralaj est militairement moins avantageux (hauteurs dominantes) et matériellement moins pratique ;

3° Parce qu'il était à éviter, comme trop pénible, de gravir le plateau par l'issue du pont de Jelec.

Le même jour, à Budanj, a lieu un premier engagement ; notons seulement sa très complète préparation par le feu et une attaque frontale combinée avec un mouvement tournant.

Les rapports qui lui parviennent et certains indice. (absence de toute population mâle, nombreux feux dans la montagne) indiquant assez clairement que le pays est en pleine insurrection, le général ne croit pas pouvoir s'engager davantage sans laisser à Budanj un détachement le reliant à Foca.

Nous ne voudrions pas nous faire jeter à la face le reproche adressé à Phormion discutant de l'art de la guerre devant Annibal ; le général Leddihn avait peut-être, pour laisser à Budanj ce détachement d'un bataillon, les plus excellentes raisons ; il n'en est pas moins vrai qu'il commet tait « théoriquement » une méprise : ayant à combattre, suivant toutes probabilités, il ne lui était pas permis de s'appauvrir, alors surtout qu'il se trouvait encore dans le rayon d'action de Foca.

La marche du 22 de Budanj à Poljica est rendue fort pénible par la violence inusitée d'une tourmente de neige ; cette marche débute par une reconnaissance de trois compagnies vers Ralaj.

La journée du 23 conduit la colonne de Poljica à Kalinovic, deux chemins y aboutissent, le meilleur par Vratlo-Karaula, l'autre (simple piste d'été) par Borja; le général se décide pour ce dernier, raisonnant fort justement que si l'adversaire a l'intention de disputer l'accès du plateau, c'est sur le meilleur chemin qu'il attendra le débouché de la colonne.

Mais d'Insurgés nulle trace ; arrivé sur l'assiette du plateau, le général ouvre immédiatement ses communications avec le colonel Arlow, arrivé vers cette même heure à Maljeva-Ravan.

Colonne Arlow.

Le 21, le colonel quitte Trnovo ; la route la plus directe s'ouvre pour lui par le col de Vratlo ; mais il a d'excellentes raisons pour ne pas en faire choix, attendu que ce chemin est épouvantable (1) et qu'il sait devoir s'y heurter à une sérieuse résistance.

Le colonel dessinera une simple démonstration vers le col de Vratlo et se portera avec son gros dans la direction de Dobropolje.

« Ne pas attaquer le taureau par les cornes » ou, comme l'a plus amplement exposé le maréchal de Saxe, « si l'on trouve les passages occupés ainsi que les hauteurs, il faut faire mine de vouloir les forcer pour attirer l'attention de l'ennemi et l'on cherche quelqu'autre part un chemin » (2). (*Mes Rêveries,* De la guerre des montagnes.)

Trois compagnies sont laissées à Trnovo pour maintenir

---

(1) Neige tombée en abondance le 20.

(2) Il suffit de relire l'histoire de la dernière guerre carliste pour se rendre compte de la constante application de ce procédé. Dorregaray, marquis d'Erault, en use à toute occasion ; l'armée régulière en agit de même, et, pour ne citer qu'un seul exemple, rappelons le fameux mouvement du maréchal Concha, en mai 1873, tournant l'armée carliste pour se porter sur Estella. Dans cette marche-manœuvre, l'affaire de Villareal (24 mai) n'est qu'une feinte pour masquer la continuation du mouvement vers Estella.

les communications avec Serajevo et couvrir en même temps le flanc de la colonne ; elles poussent un détachement au col de Rogoj.

Colonne principale (6 compagnies du 51e, 1 compagnie du 62e, artillerie, génie, ambulance). — L'avant-garde a à soutenir à Maljevan-Ravan un engagement qui nécessite le déploiement du gros sur la hauteur de Dobropolji ; appuyée par le détachement agissant sur les flancs des Insurgés, l'avant-garde (capitaine Domide) s'engage résolument à la baïonnette, balaie le terrain et prend pied sur le plateau ; le gros de la colonne bivouaque à Dopropolje, mais a soin de soutenir son avant-garde, un peu trop aventurée, par une bonne réserve d'une compagnie et de deux pièces.

Colonne latérale. — La montée du col de Vratlo est chicanée par une bande d'Insurgés ; la neige tombée en très grande abondance empêche de se déployer.

Le 22, le major Descovich (deux compagnies du 51e, une section du génie) reçoit ordre de recommencer l'attaque et de se replier en cas de nouvel insuccès sur les hauteurs de Celina qu'il aura alors mission d'organiser défensivement ; la garnison de Trnovo pousse en avant un détachement pour se lier avec le commandant et lui assurer la retraite.

Le major Descovich échoue le 22, le passage étant réellement impraticable ; il est obligé de se jeter plus à gauche dans un sentier indiqué par un habitant du pays.

Le général Leddihn, après avoir tiré à lui la colonne Arlow, n'a plus qu'à chercher le contact avec les colonnes issues de l'ouest.

Le 23, une forte reconnaissance de un bataillon et d'une demi-batterie est portée jusqu'à Hotovlje à la rencontre du colonel Haas ; c'est dans la nuit seulement qu'on réussit à se renseigner sur le mouvement de cette brigade avec laquelle les relations sont nouées le 26.

D'autre part, enfin, les Insurgés après l'affaire de Budanj étaient allés inquiéter Foca ; dispersés de nouveau à Brod, le 23, il était présumable qu'ils chercheraient à revenir sur le plateau ; une petite colonne de un bataillon avec une demi-batterie envoyée à leur rencontre dans la direction du sud-est, revient sans avoir rien eu à constater.

Colonne du général Sekulich.

Le général Sekulich avait été retenu à Avtovac (Gacko) par un temps exécrable.

Nous sommes témoins à cette occasion d'un fait intéressant qui témoigne des précautions très complètes du général Jovanovic pour ne pas compromettre la coopération promise.

Quoique toutes communications aient été interrompues, on est sans inquiétudes au sujet du colonel Haas, lui sachant des forces suffisantes pour atteindre Ulok, où, du reste, le général Leddihn peut lui prêter assistance.

Mais les passages qu'il importait de fermer pour assurer une complète réussite ne sont pas obstrués ; de nouvelles et urgentes mesures doivent forcément être adoptées.

Ces dispositions consisteront :

1° A pousser de l'arrière des troupes, pour couper les avenues aboutissant à Gacko et à Nevesinje ; 2° à organiser une colonne auxiliaire (général major Czveits) opérant de Nevesinge sur Ulok.

Colonne auxiliaire du général Czveits (1).

Cette colonne (2 compagnies du 71e et 1/2 batterie) quitte Nevesinje le 26, se portant sur Ulok par la route Pluzine-Svalovske Greblje.

---

(1) Outre la relation officielle de l'État-major, *Armée Blatt* nos 4 et 5 des 11 et 18 avril 1882, la marche de la 4e brigade de montagnes.

Vers 12 heures 1/2 (après une marche d'une heure et demie), le détachement de flanqueurs sur la droite signale la présence d'une centaine d'Insurgés au petit hameau de Sasina Livada ; presque en même temps, arrive la nouvelle d'une très solide occupation de toutes les crêtes sur la direction suivie par la colonne.

Ces hauteurs se profilent sur une étendue de 4,000 pas de la Somina jusqu'au sommet de Gvord.

Le général Czveits met aussitôt son artillerie en batterie à la distance de 2,500 pas; son attaque directe a pour objectif les hauteurs de Panos, négligées par les Insurgés comme d'un abord trop difficile; il menace simultanément le flanc droit de l'ennemi.

Au bout de deux heures d'un feu bien réglé, le général est obligé de se convaincre de l'insuffisance de sa préparation et de l'impossibilité d'aborder de front une aussi formidable position. Le plan d'attaque est aussitôt modifié — démonstration sur le front et action réelle sur la gauche ennemie contre les hauteurs que domine la Somina.

En somme, très simple application de ce principe tactique qui veut que la clef de la position soit l'objectif de l'effort rémunérateur. Dans ce cas particulier, la possession de ce point commande de plus la ligne de retraite de l'ennemi en le coupant de la frontière monténégrienne et le refoulant sur la colonne Haas.

L'artillerie ressaisit vivement son rôle de préparation, si bien qu'un peu après 5 heures 1/2, malgré une violente bourrasque de neige, les Insurgés sont dépostés de toutes leurs positions. C'est en vain qu'ils tentent, favorisés par la tempête, une rude contre-attaque : elle peut tout au plus retarder l'instant d'une déroute complète (1).

(1) L'histoire des guerres nous enseigne que les circonstances atmosphériques sont parfois intervenues comme facteurs fortuits dans le développement du combat. Il est à peine besoin de citer l'exemple, qui fera toujours autorité, de la bataille de la Narwa. La pluie a

Les pertes des troupes impériales se chiffrent à 8 tués et 15 blessés ; celles des Insurgés (environ 1,000 combattants) ont dû être très considérables à en juger simplement par les cadavres abandonnés sur quelques points du champ de bataille.

Après la déroute des Insurgés, les troupes s'établissent sur la position de manière à pouvoir résister à tout retour offensif.

Le général Sekulich avait enfin pu sortir le 25 d'Avtovac avec deux bataillons du 67e, une demi-batterie et un peloton du génie ; il couche le soir à Fojnica et prend. le 26, le chemin par Slivlje, le seul qui ne soit pas absolument impraticable.

Au bruit du combat de la colonne Czveits qui lui arrive très distinctement, il se porte au canon. Sa marche, déjà très difficile, est encore considérablement ralentie par la violence de la tourmente ; ce n'est que tardivement qu'il peut arriver dans les environs de Svatovske-Greblje, alors que le combat est presque attiédi ; il remet ainsi au lendemain sa jonction avec le général Czveits.

Le 27, les deux colonnes réunies occupent Ulok après une courte résistance.

Colonne du colonel Haas (1).

Cette colonne est organisée le 21 à Ham Zimje avec des

---

dû être comptée à la bataille de Dresde. C'est à la faveur d'une furieuse tourmente de sable que les insurgés ont presque pu surprendre le camp du général Carteret-Trécourt, devant l'oasis d'El Amri le 14 avril 1876. — (Dieu nous donne le vent, faisons la poussière). C'est également le vent et les tourbillons de sable qui permettent, le 8 juin 1652, la surprise des gardes de tranchées sous Dunkerque. Le brouillard favorise la surprise contre les grand'gardes danoises à Ragebol, et l'occupation par un bataillon prussien du village de Nybol, 14 mars 1864. Déjà le 19 juillet 1744, le bailli de Givry avait pu profiter de l'épais brouillard pour enlever aux Sardes la redoute de Monte Cavallo.

(1) Outre la relation officielle de l'État-major, *Armée Blatt* nos 7 et 8 des 2 et 9 mai 1882, voir note B.

éléments venus en partie de Mostar, en partie de Nevesinje; les débuts sont également contrariés par le mauvais temps.

Le soir même à la descente sur Glavaticevo, dans la profonde vallée de la Naretwa, les feux qui illuminent les hauteurs de la rive droite, les vagues rumeurs perçues dans le silence de la nuit, ne permettent pas de douter de la présence des Insurgés et de leur intention de disputer le passage.

Le dispositif de combat (22) est pris en grande partie sur les renseignements fournis par une patrouille rampante, conduite jusqu'à 80 pas du pont de Glavaticevo par le lieutenant Arenstorff, du 71e d'infanterie.

Le gros, précédé d'une avant-garde de trois compagnies avec une section d'artillerie, attaque le pont. A gauche, deux compagnies du 3e d'infanterie (major Ballastro) franchissent un gué à 2,000 pas en aval, et dessinent sur la rive droite un crochet offensif.

A droite, une compagnie établie sur le Krstac attend pour s'engager le moment opportun.

Les Insurgés défendent le défilé en avant.

La pointe d'avant-garde, aidée par les manœuvres de la compagnie détachée sur le Krstac, déloge l'ennemi d'une première position.

Celui-ci se ramasse alors sur la croupe qui commande directement l'entrée du pont; le gros, intervenant à ce moment, ne lui donne pas le temps de s'y installer et le rejette au delà du défilé.

Les Insurgés garnissent en arrière une seconde ligne de défense sur les pentes de la Rocicplanina.

La hauteur des eaux et la très vive résistance qui lui est opposée (capitaine Robert Rohrer et trois hommes blessés grièvement) ne permettent pas au major Ballastro de forcer le gué et d'opérer sur le flanc de l'ennemi; sa démonstration n'a d'autre résultat que d'appauvrir d'à peu près 150 hommes la défense immédiate du pont.

Le colonel Haas n'a plus d'autre ressource que de tenter le

passage de vive force. Après une violente canonnade, cinq compagnies et demie sont jetées sur le pont par fractions successives et immédiatement poussées à l'assaut de la ligne ennemie.

Les Insurgés cèdent peu à peu le terrain jusqu'au moment où la tombée de la nuit leur permet de se soustraire à tout danger de poursuite.

Les pertes des Autrichiens ont été excessivement minimes : 1 tué et 4 blessés.

Le lendemain (23) à Blace, nouveau combat contre un millier d'Insurgés solidement établis dans une position inabordable. Le premier choc est longuement (trois heures) soutenu par l'avant-garde (4 compagnies du 71e et 2 pièces) en attendant que le gros, dont le cheminement est pénible, puisse intervenir à son tour.

La décision est amenée par la hardie initiative du capitaine Krousteiner, commandant la compagnie en flanc-garde à droite; les Insurgés qui ont eu la velléité d'attendre le choc ne se débandent qu'à quinze pas des baïonnettes autrichiennes.

La compagnie Krousteiner avait fait prendre dans l'assaut de cette résolution que définit le général Dragomirow ainsi : « Il faut être des sauvages, de vrais sauvages, et celui qui n'est pas fermement résolu à planter sa baïonnette dans les reins de l'adversaire n'ira pas jusqu'au bout. »

La compagnie avait eu 2 tués et 2 blessés.

Les difficultés du terrain sont telles que la brigade ne peut se rassembler que le lendemain 24 ; elle se dirige sur Blejenice. Cette marche nous offre un exemple frappant de l'inconvénient de se séparer de son train sous prétexte de lui permettre de suivre une voie plus commode.

A Blejenice, le colonel Haas reçoit de Mostar et du général Leddihn de très complètes informations qui le décident à marcher le 26 par Hotovlje sur Ulok, dans le sens des directives qui lui ont été tracées.

Conduit par des guides généreusement payés, la colonne, après avoir surmonté d'effrayantes difficultés (ravin de Dindol, profondeur 800 à 1,000 pieds), débouche le 27 au soir sur le pont d'Ulok.

Elle n'y trouve que quelques masures encore fumantes, dernières traces du combat de la journée ; le 28 au matin, elle effectue sa jonction avec le général Czveits.

Quant à la 1re brigade de montagnes, sa marche avait été escortée à gauche de Mjehovin a à Stranji (au-dessus d'Ulok) par un fort détachement (7 compagnies, 1 batterie) aux ordres du colonel Arlow.

L'occupation d'Ulok clôt définitivement l'opération concentrique que nous venons d'examiner ; les colonnes Haas, Czveits et Sckulich, réunies le 28, reprennent le même jour leur marche rétrogade.

Quoique les mauvais temps et les difficultés considérables de la topographie locale aient rendu impossible la pénétration à jour fixe au centre du polygone, il n'en est pas moins incontestable que la manœuvre a produit un rendement positif.

Ce résultat est dû principalement, nous l'avons fait sentir, aux décisions prises si à propos par le général Jovanovic en ce qui concerne les colonnes fournies par les garnisons de l'Herzégovine.

Etablissement dans la Zagorje et occupation d'Ulok.

La conquête était faite, il ne s'agissait plus que de la rendre permanente.

La direction Serajevo-Trnovo-Dobropolje-Kalinovi devient ligne d'étapes. Des magasins administratifs et une ambulance sont établis à Trnovo ; la brigade Arlow est fixée à Kalinovik pour y occuper un camp permanent.

La 2e brigade d'infanterie s'organise en colonne mobile pour achever le déblaiement de la région.

C'est vers Konjica que se porte tout d'abord la plus pressante inquiétude ; en effet, les bandes échappées au colonel Haas se sont établies au nord à Dzepe, et au sud-est à Dubocani; elles y commettent toute espèce d'exactions.

Une reconnaissance. poussée au delà de Hotovlje pour reconnaitre l'état des chemins, informe de leur impraticabilité pour toute colonne d'un gros effectif; pressé, néanmoins, par les ordres de Serajevo, le général Leddihn arrête les dispositions ci-après :

Le colonel Zambauer reçoit ordre de rassembler ses bataillons le 2 mars à Bjelemice. On lui adjoint une demi-batterie, un peloton du génie, une section d'ambulance ; il doit se porter sur Dubocani, voisiner Honjica, faire le crochet sur Dzepe-Vrdolje, puis rentrer à Serajevo par Tarcin.

Un poloton, posté à Argut, assurera ses communications avec Kalinovi.

A peine parti de Bjelenice, le colonel Zambauer reçoit ordre de rétrograder sur Hotovlje, où il doit être rendu le 6, la 2e brigade venant de recevoir une autre affectation.

Cependant, comme la colonne est tout proche de Dubocani, son commandant y hasarde, le 4, deux compagnies : celles-ci trouvent la position évacuée, résultat amené le jour même par la compagnie du capitaine Loy (régiment n° 1), envoyée de Konjica.

Pourtant, il était indispensable de ne pas laisser inexécutée la partie de l'opération visant Dzepe, au nord de Konjica.

Le F.-M.-L. Dahlen arrête alors une nouvelle combinaison en exécution de laquelle le général-major David réunit à Tarcin quatre compagnies du 51e, deux compagnies du 66e, la batterie n° 1/II, un détachement de la 1re compagnie du génie et une section d'ambulance.

Le 9 mars, la colonne David se porte en trois fractions sur Dzepe; un quatrième détachement (capitaine Loy, une compagnie et demie), opère de Konjica pour couper les Insurgés de la direction Cukovic-Lukomir.

Dzepe est vide, les Insurgés ont pu se retirer vers Rakitnica, le général David les y suit.

Nous signalerons cette ma: :he du 11 sur Umoljani, comme effectuée dans les conditions les plus pénibles : onze heures de marche dans une neige parfois profonde de 1 à 2 mètres, avec de fréquents temps d'arrêt pour déblayer le chemin au convoi.

De l'ennemi, trace nulle part; la colonne rentrait, le 12, à Serajevo.

Une conséquence forcée de l'établissement dans la Zagorje devait être l'occupation d'Ulok.

Le 26e bataillon de chasseurs de la 5e brigade de montagne (Herzégovine) est désigné pour ce poste; il doit y être porté par un mouvement général de quatre colonnes :

1° Général Sckulich, marche d'Artovac sur Ulok, par la vallée de la Neretva, avec deux bataillons et une demi-batterie;

2° Général Czveits, manœuvre avec un bataillon du 71e et une demi-batterie ;

3° Colonel Schubemburg, dispose de quatre compagnies et d'une demi-batterie de Mostar; il est de plus favorisé par la coopération sur Glavaticevo d'une partie de la garnison de Konjica;

4° Colonel Arlow, agit avec un bataillon, une batterie, de Kalinovic sur Stranji.

La jonction de ces colonnes doit avoir lieu le 20 mars.

L'opération s'exécute facilement et sans encombre. Nous avons seulement à dégager un petit incident qu'il n'est pas inutile de méditer (marche de nuit et guides).

A la Kula-Bahtjevina, le colonel Schulemburg avait détaché sur sa droite le lieutenant-colonel Arthold, avec deux compagnies.

Ce détachement, en flanc-garde mobile, marche par Zaborani, Dramasem, Selani, Zivanj et Bak, dans le but de faciliter à la colonne principale le passage difficile de la Backosolje.

Retardé par la fouille des localités, le groupe du colonel Arthold arrive seulement le 19 au soir à Selani; une marche de nuit lui est imposée pour atteindre, en temps opportun, la Backopolje. A mi-chemin de Zivanj, vers les 10 heures et demie du soir, alors que le détachement descendait en trois files indiennes la pente très rapide de la Cervanj-Slanina, les Insurgés le surprennent par une avalanche de pierres et quelques coups de fusil; quatre hommes sont sérieusement blessés.

Le coup fait, l'ennemi disparait aussitôt; le guide profite du trouble de cette attaque dans le ténèbres pour se dérober. Le colonel est forcé d'assurer lui-même la conduite de sa troupe, qui n'arrive à Bak que le lendemain à 2 heures et demie de l'après-midi, après des fatigues excessives, des difficultés que plus d'une fois on avait cru insurmontables (1).

---

(1) Ce n'est donc pas sans raison que le service en campagne traite avec assez de détails, en son article 217, des précautions à prendre avec les guides; il est fâcheux seulement que le règlement confonde dans un même article « guides et espions », imitant en cela l'erreur du maréchal de Saxe (*Mes Rêveries*).

Ces deux services bien distincts ont à la guerre une importance considérable. Le recrutement des agents ou espions, les relations à entretenir avec eux, l'utilisation de leurs informations constituent une spécialité du service d'état-major. L'emploi et souvent aussi le choix des guides appartiennent aux officiers de troupe. Ces officiers ne sauraient donc trop s'appliquer à compléter par leurs propres méditations les données incomplètes et peu précises du règlement.

A toutes les époques et dans tous les pays, le défaut de sévères

C. — Opérations sur la frontière monténégrienne, dans le groupe Foca-Goradza-Cajnica (février-mars).

Les Insurgés n'avaient voulu voir dans le départ pour la Zagorje de la colonne Leddihn, qu'une réduction forcée de la garnison de Foca, leur laissant toute facilité de molester la place et d'inquiéter la région.

Une action énergique était nécessaire pour dissiper ces

---

précautions dans la conduite à tenir à l'égard des guides a donné lieu à de fâcheuses déconvenues. Aucune mesure de prudence et de prévoyance n'est à négliger, car il ne s'agit pas seulement de la disparition des guides — inconvénient le plus fréquent, — mais encore d'infimes détails que l'expérience nous enseigne. Que faire, par exemple, avec des guides devenus subitement impropres à leur service ? Qu'on relise à ce sujet dans les *Mémoires* du duc de Rovigo (tome I, p. 152) l'aventure qui aurait pu devenir fatale à Bonaparte, se rendant du Caire à Suez, alors que l s chasseurs de l'escorte s'imaginèrent de faire boire de l'eau-de-vie aux guides, qui ne tardèrent pas à tomber dans une complète ivresse.

Dans les pays sur lesquels on ne possède que d'incomplètes données topographiques, l'emploi des guides s'impose sans conteste, mais, même dans des régions dotées des meilleures cartes, il est toujours prudent de consulter les gens du pays.

Napoléon en avait la constante habitude : le matin de la bataille de Craonne, il avait interrogé M. Bussy, maire de Beaurieux ; le premier jour de la bataille de Laon, l'avant-garde de la colonne de gauche, sur la route de Soissons, se trouve arrêtée par Tschernischeff au défilé d'Etouvelles. Napoléon consulte des paysans qui indiquent le chemin sur la droite, qu'il fait prendre au chef d'escadrons Gourgaud, avec deux bataillons de la vieille garde et trois escadrons. (1814, Henry Houssaye. p. 196.)

Ne pas oublier non plus que les guides pris parmi les gens du pays ne sont habituellement « bons » que dans un rayon passablement restreint ; il importe donc d'en changer fréquemment. Pour éviter, s'il convient, les indiscrétions fâcheuses, retenir momentanément tous les guides. Telle fut la pratique normale des Allemands, spécialement de leurs troupes d'exploration en 1870-71.

Il y a deux moyens de se fournir de guides.

Le premier moyen consiste à se les procurer à prix d'argent. Ce procédé n'est recommandable que lorsque, le but à atteindre ayant une importance considérable, il est indispensable de rétribuer un acte de trahison. Dans ce cas, comme l'a dit l'amiral Jurien de la Gravière, « ouvrez vos coffres et ménagez le sang de vos soldats ». Ainsi fut traité ce natif de l'île de Pâques, ancien oiseleur du roi Pomare, qui,

illusions et dégager tout premièrement les abords de la place. Ainsi fut amené le combat de Brod.

Combat de Brod (23 février).

Une bande forte de 4 à 500 individus était passée, à Brod, sur la rive droite de la Drina et garnissait la Crni-Vrh ; la compagnie Kriesch, du 77e, occupait les avant-postes dans ce secteur.

Cette compagnie immédiatement soutenue jette les Insurgés sur Brod ; ils y sont reçus par une autre compagnie, qui les refoule sur la rive gauche.

L'ennemi, dans ce passage, a amené à lui le bac que deux soldats se dévouent pour aller quérir à la nage sous le feu échangé d'une rive à l'autre.

Le lieutenant-colonel Frendl fait alors passer un peloton sur la rive gauche, ce qui force l'adversaire à précipiter sa retraite.

---

le 15 décembre 1846, conduisit le commandant Bruat au réduit de Fatabua; ainsi encore, ce berger, lycien d'origine, qui guida les Macédoniens aux Piles persiques, et auquel Alexandre fit compter la somme énorme pour l'époque, de 165,000 francs.

Dans la généralité des cas, employer le second moyen, *la contrainte*, en se garantissant, s'il est nécessaire, par la retenue d'otages. En pays ennemi, aucune hésitation ne peut vous retenir.

Sur votre propre territoire, vous n'avez guère plus de ménagements à observer. Est-il nécessaire, en effet, de rappeler le triste épisode du combat de Celles (Raon-l'Etape), le 22 septembre 1870. Les francs-tireurs de Colmar avaient accepté à Raon les offres de service d'un garde forestier qui disparut aux premiers coups de feu; arrêté le soir, il fut convaincu d'avoir vendu ses services aux Allemands (30 francs) pour les renseigner sur les mouvements des francs-tireurs et leur tracer le chemin sous bois au moyen d'entailles faites aux arbres. Ce traître fut passé par les armes.

Si vous avez ainsi, dans tous les cas, à vous précautionner avec sévérité contre de fâcheuses éventualités, vous n'en devez pas moins, ces inexorables mesures de rigueur prises, toujours traiter vos guides et otages avec bienveillance et générosité; ce n'est pas seulement une question d'humanité, mais surtout une affaire d'intérêt.

Les pertes des Autrichiens furent un officier tué et deux hommes blessés.

Autour de Foca même, la situation reste à peu près stationnaire en mars et avril; les bandes insurgées ne consentent à céder que devant la menace d'une colonne bien décidée à les pourchasser jusque dans leurs derniers repaires. Le commandement supérieur a bien compris qu'il n'en pouvait être autrement, aussi avons-nous encore à relater les opérations de quatre colonnes avant de pouvoir considérer comme définitivement close, en Bosnie, la période d'activité militaire.

Ces colonnes sont :

1° La colonne du major Strastil, du 5 au 13 mars, suivant l'itinéraire Serajevo, Goradza, Foca;

2° L'opération combinée dans la haute vallée de la Neretva, du 9 au 16 mars;

3° La colonne du général-major Obadich sur Celebic, du 28 mars au 4 avril;

4° Opération combinée sur la rive gauche de la Drina et dans la vallée de la Sutjeska, du 8 au 10 avril.

a) Les agissements des insurgés dans les environs de Goradza ne sont pas sans provoquer quelque trouble.

A la première manifestation de ces inquiétudes, le F.-M.-L. Dahlen détache de Serajevo le 3e bataillon du 62e d'infanterie (commandant Strastil) et le porte par Trnovo-Bogovic sur Orahovica, pour déboucher par la vallée latérale de l'Osanica dans celle de la Drina, entre Gorazda et Foca.

Cette petite colonne est encore fâcheusement en route lorsque, le 8, 200 insurgés attaquent le poste de gendarmerie de Smaki; les 20 soldats d'infanterie et les 2 gendarmes qui l'occupent font une résistance désespérée et finalement se frayent la voie sur Cajnica, laissant aux mains des Insurgés 3 tués et 3 blessés.

Ce facile succès acquis, les Insurgés se débandent pour se réfugier dans les gorges de la Platina. Mais leur activité ne se ralentit pas; le 16, coup de main sur le Han Miljewo; le 19, attaque d'un convoi au col de Kazava; Cajnica est directement menacée, ce qui met le général Obadich dans l'obligation d'en renforcer la garnison (un bataillon entier du 77e); il en était temps, car la place devait être attaquée le 27 au matin.

Vers la même époque, le commandement supérieur de Serajevo adjoignait comme renfort à la 8e brigade de montagne le 62e d'infanterie et une batterie, ce qui devait permettre au général Obadich de donner plus d'activité et de fréquence à ses agissements extérieurs.

b) Après l'établissement dans la Zagorje et l'occupation d'Ulok, les bandes refoulées par les troupes impériales s'étaient groupées dans la Cemerno Planina, aux sources de la Neretva.

Cette position, adossée à la frontière du Monténégro, offrait aux Insurgés les plus avantageuses facilités pour se ravitailler en hommes, armes et munitions.

Les bandes que l'on avait pu croire fondues, dispersées, reprenaient de la consistance; les renseignements recueillis s'accordaient pour leur attribuer une force d'un millier d'hommes bien armés, abondamment pourvus de munitions; Pero Tungus, Salko Forta, Omer Facic, Stojan Kovacevic et Vaso Bund les commandaient; bien plus, ressaisis d'une nouvelle ardeur, une grosse partie de ces Insurgés était, disait-on, sortie de son refuge pour tenter une opération offensive contre Ulok.

Il était de majeure importance de s'attaquer à ce foyer.

Le F.-M.-L. Jovanovic et le F.-M.-L. Dahlen s'entendent pour une action commune : cinq colonnes doivent agir concentriquement :

1° Colonne du colonel Arlow (4 bataillons 1/2, compagnie du génie, batterie n° 3/XII), de Kalinovic sur Borac (départ le 9 mars); le chemin direct par Catavabara n'est pas praticable à cette colonne qui compte au total 2,100 hommes, 4 pièces et 250 mulets, elle est ainsi obligée de prendre le détour par Stranjine;

2° Colonne du général-major Czveits; 1 bataillon et 1/2 batterie fournis par la 4e brigade de montagne; de Nevesinje par Fojnica sur Presetovac, flanquant à droite la colonne ci-dessus; départ le 9;

3° Colonne du général-major Sckulich; 2 bataillons et 1/2 batterie fournis par la 5e brigade de montagne; d'Artovac par la Cermeno Planina sur Luskra et Surovi; départ le 8;

4° Détachement de la brigade du général Leddihn; major Friedrich, 2e bataillon du régiment n° 1; de Ielaska à Mahac Karaula au nord de la Lelja Planina; départ le 11;

5° Colonne du général-major Obadich, dans la vallée de la Sutjeska à Tientista, d'où elle agira suivant les circonstances; départ le 10.

L'opération combinée réussit à souhait; l'ennemi ne fut nulle part rencontré, bien que des indices probants témoignassent qu'il avait fait de cette région le centre de sa localisation; les Insurgés avaient pu s'écouler à la première nouvelle de l'approche des colonnes autrichiennes.

Cette manœuvre se caractérise comme toutes les précédentes et, nous le répétons, par un soin incessant de couvrir les communications avec l'arrière et d'établir la liaison latérale.

Ainsi le colonel Arlow arrivé à Stranjiney laisse une forte arrière-garde; il sait que l'on a certaines inquiétudes pour Ulok et n'ignore pas que les pentes de la Backopolje peuvent fort bien cacher des Insurgés. Son arrière-garde, après le changement de direction de la colonne, agira donc comme flanc-garde fixe, en poussant au loin ses reconnaissances; des groupes mobiles couvrent son flanc droit et se relient le 10, à Slocnik, aux détachements poussés par la colonne Czveits.

De même, dans la colonne du général Sckulich ; nous y relevons de plus un exemple de l'emploi de reconnaissances d'officiers, portées le 8 de Vratlo, où s'arrête l'avant-garde, à Luka et Kokorina ; les compagnies échelonnées en arrière sont rappelées à mesure que la colonne progresse et remplacées par des troupes sorties d'Avtovac.

c) Au sud-est de Foca se projette une région difficile, entourée de trois côtés par le Monténégro et le Sandschak de Novi-Bazar ; cette région, qui avait dû être négligée jusqu'à ce jour, semblait servir de dernier refuge aux bandes insurgées pourchassées de toute part.

Les renseignements pourtant n'étaient pas très précis ; on avait sommaire connaissance de deux groupes principaux.

L'un de ces groupes, venu de la Zagorje avec Ibrahim Beg Kutalija Cengic, comptait 200 hommes environ (musulmans) et s'était établi entre Foca et Cajnica, près de Krstac, Vranjeca et sur la Platina.

L'autre bande de 400 hommes (musulmans et chrétiens) était morcelée entre la Drina et la Celotina vers Sas et Dragocava.

Le général-major Obadich, chargé avec la 8e brigade de montagnes de l'exécution de cette manœuvre se fixe comme objectif Celebic qu'il se dispose à atteindre en quatre colonnes. Les deux colonnes des ailes auront une avance d'un jour sur la colonne principale, de manière à pouvoir, avant que l'action de cette colonne se fasse sentir, intercepter les passages de la frontière.

La marche de ces deux détachements est parfaitement réglée de manière que leurs têtes se maintiennent à hauteur déterminée ; elles se relieront par déploiement sur la ligne de la Tara.

La quatrième colonne se mettra en mouvement en même temps que les deux colonnes latérales; sa mission consiste à fermer toutes les issues vers le nord.

1° Colonne de l'aile gauche : major Reymann, 3e bataillon du 77e ; de Cajnica par Ivsar-Karaula, Vranjeca et Vikoé sur Celebic; départ 28 mars.

2° Colonne de l'aile droite : colonel Langer avec cinq compagnies du 62e et deux pièces d'artillerie ; de Foca, par Masovce et Bastaci au confluent de la Piva et de la Tara; départ le 28.

3° Major Cordier, avec deux compagnies du 62e, part de Goradza le 28 et s'établit à Brusna de manière à surveiller et obstruer les passages de la Cehotina.

4° Colonne principale : 14e bataillon de chasseurs, deux compagnies du 3e bataillon du 62e, une batterie ; part de Foca le 29, se portant par Zavait et Palizi sur Celebic.

La garnison de Foca, cinq compagnies du 77e et une compagnie du génie, assure le ravitaillement des quatre colonnes. Diverses dispositions complémentaires sont encore adoptées pour parfaire l'investissement de la zone attaquée :

a) Le colonel Arlow détache le major Descovich avec trois compagnies et deux pièces à Ielec, pour fermer la haute vallée de la Bistrica.

b) Le major Haager s'établit avec deux compagnies à Mrerica, dans la vallée de la Bistrica.

c) Les majors Fries et Vuicic sont postés chacun avec deux compagnies du 25e et une demi-batterie aux stations frontières de Vitine et Podgora.

d) Le lieutenant-colonel Medwey, de la 5e brigade de montagne (Herzégovine), se porte avec trois compagnies à Tientiska.

e) Enfin des notifications sont faites aux autorités turques du Sandjak de Novi-Bazar afin d'éviter tout malentendu.

On conviendra que cette opération est des plus habilement conçue et qu'il était difficile de mieux approprier la combinaison militaire à la configuration géographique et topographique du secteur exploité.

L'avant-garde de la colonne principale soutient le 29, à Zavait, un léger engagement : attaque directe de la tête d'avant-garde et manœuvre latérale prononcée par le détachement du major Strastil en flanc-garde à droite.

La marche de cette colonne pendant la même journée du 29 nous montre une combinaison ingénieuse des flancs-gardes fixes et des groupes latéraux.

Deux compagnies de la garnison de Foca sont portées en dehors de la place et maintenues jusqu'après écoulement de la colonne, l'une à droite sur le Crni-Vrh pour couvrir le détachement Strastil dans la traversée d'une coupure difficile et dangereuse, l'autre à gauche dans la vallée de la Celotina, au delà de Primet.

Le 30, dans la marche sur Celebic, nouvel engagement, cette fois mené de front par le commandant Strastil, pendant que la tête d'avant-garde appuie à droite pour saisir l'adversaire en flanc.

Poussant au delà de Celebic, le général Obadich détache deux compagnies sur Velenic pour ouvrir ses communications avec la colonne de droite ; il les fait de plus appuyer par une compagnie du 77e que lui fournit la colonne Reymann (gauche).

Des coups de fusil entendus dans la direction de Velenic donnent au général quelques inquiétudes ; il va aux informations et apprend que les deux compagnies de chasseurs et la compagnie du 77e sont engagées depuis midi et demi et que les munitions commencent à faire défaut; de plus, que, malgré tous les efforts tentés, il n'a pas été possible encore de se relier à la colonne Lauger.

Le major Przedak, immédiatement envoyé avec les deux compagnies restantes de chasseurs et une section d'artillerie, n'arrive à Lokvice qu'à 6 h. 1/4 alors que le combat a cessé. Les troupes y prennent le bivouac et y reçoivent à 8 heures du soir une compagnie du 62e d'infanterie envoyée par le colonel Lauger à la recherche de la colonne principale.

Ce combat du 30, dans lequel les Insurgés, au nombre de 200 fusils, témoignent d'une certaine opiniâtreté (Autrichiens : 1 tué et 6 blessés) indique bien que l'ennemi se tient en force entre le Visberg et la Tara.

Le général se décide ainsi pour le 31 à un mouvement général sur Velenic afin de réduire les Insurgés à merci ou les contraindre à se réfugier au delà de la frontière.

Mais les Insurgés ne tiennent tête que par une forte arrière-garde, pour éloigner l'attaque du lit profondément encaissé de la Tara et se donner le temps de franchir le ravin; comme les patrouilles de combat éventent bien vite les intentions réelles de l'ennemi, le général rétrécit son étreinte et peut encore surprendre une partie des Insurgés en plein passage de rivière; ce passage leur devient fatal sous le feu de l'artillerie et les salves d'une infanterie postée sur la crête même de l'escarpement.

La marche des colonnes des ailes ne donne lieu à aucun fait méritant d'être signalé.

Notons la pratique louable du colonel Lauger consistant à faire occuper dès la veille, par son avant-garde ou ses flanc-gardes de droite, les débouchés qui peuvent lui donner des inquiétudes.

Exemples : Le 28, du bivouac de Mosovce occupation du passage de la Drina à Bastaci.

Le 29, du bivouac de Hum occupation du passage de la Tara à Spicanica.

Détaillons enfin un heureux coup de main, brillamment exécuté le 2 avril par un parti de la colonne Lauger.

La vallée de la Sutjeska était encore infestée par la bande de Salko-Forta ; opérer ouvertement dans cette gorge étroite eût été « faire de l'eau claire » suivant l'expression de Frédéric.

Le colonel Lauger pensa alors à ce que M. le général Philibert appellerait « une giffle » à Salko-Forta.

Deux compagnies sous la conduite du capitaine Lazzarini agissent avec ostentation vers Kosman pendant que le lieutenant Roschitz, avec 150 volontaires, file, dans la nuit du 1er au 2 ,sur Igorci où il surprend complètement un poste de 30 hommes (8 tués) ; il se tourne de là sur Humic et Travnik, tombe sur les groupes encore épars des Insurgés et se démène si énergiquement qu'il peut encore leur infliger une perte de 20 tués. Ce succès ne coûte au détachement du 62e qu'un seul blessé.

Nous avons déjà fait remarquer combien avait été parfaite la préparation du mouvement du général Obadich ; l'exécution ne fut pas moins excellente, quoiqu'on puisse regretter que les colonnes des ailes appuyées à la frontière n'aient pas réussi à opérer leur jonction avant l'arrivée à Celebic de la colonne principale ; il nous semble que la marche de cette colonne a été un peu trop précipitée et qu'elle eût pu, avec avantage, se retarder à Zavait.

d) Nous avons dit aussi que, pour compléter l'investissement de la région fouillée par le général Obadich, les commandements en Bosnie et en Herzégovine avaient mis en mouvement des petites colonnes auxiliaires commandées par les majors Descovich, Haager et le lieutenant-colonel Medwey.

Le major Descovich avait su signaler de Ielec le 2 avril la présence d'une bande de 5 à 600 insurgés vers Ljubini, dans la vallée de la Bjevala.

Le major Haager s'était heurté dès le 31 mars, à Osanica, à un groupe de 400 hommes qui, aux premiers coups de fusil, s'était dispersé sans pouvoir être repisté.

Le colonel Medivez, de son côté, avait eu plus sérieuse affaire le 29 mars près de Tientista; avec Tungus qui, au lieu de se dégager, s'était arrêté à Bjelin (au S.-O. de Foca) pour y insurger le district.

Mais ces petites opérations sont insuffisantes pour chasser les Insurgés de la rive gauche de la Drina; leur expulsion motivera une nouvelle action combinée dont la direction est confiée au général-major Obadich (8 avril).

1° Le major Descovich se porte de Jelec sur le Jecmeno-brod;

2° Le major Haager marche de Foca, par Cencevo, sur Ljubini;

3° Le major Cordier (2 compagnies du 62ᵉ et 2 pièces) manœuvre de Foca par Brod, Terbusa, le Bjelina-Brod sur Gradic;

4° Le colonel Lauger (colonne principale, 5 compagnies du 62ᵉ et 2 pièces) se dirige de Foca par Nesajc et Bjelini sur Isgori dans la vallée de la Sutjeska. Cette colonne est flanquée, à droite par la colonne Cordier, à gauche par deux compagnies établies à Hosmau (aile extérieure).

5° Le colonel Haller est poussé avec le 8ᵉ bataillon de chasseurs de Tientista, par l'Ostravaglava sur Radutovina.

Le 9, toutes les têtes des colonnes prennent le contact; comme on devait s'y attendre, les Insurgés avaient pu se jeter dans le Monténégro. Tout au plus le colonel Haller put-il échanger quelques coups de fusil avec les derniers attardés.

Nous sommes arrivés, avec la mi-avril, au terme de la periode d'activité militaire. L'œuvre d'apaisement est achevée; la province a été assez complètement débarrassée des grosses bandes qui y soutenaient l'effervescence; reste maintenant à garantir la situation acquise.

Cette garantie est à rechercher dans l'adoption d'une double mesure :

1° Etablissement d'un cordon extérieur, ligne isolante, interdisant la pénétration en Bosnie et Herzégovie aux bandes qui pourraient se reformer en Monténégro et dans le Sandschak de Novi-Bazar;

2° Occupation permanente de poir ts tactiques assez rapprochés les uns des autres pour ne laisser aucune lacune dans la surveillance; les garnisons de ces postes doivent pouvoi incessamment et fructueusement patrouiller.

Nous ne retiendrons du détail de cette organisation que les instructions données pour régler, au début, le service de surveillance mobile.

A jours fixes, la garnison porte au dehors, jusqu'à la limite d'une journée de marche, la moitié de son effectif. Les compagnies marchent déployées sur un front étendu par sections groupées, et, s'il est nécessaire, bivouaquent dans cette même formation, les réserves en arrière des vides de la première ligne; sur les flancs, groupes de soutiens; règle générale, ne jamais compromettre au loin de faibles patrouilles.

CHAPITRE IV

LES ÉVÉNEMENTS EN KRIVOSIJE

A. Situation générale dans la Dalmatie méridionale : combats du 9 février qui amènent l'occupation des positions de Ledenice, Greben, Ubalac, Veljeselo.

B. Opération combinée du 7 au 10 mars; occupation de la ligne Grhovac : Veli-Vrh-Napoda-Crkvice; engagements sur la Parua, l'Orien de Stekanica; expédition en Krivosije, du 2 au 5 avril; engagement du 3 avril à Poljkovac, Dvrsnik, Nacja-Planina, Sazua et Pitomna-Rupa; expédition sur la frontière du Monténégro (18 au 20 avril).

C. Le soulèvement dans le dictrict de Zupa (Pobori).

A. — Situation générale dans la Dalmatie méridionale.

En novembre 1881, alors que les premières agitations insurrectionnelles se font sentir dans la Dalmatie méridionale, la brigade d'occupation du colonel Hostinck (Raguse) ne compte qu'un effectif fort réduit et excessivement disséminé :

Une compagnie du régiment n° 4 à Budua, Castel-Lastua, Sutomore, Nula et Risano ;

Quatre compagnies du même régiment à Cattaro, avec deux compagnies du bataillon d'artillerie de forteresse n° 4 ;

Trois compagnies du même régiment à Castelnovo, avec deux compagnies du bataillon de forteresse n° 4 ;

Un bataillon du régiment n° 22, deux compagnies du 24e bataillon de chasseurs et une compagnie d'artillerie de forteresse à Raguse.

Lorsque, dans les derniers jours de l'année, les bandes venues d'Herzégovine, sous la conduite du Stojan Kovacevic, eurent soulevé toutes les populations montagnardes; lorsque ce soulèvement se fut manifesté par des actes hostiles (destruction du fort Dragalj, du blockhaus de Crkvice, etc.), le commandement supérieur se vit dans l'obligation de prendre de sérieuses mesures pour combattre une insurrection qui ne pouvait plus être réduite que par la contrainte.

Le colonel Hostinek reçut d'abord quelques insignifiants renforts, puis le F.-M.-L. baron Jovanovic fut envoyé à Castelnovo pour prendre le commandement des troupes dans la Dalmatie méridionale et en Herzégovine.

Le premier soin du F.-M.-L. Jovanovic consiste à étendre un cordon défensif par Mokrine-Bameno, Zhibi et Morinje; il couvre aussi la Suttorina et se ménage la faculté de ressaisir l'offensive lorsque l'organisation de la division aura été suffisamment complétée.

Les bandes insurgées s'estiment environ à 1,200 hommes, répartis : un groupe de 350 à 400 hommes sur le Vratlo, aux ordres de Tripko Vukalovik et de Niko Odalovic; 300 à 400 hommes à Ubli; autant dans des positions bien aménagées au nord de Risano et de Perasto; l'organisateur principal du soulèvement est Peter Samarcic.

Les opérations actives débutent en Krivosije, le 9 février, par l'enlèvement et l'occupation des plateaux au nord de Ledenice et de Risano.

Il fallait s'attendre, de la part des Insurgés, à une sérieuse résistance; le mieux était de chercher à les surprendre, eux les vigilants, ou tout au moins à les tromper sur le véritable point d'attaque; c'est à quoi réussit avec bonheur le général major von Winterhalder, commandant la XLVIIe division.

Le mercredi 8 février, le G. M. von Winterhalder fait partir de Castelnovo un bataillon du 43e et une batterie d'artillerie de montagne; cette petite colonne a pour objectif avoué Podi et Slegonic, petites localités assises sur les escarpements au nord de Castelnovo.

Les Insurgés, très exactement renseignés par leurs émissaires mêlés à la population paisible du littoral, les Insurgés, disons-nous, craignent par cette manœuvre pour leur repaire d'Ubli et prennent dans la nuit les dispositions voulues pour s'opposer à la tentative.

Mais les troupes autrichiennes n'en veulent pas, pour l'instant tout au moins, à Ubli; les compagnies postées à Podi et Slegowic n'exécutent qu'une simple manœuvre de démonstration; pendant la nuit, le général modifie toutes ses dispositions.

Son aile gauche se forme à Risano : 3e bataillon de chasseurs de Salzbourg (major Kalivoda), demi-batterie no 1/VI, état-major, convoi administratif, ambulance; ces derniers échelons sont transportés pendant la nuit de Castelnovo à Risano; débarquement, 6 heures 40.

Au centre, le bataillon du 43e d'infanterie (lieutenant-colonel Rziha) se déplace pendant la nuit de Perzagno à Perasto. (Embarquement difficile par suite de l'obscurité et de l'état du golfe; dure deux heures.)

A droite, le bataillon du 14e d'infanterie (major Ehlers) quitte Cattaro le 9, à 3 h. 1/2 du matin, et marche par Ljuta sur Orahovac.

Ces trois colonnes ont pour objectif commun Bas-Ledenice.

Le 3e bataillon de chasseurs commence à 6 heures du matin son escalade.

Une compagnie postée à l'extrême gauche se dirige sur Greben; les trois autres compagnies ont à leur disposition le chemin relativement praticable de la Serpentine, mais elles se gardent bien de le suivre, ne doutant pas qu'il ne soit surveillé : de fait, les Insurgés eussent pu écraser la colonne sous une avalanche de rochers. Les chasseurs gravissent les pentes se portant droit sur Bas-Ledenice. A 7 h. 1/2 (encore dans la demi obscurité du jour naissant), les premiers coups de feu se font entendre; les chasseurs gravissent vivement et se trouvent dès lors engagés dans un opiniâtre combat contre la grosse masse des Insurgés. Les « Salzburger » vont en besogne aussi vite que le permettent les difficultés du terrain : vers 9 heures, ils bordent la crête du plateau; peu de temps après (9 h. 30), la colonne de droite débouche également sur le plateau; les Insurgés sont alors refoulés et abandonnent le blockhaus à l'ouest de Ledenice.

Ce blockhaus commande la Serpentine; les renforts et les ravitaillements peuvent maintenant affluer sur le plateau.

La colonne du centre, après la traversée d'Ubaloc, arrive un peu après 10 heures au sommet du plateau, appuie vers Ledenice pour y soutenir les chasseurs et pousse une compagnie sur les pentes méridionales du Goli-Vrh.

La colonne de droite escalade le contrefort en deux groupes par Stepen et Klavici; nous savons déjà que leur apparition sur le plateau avait eu pour conséquence de décider les Insurgés à la retraite, partie sur Ledenice, partie sur la frontière toujours si hospitalière du Monténégro.

L'escadre, embossée dans les baies, avait grandement contribué au succès des troupes de terre, notamment en favorisant l'escalade des chasseurs.

La direction des opérations appartenait au seul général Winterhalder; c'est lui qui, au moyen du télégraphe optique, fit donner au cuirassé *Archiduc Albrecht,* en rade de Risano, l'ordre de commencer le feu. L'*Archiduc Albrecht* fit feu de ses pièces de 9^{cm} sous un angle de 26°, employant le tir indirect progressivement réglé par communications optiques. L'effet des obus fut tel que les Insurgés vidèrent Bas-Ledenice avec une si grande précipitation qu'ils y abandonnèrent une caisse contenant 9,000 florins.

L'adversaire, tenant toujours le blockhaus, se retire sur

une seconde position, maitrisant la serpentine qui débouche à Knezlac; le général dut alors faire cesser le feu du navire pour ne pas gêner la marche de son infanterie.

Le mouvement de l'aile droite (bataillon du 14e) avait été soutenu par les pièces de 15cm du *Nautilus* et du *Sansego*, mouillés devant Orahovac.

Les derniers coups de fusil étaient tirés; les troupes s'établissent de suite sur les positions conquises, Greben, Bas-Ledenice, Veljeselo, en se reliant avec Orahovac.

Le jour même, à 3 h. 1/2, les Insurgés, montrant de grosses masses, essaient un retour offensif et alarment les avancées; la prompte intervention des soutiens, quelques coups bien pointés de la demi-batterie en position près de l'ouvrage de Ledenice les forcent promptement à disparaître.

Le succès de cette journée avait été acheté par les troupes impériales au prix de : tués, 2 officiers et 2 hommes; blessés, 10 (1).

Les avant-postes, pour se mettre à couvert de toute surprise, doivent se retrancher au moyen de barricades formées de blocs de rocher, la terre faisant absolument défaut sur ces plateaux dénudés.

Bien en prit aux avant-postes, qui, dès le 14, sont de nouveau aux prises.

L'ouvrage de Ledenice, si maladroitement abandonné par le baron Rodic et bouleversé par les Insurgés, est réparé et aménagé sous la direction du major Rosetti, chef du génie à Cattaro.

Les pluies et le mauvais temps des tristes journées de février rendent les opérations bien difficiles; les rares éclaircies sont soigneusement mises à profit pour travailler

(1) Officiers tués : lieutenant Winternitz et capitaine von Bohn, mort des suites de ses blessures.

à l'aménagement des chemins (1) et à l'amélioration de la condition matérielle du soldat, mis sous abris partout où la chose est faisable.

D'autres travaux encore occupent les loisirs des troupes. Le F.-M.-L. Jovanovic, soucieux avant tout de ménager sa troupe, ne veut rien laisser à l'aventure, il n'est pas de ceux qui de gaité de cœur agissent brutalement; son premier soin est de s'asseoir solidement sur le terrain conquis pour progresser d'une base fortement établie : ainsi, outre le fort de Ledenice subissant restauration (2), de nouveaux blockhaus sont élevés à Glogovac, Veljesolo et Orohovac.

A cette date, les troupes impériales garnissent les points : Orohovac, Perasto, Stepen, Risano, Bas-Ledenice, Greben, Morinje, Drasevica; la forte position d'Ubli est encore au pouvoir des Insurgés; à l'est, leur gros se localise à Poda.

B. — Opération combinée du 7 au 10 mars.

Ces dernières journées de février se passèrent en courtes alertes, brèves escarmouches, sans grandes entreprises de part et d'autre. On ne perdait pourtant pas son temps au quartier général autrichien : le F.-M.-L. Jovanovic y combinait une manœuvre d'ensemble devant aboutir à l'occupation complète de Krivosije.

Ces opérations sont fort remarquables, tant au point de vue de la conception qu'à celui de l'exécution; on peut assurer que rarement des troupes ont vaincu avec plus d'énergie, plus d'entrain les formidables difficultés de toute nature entravant leur marche.

Disons de suite que l'action fut fournie, d'une part, dans la Krivosije par les troupes de la XLVIIe division que nous

(1) Aménagement du chemin Risano-Ledenice; ouverture d'un nouveau chemin, Perasto-Glogovac.

(2) Garnison fixée à 70 hommes et 4 pièces; tranchées-annexes pour 40 hommes et 2 pièces.

avons déjà vues à l'œuvre et, d'autre part, par des détachements de la XLIVe division, en Herzégovine, sous les ordres du général major Kober.

Le mouvement s'effectue le 9 mars.

Il importait, avant d'entreprendre une offensive générale, de réduire Ubli, d'où les Insurgés pouvaient saisir en flanc toutes les sorties aventurées de Risano et de Ledenice.

Le 6 mars, enlèvement de Poljice.

Le 8 mars, attaque et prise d'Ubli par une manœuvre double à laquelle participent un bataillon du 43e et un bataillon du 14e; simultanément, un troisième bataillon agissait démonstrativement de Ledenice sur Knezlac.

Dans la soirée, de hautes lueurs flamboyant sur les sommets du mont Orien, du Vela-Greda, drapé de neige, et du Veli-Vrh annoncent que les points essentiels sont déjà occupés par les troupes, exactes au rendez-vous; par suite, rien ne doit plus entraver l'opération projetée.

Le 9 donc, à 5 heures du matin, conformément aux dispositions arrêtées, marche générale en avant.

Gauche. — 1re *Colonne* (lieutenant-colonel von Letteur) : un bataillon du 43e, un détachement de signaleurs; direction Kameno-Crkvice (ouest), Samadzic (ouest), Marja-Stopa.

2e *Colonne* (major Sommer) : 24e bataillon de chasseurs, détachement de signaleurs; San Nicolo, Bliznica, Crkvice (est), Samardzic (est), Icen Kovo.

Centre. — 3e *Colonne* (major von Kürsinger) : trois compagnies du 1er bataillon de chasseurs tyroliens, une section du génie; Bakvei, Vukosovic, Unirina, Velji Ramnik, Dragalj.

4e *Colonne* (major von Ursprung) : trois compagnies du régiment n° 43; Morinje, Veli Vrh, Bogdan.

5e *Colonne* (réserve). — Avec l'état-major de la division et la batterie de réserve — major Hugo von Bolzano — trois compagnies du 10e bataillon de chasseurs tyroliens partent de Risano (Rodovic) et s'inclinent ensuite à l'ouest sur Crkvice.

Droite. — 6e *Colonne* (colonel von Walterburg) : trois compagnies du 3e bataillon de chasse rs, trois compagnies du régiment n° 35, batterie n° I/,VI section du génie : de Ledenice sur Grkovice.

7e *Colonne* (colonel Scharinger) : six compagnies du régiment n° 14; Ubalac, Goli Vrh, Percina Gova, avec un détachement en flanc-garde à droite sur le Freslica.

La marche est lente, méthodique, mais continue, à gauche cependant avec un peu plus de précipitation; les localités de Zvecava, d'Unicina, de Crkvice sont occupées peu après la sortie d'Ubli; les hauteurs de Celina et de Vela Greda, quelque peu chicanées par les Insurgés, sont promptement enlevées.

Au centre, à 10 heures, occupation de Haut-Ledenice dans un mouvement soutenu par les colonnes de gauche, dont la marche vigoureuse menace les derrières de l'adversaire. Haut-Ledenice enlevé, le bataillon du 43e gravit le mont Veli (1,284 mètres), position d'une importance considérable en ce qu'elle fournit d'excellentes vues sur le défilé de Han conduisant au plateau de Dragalj.

Les Insurgés avaient partout cédé le terrain, évacuant presque sans résistance le col et les ouvrages de Poda.

Le soir venu, les troupes de la XLVIIe division s'établissent sur la ligne Grkovac-Veli-Vrh-Napoda-Crkvice; l'occupation de ce dernier point est tout particulièrement importante.

Près de Crkvice et de Vratlo se trouvent, ce soir même, quelques postes avancés de la XVIVe division; le gros est encore au bivouac sur la Vela Greda.

Voyons maintenant comment ces troupes sont parvenues à opérer leur jonction avec le général Winterhalder.

Le général-major Kober manœuvre sur trois colonnes.

1re colonne du sud ou de droite. — Lieutenant-colonel von Monari : quatre compagnies des régiments n°s 16 et 22, une section du génie ; direction Krusevic, Subra (sud 1,680 mètres) en coupant au nord de Vratlo la ligne de marche de la colonne von Lettever (liaison le 8 à 8 heures du matin).

2e Colonne du centre. — Colonel von Kranilovic : un bataillon du régiment n° 16, un bataillon du régiment n° 22, batterie n° 2/XI, 1/2 compagnie du génie n° 20 20/II, section d'ambulance ; direction Grob-Urbange-Orienskalokva-Veli Kabao-Crkvice ; cette colonne arrive par une marche de nuit le 9 à 6 heures du matin sur l'Orienskalokva, où elle établit la soudure avec la colonne de gauche.

3e Colonne du nord ou de gauche. — Major von Rukavina : 3e bataillon du régiment n° 16, une section de la compagnie du génie n° 21/II ; direction Grab, entre l'Orien (1,894) et la Vuce-Zub (1,790) Stekamica, d'où son avant-garde patrouille sur Semardriz et Crkvice.

La dernière de ces colonnes se heurte dès le matin (le 9), sur les pentes du mont Pazua, à une forte bande d'Insurgés ; cette affaire, d'une extrême opiniâtreté, coûte la vie au major von Rukavina.

Les Insurgés, au nombre de 700 à 800 hommes, sous la conduite de Trifko-Vukalovic, embusqués dans les ravins, attendent le convoi, qui déjà a perdu sa distance ; le bataillon, attaqué en queue, s'arrête pour dégager son arrière-garde ; à 10 heures du matin, le major von Rukavina expédie une patrouille au général Kober marchant avec la colonne du centre, pour lui rendre compte de la situation et du ralentissement que subit sa marche ; peu d'instants après, il tombait frappé au cœur. Deux bandits s'étaient glissés de rochers en rochers jusqu'à proximité du commandant ; au même moment, comme à l'attente de ce signal, attaque générale d'une masse considérable d'Insurgés au nombre de

3 à 400 ; le bataillon du 16ᵉ fournit des feux de salve et doit même se dégager à la baïonnette (1).

Il est difficile de s'imaginer combien grands ont été la fatigue et l'énervement des troupes pendant cette pénible journée de marche : sentiers presque impraticables, escalade de rochers, dégringolade de pentes, toujours dans une neige haute de plusieurs pieds; puis, le soir, par surcroît, bivouac sur place sans tentes, sans couvertures, sans ustensiles, sans autres vivres que ceux du sac, le convoi étant resté bien en arrière.

Le 10, les opérations s'achèvent par la continuation du mouvement en avant ; comme la veille, peu ou point de résistance. A 10 heures du matin, les têtes des colonnes bordent de toutes parts le plateau de Dragalj ; il ne reste alors pour compléter l'œuvre qu'à raser l'ouvrage de Dragalj, dont les Insurgés avaient su se faire un solide point d'appui.

Un détachement, sous les ordres du capitaine Siglizt, chef d'état-major de la division, est chargé de cette mission : une compagnie postée au nord de Dragalj avec 1/2 batterie couvre les travailleurs et en impose aisément aux démonstrations des Insurgés.

Le 10 au soir, les troupes de la 47ᵉ division s'établissent sur la ligne Pecina-Gora-Han-Zagvozdak; celles de la 44ᵉ division se groupent autour de Crkvice.

Les Insurgés s'étaient retirés dans la Macia Planina, sur la frontière monténégrienne ; suivant leur habitude, ils n'avaient pas consenti à se laisser approcher, leur tactique avait été fuyante.

La relation officielle relate sobrement, sous la dénomination d'affaire de « Vrh Sanik et Pezcima-Gora », le faible en-

(1) La dépouille mortelle du major von Rukavina fut ensevelie par les siens sous la neige et les rochers. Les insurgés violent cette tombe et mutilent le cadavre, néanmoins retrouvé et porté à Raguse, où d'honorables funérailles lui furent faites le 14.

gagement soutenu le 10 par le colonel Walter-Burg (6e colonne) aux abords du défilé de Lupoglav.

Sur le moment même, la presse militaire et le journalisme politique ont été, plus que de raison sans doute, émotionnés par un incident de cette journée.

On a dit qu'un bataillon du 14e d'infanterie, pénétrant dans le défilé de Lupoglav, avait failli être victime de l'explosion des mines qui y étaient disposées, mais que le coup de feu avait été donné, par bonheur, trop prématurément. Il y a eu forte exagération.

La colonne (14e, 35e et une batterie) venait à peine de s'engager dans le défilé, lorsque le télégraphe optique signala à Crkvice que la route était coupée et obstruée ; ces coupures avaient été pratiquées avec une telle habileté, une si parfaite entente pratique, qu'il fallut sept heures de travail au génie pour en achever la réparation.

Les Herzégoviniens et Crivosciens étaient assurément incapables d'un si beau travail.

Le correspondant du *Pester-Lloyd* se fit alors l'écho d'une rumeur très accréditée en signalant dans les rangs des Insurgés la présence d'ingénieurs et de pionniers russes.

Depuis, la rédaction du *Pester-Lloyd* est revenue, de bonne grâce ou de contrainte, sur sa première déclaration. Il n'est pas moins avéré qu'il se trouvait parmi les Insurgés un ramassis de tous les dénationalisés (1), coureurs d'aventures, bandits et héros ou apôtres trop ardents d'un cosmopolitisme intéressé.

Le 11 mars, les colonnes combinées commencent leur mouvement rétrograde, laissant à la garde des positions acquises : à Han-Jankov, un bataillon du 43e ; à Crkvice, un

(1) Les soldats autrichiens ont entendu plus d'une fois du côté de l'insurrection des appelations en langue allemande, russe et italienne ; ils ont vu des gens portant des vêtements qui ne ressemblaient en rien au costume national des Insurgés ; un de ces personnages se faisait appeler colonel.

autre bataillon du même régiment; le 24e bataillon de chasseurs et la batterie n° 1/VI à Grkovac; le 10e bataillon de chasseurs du Tyrol sur le Goli Vrh à Ubalac; à Stepen, un bataillon du 14e.

Ce repliement n'est pas sans enhardir les Insurgés à quelques hostilités.

Sur le Jankov-Vrh, une compagnie du 24e bataillon de chasseurs (capitaine Karner) est rudement attaquée par une bande de 300 fusils; les salves bien portées des chasseurs n'arrêtent les Insurgés qu'à 30 pas de la position, puis, la menace de l'assaut disparue, feu rapide. D'autre part, le 10e bataillon de chasseurs tyroliens, se portant de Veli-Zagvozdak par Han et le défilé de Lupoglav sur le Grkovac, a à soutenir un engagement qui lui coûte 6 blessés et 11 mulets estropiés.

Le F.-M.-L. Jovanovic fait établir des ouvrages progressivement améliorés sur le Jankov Vrh, au défilé de Ham, sur le Grkovac, à Crkvice et à Ubli; ces points assurent l'occupation permanente de la Crivosije; de bonnes pistes sont tracées pour relier ses stations entre elles et faciliter les communications avec l'arrière.

Les Insurgés, insuffisamment frappés et encore trop voisins, tiennent les troupes en haleine par de continuelles escarmouches; le mois de mars se traine à travers une situation aussi fâcheuse pour l'état militaire que préjudiciable au rétablissement de l'ordre.

Le F.-M.-L. Jovanovic, pour en finir, ordonne d'abord une battue générale dans la partie septentrionale de la Krivosije, ensuite une opération sur la frontière du Monténégro.

1° Trois colonnes sont organisées pour opérer du 3 au 5 avril à l'ouest, puis à l'est du plateau de Dragalj.

a) Colonel von Reimann, qui a remplacé dans le commandement de la 94ᵉ brigade le colonel Hostinek, malade : un bataillon du 43ᵉ, le 24ᵉ bataillon de chasseurs, deux compagnies du bataillon de chasseurs n° 3, 1/2 batterie n° 1/VII, section de la compagnie du génie n° 18/II.

b) Major von Latterer : un bataillon du régiment n° 43 et 1/2 batterie n° 1/X.

c) Une compagnie du régiment n° 14, une 1/2 compagnie du 1ᵉʳ bataillon de chasseurs tyroliens, une section du génie.

Réserve. — 2 compagnies du bataillon de chasseurs tyroliens n° 10 et 1/2 batterie n° 1/X sur le plateau de Dragalj.

Le 3 avril, les colonnes *a* et *b* agissent au nord-ouest, la première de Poljkovac sur Macja Stopa, la seconde de Bunew sur Macja Planina, pendant que la colonne *c* gravit le Pazua pour y construire un ouvrage.

Ces trois colonnes manœuvrent sur un terrain tellement difficile que les pièces doivent être servies à bras ; les Insurgés opposent quelque résistance.

Le 4, le colonel balaie avec une fraction de sa colonne (24ᵉ bataillon de chasseurs, 2 compagnies du 3ᵉ bataillon de chasseurs) toute la région de la Biela-Gora et pousse les Insurgés au delà de la frontière.

Le 5, le colonel, prenant le commandement supérieur des colonnes *a b* et de la réserve, actionne face à l'est contre les positions tenues par les Insurgés sur la bordure orientale du plateau à Bara, et sur les crêtes de Bjebos.

2° Trois colonnes opèrent du 18 au 20 avril pour refouler les Insurgés sur le Monténégro.

a) Au nord (gauche), major von Ursprung : 1 bataillon du 43ᵉ, 2 compagnies du 10ᵉ bataillon de chasseurs tyroliens, 1/2 batterie n° 1/VI ; de Grkovac sur Mali-Pistet.

b) Lieutenant-colonel Rziha : 24ᵉ bataillon de chasseurs et une compagnie du 43ᵉ de Goli-Vrh sur Dugido.

c) Au sud (droite), major von Axster : 2 compagnies du 14ᵉ couvrent le flanc de la colonne *b* par l'occupation de Poda et de Klavic.

L'ennemi, rencontré sur tous les points, chicane assez vivement avant de se décider au passage de la frontière.

Les pièces en position à Steppen et le canon du *Nautilus* favorisent la marche de la colonne du colonel Rziha.

Le mode des opérations suivies en Krivosije a consisté à restreindre successivement le champ d'excursion praticable aux Insurgés; comme résultat final, dispersion des bandes ou rejet hors de la zone accessible.

Ce procédé est l'application raisonnée du conseil donné par l'archiduc Charles pour la conduite de la guerre en pays insurgé :

« Fortifier sa base d'opérations et ses lignes d'étapes ; ne pas se risquer en avant à de nouvelles conquêtes avant d'avoir solidement assis la possession des points qui vous sont nécessaires. »

En Krivosije pas plus qu'en Bosnie, le dernier coup de fusil n'a été tiré, mais le gros de l'œuvre est achevé ; les troupes impériales solidement établies n'auront plus qu'à assurer par leur attitude et une vigilante précaution les résultats obtenus au prix de si laborieux efforts (1).

C. — Le soulèvement dans le district de Zupa (Pobori).

C. — Au début du mouvement insurrectionnel en Krivosije, le territoire au sud de Cattaro *la Zupa* ne semblait pas devoir susciter de réelles inquiétudes ; la répugnance à appli-

---

(1) Il y aurait encore à citer les opérations du lieutenant-colonel von Monari (44e division) dans la région de l'Orien et du Vuci-Zub, 8-12 mai : les opérations du 20 au 31 mai dans la Biela-Gora, et vers la frontière du Monténégro (Mali-Pistet). L'intérêt n'en est que secondaire.

quer la loi militaire se traduisit simplement par un chiffre assez considérable de réfractaires.

Les communes de Bas et Haut-Pobori, ces dernières surtout, semblaient plus sujettes à suspicion; des relations très suivies avec le Monténégro y avaient fait germer un enfièvrement qui ne pouvait tarder à se trahir.

Le 1er mai, Bogdanov Gyakonovic donne le signal de l'insurrection en manifestant devant le poste de gendarmerie, puis gagne la montagne avec une soixantaine de partisans.

Ce fut presque d'attente que le commandement supérieur à Castelnovo reçut avis de cet éclat.

Le F.-M.-L. Jovanovic fait immédiatenent transporter de Castelnovo à Cattaro deux compagnies du 3e battaillon de chasseurs (major Kalivoda).

La petite colonne, à laquelle s'est adjointe une section de la batterie n° 1/VI, s'appuie le 2, à sa sortie de Cattaro, à la frontière monténégrienne et marche par Trita et le col de Holuren sur le mont Golis.

A 9 h. 1/2 du soir, l'avant-garde, cheminant difficilement à travers un terrain boisé et obstrué de rochers, est subitement surprise par le feu des Insurgés.

L'énergique conduite du capitaine von Pott dissipe bien vite le malaise de cette situation; l'avant-garde repousse les Insurgés, la colonne achève son escalade et bivouaque sur les croupes boisées du mont Golis.

Le major Kalivoda se trouve le 3 au matin dans une bien pénible condition. Sa troupe est exténuée par la marche de la veille et le combat de la nuit; elle est dépourvue de vivres et même privée d'eau. Les Insurgés, à la vue des chasseurs s'organisant défensivement sur leur position, se sont enhardis et ont recommencé l'attaque; celle-ci est heureusement conduite avec mollesse, seulement soutenue par un feu sans grand effet; le combat se traine ainsi toute la journée.

Heureusement encore, les deux compagnies reçoivent

dès 8 heures du matin un premier renfort : le détachement de gendarmerie de Budua, secondé par 18 habitants du Bas-Pobori ; enfin, le soir, arrivent : de Cattaro, une compagnie du 43e escortant la demi-batterie et le convoi ; de Budua, une compagnie du 36e bataillon de chasseurs.

Le 4 mai, reprise d'une vigoureuse offensive. Les Insurgés sont contraints, dans la nuit, de franchir la frontière du Monténégro où ils sont désarmés et internés (179 hommes).

Les deux compagnies du 3e bataillon avaient eu en blessés : 1 officier et 6 chasseurs.

Le district resta occupé par une fraction du 36e bataillon de chasseurs.

CHAPITRE V

LES ÉVÉNEMENTS EN HERZÉGOVINE

En dehors des opérations détaillées sur les lignes de Mostar-Nevesinje à Konjica et de la participation déjà dite des troupes des 18e et 44e divisions aux actions en Bosnie et Krivosije, les événements en Herzégovine se réduisent à fort peu de chose ; ils se localisent autour des foyers Korito, Gacko, Trebinje, Stolac, Bilek.

L'établissement des lignes d'étapes Trebinje-Bilek-Korito-Gacko, Stolac-Ljubinje-Trebinje, Stolac-Bilek, la protection du district de Zubci avec les voies qui en débouchent en Krivosije, le ravitaillement des postes occupés, le patrouillement, etc., donnent occasion à d'incessants combats dont aucun ne mérite d'être signalé.

Une seule exception pourtant est à faire : c'est ainsi que nous noterons le combat de Kobila-Glava, au nord de Korito, soutenu le 17 février par le lieutenant Kovacevic du 67e escortant un convoi sur Avtovac ; des compagnies sorties d'Avtovac et de Korito durent y prendre part.

Plus tard, au mois d'avril, alors que le retour des premiers beaux jours autorise avec plus de vigueur la reprise des opérations, l'attention se porte dans le district de Zubci, à l'effet plus spécial de soutenir les dernières manœuvres en Krivosije ; elles aboutissent à l'établissement du cordon protecteur se soudant, au nord vers Foca, au sud sur l'Orien, à ceux également tendus en Bosnie et Dalmatie.

Post-Face.

L'amnistie partielle proclamée le 22 avril 1882 est lente à pénétrer et à faire sentir ses effets conciliants.

La présence des troupes est encore nécessaire pour assurer la complète exécution de la loi militaire, pour garantir la pacification du pays et faciliter à la grande masse des émigrés le retour dans ses foyers.

C'est le 1er juin seulement que la situation s'équilibre par la réduction des troupes d'occupation et la dislocation du commandement confié au F-M-L. Jovanovic (1).

TABLEAU A.

Commandement de Serajevo.
(1er novembre 1881.)

F.-M.-L. Dahlen von Orlaburg.

Chef d'état-major : colonel Schwitzer von Bayershein.

Ire Division, F.-M.-L. von Nemethy.
(Serajevo.)

1re brigade d'infanterie, à Plevlje ; 2e brigade d'infanterie, à Serajevo.

Troupes non embrigadées. — Total : 16 bataillons d'infanterie ; 3 compagnies du génie ; 4 batteries de montagnes ; 1 escadron et demi ; 4 escadrons du train.

XIIIe Division, F.-M.-L. von Krzisch.
(Banjaluka.)

25e brigade à Travnik ; 26e brigade à Banjaluka.

---

(1) Dans les premiers jours de juin, une bande venue de Serbie, sous les ordres d'un certain capitaine Stevo, se qualifiant officier russe, se signale dans les environs de Célibie, attaque le 12 juin un poste du 14e bataillon de chasseurs à Velenic (sur la Tara) et quelques jours après un détachement du 77e à Gzdjevie (Tara). Cette incursion est toute anormale. Les Turcs réclament l'assistance des troupes autrichiennes (Plevlje et Celebie) pour le prompt rétablissement de l'ordre.

Troupes non embrigadées. — Total : 14 bataillons d'infanterie ; 1 escadron et demi ; 1 escadron du train.

XVIIIe Division, F.-M.-L. von Schauer.

(Mostar.)

1re brigade de montagnes, à Mostar ; 2e brigade de montagnes, à Trebinge ; 3e brigade de montagnes, à Stolac.

Troupes non embrigadées. —Total : 13 bataillons ; 4 compagnies du génie ; 4 batteries de montagnes ; 1 peloton de cavalerie ; 3 escadrons du train.

39e brigade d'infanterie, à Dolnja-Turla.

6 bataillons ; 3 pelotons de cavalerie.

Réserve d'artillerie :

5 compagnies d'artillerie de forteresse ; 4 batteries d'artillerie de montagne.

Soit, au total : 49 bataillons ; 7 compagnies du génie ; 5 compagnies d'artillerie de forteresse ; 18 batteries (dont 8 de montagne) ; 8 escadrons du train ; 4 escadrons de cavalerie, soit 16,830 hommes, 570 cavaliers et 48 pièces.

Commandement en Dalmatie.

(1er novembre 1881.)

F.-M.-L. von Jovanovic (Zara).

Chef d'état-major : colonel von Blazeckovic.

Brigade d'occupation dans la Dalmatie méridionale (Raguse).

Troupes non embrigadées. — Total : 8 bataillons ; 5 compagnies d'artillerie de forteresse. 2,271 hommes.

TABLEAU A'.

Commandement de Serajevo.

(12 mars 1882.)

F.-M.-L. DAHLEN VON ORLABURG.

Chef d'état major : colonel Schwitzer von Bayenheim.

Ire Division, F.-M.-L. von Nemethy.

(Serajevo.)

1re brigade d'infanterie, à Plevlje ; 2e brigade d'infanterie, à Serajevo ; 7e brigade de montagnes, à Vingrad ; 8e brigade de montagnes, à Foca.

Troupes non embrigadées. — Total : 23 bataillons ; 5 compagnies du génie ; 5 batteries et demie de montagne ; 1 batterie de fusées ; 1 escadron et 3 pelotons ; 1 demi-escadron du train ; 3 escadrons du train de montagne.

XIIIe Division, F.-M.-L. von Joelson.

(Banjaluka.)

25e brigade d'infanterie, à Travnik ; 26e brigade d'infanterie, à Banjaluka.

Troupes non embrigadées. — Total : 14 bataillons ; 3 batteries de montagnes ; 2 batteries de fusées ; 1 escadron et 1 peloton ; 1 escadron du train.

39e brigade d'infanterie, à Dolnja-Tulza ; 9e brigade de montagne, à Vlasenica.

12 bataillons ; 3 batteries de montagne ; 3 pelotons.

Réserve : 4 compagnies d'artillerie de forteresse.

Soit, au total : 49 bataillons ; 5 compagnies du génie ; 4 compagnies d'artillerie de forteresse ; 11 demi-batteries de montagne ; 3 batteries de fusées ; 3 escadrons et 3 pelotons de cavalerie ; 6 demi-escadrons du train.

Commandement en Dalmatie et Herzégovine.

(1er mars 1882.)

F.-M.-L. VON JOVANOVIC.

Chef d'état major : colonel von Streeruwitz.

XVIIIe division, F.-M.-L. von Schauer.

(Mostar.)

1re brigade de montagne à Mostar; 3e brigade de montagne à Stolac; 4e brigade de montagne à Nevesinje; 5e brigade de montagne à Avtovac.

13 bataillons d'infanterie; 2 compagnies du génie; 1 peloton, 3 batteries de montagne de 7; demi-escadron du train; 1 escadron du train de montagnes.

XLIVe division, G.-M. Guidown Kober.

(Trebinje.)

2e brigade de montagnes à Trebinje; 6e brigade de montagne à Bilek; 10 bataillons; 2 compagnies du génie; 1 batterie de montagne; 1 escadron du train de montagne.

XLVIIe division, G.-M. von Winterhalder.

(Castelnovo.)

93e brigade d'infanterie à Zava; 94e brigade d'infanterie à Risano; 17 bataillons; 1 compagnie du génie; 4 batteries de montagne.

Réserve : 7 compagnies d'artillerie de forteresse.

Soit, au total : 40 bataillons; 5 compagnies du génie; 7 compagnies d'artillerie de forteresse; 8 batteries de montagne; 1 peloton de cavalerie ; 2 escadrons et demi du train. 24,786 hommes, 38 cavaliers, 32 pièces.

TABLEAU B.

Pertes.

Les pertes éprouvées par les troupes impériales se détaillent comme suit :

Tués 71 ; blessés 255; disparus 8; morts de maladies 476.

Au total : 547 morts ; 6 disparus ; 102 blessés rayés comme morts ou réformés.

Soit 655 hommes sur un effectif de 62,603 hommes.

Ces pertes sont décomptées pour la période du mois de novembre 1881 au 1er juin 1882, et se répartissent en quatre-vingt-trois affaires dont plusieurs livrées le même jour (60 journées).

En	novembre	1881,	2	engagements.
—	janvier	1882,	14	—
—	février	—	30	—
—	mars	—	16	—
—	avril	—	12	—
—	mai	—	9	—
		Total...	83	—

Les engagements qui s'inscrivent avec le plus de pertes sont les suivants :

26 février, dans la Morinje-Planina, au sud d'Ulok : 8 tués et 16 blessés. Total 24.

9 février. — Ledenice, Ubalac, Greben, Veljeselo : 3 tués, 20 blessés. Total 23.

11 mars. — Zagvordak : 2 tués, 12 blessés. Total 14.

9 février. — Grkovac-Veli-Vrh-Napoda-Crkvice : 2 tués, 8 blessés. Total 10.

4 février. — Sujesno (ouest de Foca) : 2 tués, 7 blessés. Total 9.

6 janvier. — Korito : 2 tués, 6 blessés, 1 disparu. Total 9, etc.

Les pertes les plus sensibles ont été éprouvées par les régiments d'infanterie n°s 14, 71, 75, 77, les bataillons de chasseurs n°s 3 et 24.

Les 476 morts de maladies se répartissent ainsi : 9 officiers, 47 sous-officiers, 418 caporaux et soldats, 2 employés (janvier 19, février 79, mars 129, avril 152).

Fièvre typhoïde, 190 cas (janvier 4, février 19, mars 39, avril 78). Les corps les gravement atteints sont les régiments n°s 1, 62, 75 et 6e bataillon de chasseurs, soit ceux pour lesquels la campagne a été le plus pénible, par suite de l'inclémence du temps, de l'excès des fatigues et des difficultés du ravitaillement.

Sur le chiffre de 476 morts de maladie, 449 incombent à la zone même d'opérations, 27 cas sont survenus pendant les évacuations.

Des 255 blessés, 102 hommes sont morts des suites de leurs blessures ou ont été réformés.

Des 8 disparus, deux ont rejoint le drapeau.

III

LA GUERRE SERBO-BULGARE

PREMIÈRE PARTIE

La situation politique et la préparation militaire.

LA SITUATION POLITIQUE.

CHAPITRE Ier.

La Bulgarie. — La Roumélie. — Le coup d'état de Philippopoli.

Le 21 décembre 1876, la conférence des plénipotentiaires réunie à Constantinople proposait la constitution d'une Bulgarie qui devait comprendre à peu près — formée en deux vilayets — la vraie Bulgarie historique et ethnographique. Cet Etat devait bénéficier de privilèges spéciaux et d'une autonomie relative.

Les Turcs rejetèrent et ce premier projet et celui quelque peu modifié du 15 janvier 1877.

La guerre suivit.

Le traité de San-Stefano, que la Russie espérait pouvoir imposer à la Turquie, créait une Bulgarie riveraine de la mer Egée, séparant Constantinople et la Thrace des autres provinces ottomanes (art. 6 à 12).

Mais la Russie, épuisée par la grandeur de son effort, n'était même plus en état d'imposer sa volonté; elle dut subir l'intervention des puissances et les conditions dictées au congrès de Berlin.

Cette conférence, sous la pression de lord Beaconsfield, a conçu la plus étrange des bizarreries : elle a fait trois Bulgaries (art. 1 à 12, 13 à 22, 52 à 55) :

1° Une principauté autonome et tributaire sous la suzeraineté du Sultan, pourvue d'un gouvernement chrétien et d'une milice nationale.

Cette principauté, comprise entre la Serbie, le Danube, la Dobruja et la mer Noire, accrue du pachalick de Sofia, fut dite *Bulgarie;*

2° Une province privilégiée, placée sous la dépendance politique et militaire du Sultan, mais administrée par un gouverneur général chrétien. Cette province, sise au sud des Balkans, était dénommée la *Roumélie orientale*.

Au suzerain était réservé le droit de pourvoir à la défense des frontières de terre et de mer, d'organiser défensivement ces frontières et d'y entretenir des troupes (art. 15 et 17).

La Turquie, en effet, après avoir perdu la barrière du Danube, ne pouvait, sans péril, faire complet abandon de celle des Balkans;

3° Une province de *Bulgarie* entièrement soumise à l'administration ottomane.

Cette monstrueuse combinaison politique est, nous le répétons, l'œuvre de la diplomatie anglaise.

Les événements que nous allons avoir à examiner, ceux incessamment reproduits dans une même confusion politique, prouvent l'inanité, le danger de l'organisation si égoïstement escomptée.

Le déchirement du *groupe bulgare* en deux masses subissant un régime politique différent ne pouvait que favoriser l'agglomération ethnographique et précipiter une effervescence fatale au fonctionnement régulier de l'Etat, troublant sans cesse l'équilibre politique dans la péninsule des Balkans.

Nous nous sommes servi intentionnellement de l'expression *groupe bulgare* pour éviter le mot plus précis de *nationalité*, trop facilement employé, trop généreusement octroyé.

Une première question se pose, en effet :

La nationalité bulgare existe-t-elle?

L'agglomération qui fait usage de la même langue accentue trois types bien distincts :

1° Le *Tatar*, que M. Obédénare a si complètement raconté (*Revue d'Anthropologie*, 1877) ; batailleur et criard, il s'adonne aux métiers qui réclament plus d'énergie que de laborieuse persévérance : pâtre dans la plaine, mais jamais laboureur ; dans les villes, portefaix, roulier, marchand de vin. Partout et toujours soudard ;

2° Le *Finnois* (*dobré-tcholovek*), c'est-à-dire « tête allongée » le paisible et laborieux cultivateur. C'est lui — comme l'a si bien dit l'auteur anonyme de l'article « Les Bulgares » dans la *Revue du monde latin*, mars 1885 — c'est lui qui a inventé le dogme résigné et décevant du bogomilisme : « Dieu est dur et inflexible ; il faut courber la tête et laisser tout aller selon sa grâce » ;

3° Le *Thrace*, dont le caractère anthropologique rappelle celui du vieux Gaulois avec quelques affinités grecques ; race vive, gaie, ouverte, implantée sur les fertiles plateaux des Balkans.

Ainsi donc, au point de vue ethnologique, pas de principe stable ; toutefois, ce défaut semble compensé par d'autres caractères :

Identité de l'idiome et culte passionné de la langue maternelle ;

Union dans la lutte contre le clergé grec, pour assurer l'affermissement de l'église nationale.

Cette puissante cohésion, nécessitée par la communauté des intérêts moraux et matériels, la facilité et le besoin des relations, assemble déjà les facteurs premiers indispensables à l'homogénéité nationale, et permet de soutenir la lutte contre les éléments dissolvants qui agissent tant à l'intérieur qu'à l'extérieur.

A l'intérieur : les Bulgares musulmans de race tartare ;

les juifs polonais, actifs agents de germanisation ; le panslavisme.

A l'extérieur : les Serbes, les Grecs et les Roumains.

Au résumé, puissante cohésion du groupe bulgare, avec tendances fortement affirmées vers une évolution de nationalisme ; par contre, son aptitude à la civilisation, est aujourd'hui encore, notablement inférieure à celle des Roumains et des Grecs, qui semblent appelés à grandir à ses dépens.

On en conclura que la constitution autonome du groupe bulgare a sa raison d'être, comme indispensable à l'équilibration de la politique dans la péninsule balkanique ; il est, par suite, équitable et nécessaire que l'Europe complète un jour l'œuvre qu'elle a si malhabilement ébauchée, en assurant à la Principauté-Unie l'appui dont elle a besoin pour faire progresser son développement intérieur et affirmer son aptitude à résister aux atteintes qui la menacent du dehors.

Cherchons maintenant à nous rendre compte de l'évolution politique et militaire dont la Bulgarie et la Roumélie orientale ont pu bénéficier durant l'accalmie, très relative, qui a suivi la conférence de Berlin.

C'est au prince Dondukow-Korsakow, dont M. Spiridion Gopcevic fait un si juste éloge dans son beau livre : ***Bulgarien und Ost-Roumelien,*** c'est à l'administrateur délégué par le tzar qu'est échue la tâche d'élaborer l'acte constitutionnel à soumettre à la ratification d'une assemblée nationale (avril 1879).

Le prince Dondukow-Korsakow ayant décliné toute candidature personnelle et ayant recommandé, comme plus particulièrement agréable au Tzar protecteur, celle du prince Alexandre de Battemberg, l'assemblée, après avoir égaré quelques voix sur le nom du prince de Reuss, acclama, dans un second vote unanime, le prince Alexandre Ier.

Cette élection fut — on s'en souvient — accueillie par les puissances avec une certaine faveur. L'empereur de Russie avait nommé son neveu lieutenant général; l'empereur François-Joseph en fit un colonel, et M. de Bismarck, dans une quinte de sceptique ironie, lui avait conseillé d'accepter une dignité qui, en somme, était un bel avancement pour un lieutenant prussien (1), et lui laisserait tout au moins d'agréables souvenirs.

Egalement bien reçu à Constantinople, le prince prêtait, le 8 juillet, à Tirnovo, son serment de fidélité à la constitution.

Mais il n'allait pas tarder à se trouver aux prises avec les complications que créait à l'intérieur la rivalité des partis politiques : d'une part, les conservateurs, dans les rangs desquels se comptaient MM. Stoilow, Nacovic et Grekow ; d'autre part, les libéraux que conduisaient MM. Zankow et Karavelow.

Subissant dès la première heure l'influence de M. Stoilow, le prince Alexandre cherchera tout d'abord à s'épauler sur les conservateurs, espérant réaliser avec leur aide la plus ardente de ses ambitions personnelles : la revision de la constitution.

Le Tzar et M. Gladstone n'ayant pas cru opportun de soutenir le prince dans ce mouvement revisionniste, Alexandre s'affranchit, par la dissolution, d'une *sobranjé* obstinément libérale. Le 9 mai 1881, une proclamation apprenait à la nation la formation d'un cabinet provisoire présidé par le général Ehrnroth, et de prochaines élections pour une grande assemblée (*golemo Sobranjé*).

Grâce à la pression officielle, les élections réussirent au gré des conseillers du prince (304 conservateurs et 25 libéraux) ; vingt minutes suffirent à l'assemblée de Sistowa

(1) Il n'était pas encore général major à la suit

pour faire humblement acte d'obéissance. La Sobranjé, dont on n'avait plus besoin, fut aussitôt congédiée.

Le prince Alexandre règne et gouverne dès lors en souverain absolu avec la précieuse assistance de son indispensable triumvirat : Nacovic, Grekow et Stoilow.

Cependant, peu à peu, de probants symptômes énoncent le mécontentement public. Ces avertissements deviennent de plus en plus significatifs et bientôt les triumvirs ne peuvent cacher leurs appréhensions.

On est à la veille des élections pour la Sobranjé de 1882, et ces élections, si on n'y avise, seront défavorables au gouvernement ; il est indispensable de faire une fois encore acte d'autoritaire énergie ; mais Krylow, le général que la Russie a fourni comme ministre de la guerre, est plus que tiède, presque ouvertement incité par le résident russe M. Hitrovo. Ce n'est pas dans de telles conditions qu'Alexandre de Battemberg peut entreprendre la lutte ; il doit s'efforcer tout d'abord d'obtenir du Tzar le déplacement de M. Hitrovo et le remplacement du général Krilow.

Alexandre III tient trop à la personnalité de son représentant pour le sacrifier au seul caprice de son neveu ; Krylow peut s'accommoder de moins de ménagements, il sera remplacé par le général Kaublars et, de plus, un autre général russe, Sobolew entrera dans le cabinet avec le portefeuille de l'intérieur (juillet 1882).

Grâce à l'énergie du nouveau président du conseil, les élections en fin d'année 1882 tournent à l'avantage du gouvernement ; mais, de même que le prince Alexandre s'était brouillé avec MM. Hitrovo et Krilow, de même il ne devait pas tarder à tomber en complet désaccord avec les généraux Kaublars et Sobolew (commencement de 1883).

Le Tzar, comme on devait s'y attendre, refuse de rappeler les généraux ; bien plus, il entend maintenant les imposer à Alexandre et celui-ci doit subir, non sans d'humiliantes vexations, les impérieuses mais sages volontés de son tout-puissant protecteur.

Alexandre III désire le retour à la constitution de Tirnovo ; contraint de s'exécuter après une orageuse audience au cours de laquelle les généraux ont menacé de le déposséder, le prince déclare, par une proclamation en date du 11 septembre 1883, qu'il fait préparer par une commission spéciale la revision de la constitution. Sobolew n'a pas seulement menacé, il a agi ; cherchant à négocier avec les libéraux ; il croit avoir gagné Zankow et espère obtenir de la Sobranjé, en réponse au discours du trône, un vote de déchéance.

Mais Grekow, plus astucieux, plus habile encore, a su toucher le patriotisme éclairé de Zankow. La réponse au discours du trône n'est pas une sommation contraignant Alexandre à l'abdication ; son caractère est tout autre : c'est une supplique adressée au prince pour le décider à faire connaître sa formelle intention de revenir à la constitution de Tirnovo, sauf modifications à débattre par l'assemblée.

Le prince, naturellement, ne se fait pas prier pour céder dans de si douces conditions (19 septembre 1883) ; il en était quitte pour s'efforcer de gouverner avec un cabinet de coalition ; quant aux généraux russes, ils n'avaient plus qu'à regagner Pétersbourg.

La Russie, pourtant, ne jugeait pas que l'heure fût encore venue de complètement abandonner la Bulgarie à ses seules destinées ; elle continua d'entretenir à Sofia sa mission militaire à la tête de laquelle se trouvait le prince Kantacuzène, ministre de la guerre.

Une place était nécessairement à faire dans le gouvernement aux nouveaux alliés ; la faveur à peine née de Zankow ne se soutient pas ; Karavelow se présente en rival, bientôt en heureux compétiteur, et, le 30 juin 1884, il lui revenait de former un ministère. Dans le domaine de la politique intérieure, ce cabinet radical ne se différencie de ceux qui le précédèrent que par une autocratie plus brutale, plus scandaleuse encore : scènes tumultueuses dans la Sobranjé, bastonnades généreusement distribuées par les sbires à la dévotion du premier ministre ; par contre, dans le champ de la politique extérieure, l'action personnelle de Karavelow accuse une objectivité unique, remarquablement précise : l'affranchissement de sa province natale.

C'est pour amener cette solution, plus ou moins ajournée, mais d'une réalisation certaine, que Karavelow semble tout d'abord s'égarer dans les dédales d'une politique astucieuse, se compromettant dans de basses intrigues pour brouiller son prince avec la Russie, machinant l'agitation en Macédoine pour la faire ensuite avorter lorsqu'il se sent trop compromis.

Néanmoins, la crise ainsi provoquée force Karavelow à hâter « l'événement » ; nous arrivons ainsi plus tôt que nous ne pouvions le prévoir, avec une avance de près de six mois, à l'épisode caractéristique : « le coup d'Etat de Philippopoli ».

Cette conjuration bulgaro-rouméliote inaugure une phase nouvelle et décisive du règne du prince Alexandre ; il convient, pour se rendre compte de la façon dont elle a été préparée, de revenir en arrière pour résumer brièvement l'histoire de la Roumélie orientale.

En avril 1879, conformément aux statuts organiques, le Sultan avait proposé pour vali ou gouverneur général Aleko-Pacha-Vogorides, prince de Samos (1) ; cette désignation fut agréée par les puissances.

---

(1) Aleko-Pacha était Grec d'origine et ne parlait même pas bulgare : il était, il est vrai — circonstance atténuante — petit-fils de cet évêque Sofroni qui fut, au début du siècle, un des restaurateurs de la nationalité bulgare ; c'est également à son père le prince Vogoridi que l'on doit l'établissement de la première église nationale bulgare à Constantinople.

La constitution, rédigée en 15 chapitres et 495 articles, créait une assemblée provinciale (*narodnije Sobranjé*) où étaient appelés à siéger : 9 hauts fonctionnaires de l'Eglise et de la magistrature, 36 députés élus et 10 membres désignés par le gouvernement. Le vali était nommé pour une période de cinq années.

Les pouvoirs d'Aleko-Pacha ne furent pas renouvelés, quoique son administration eût valu à la province une ère de réelle prospérité ; fâcheusement il avait encouru la défaveur de la Russie tout en suscitant les défiances de la Porte par son manque d'énergie à réprimer les menées panbulgares ; celles-ci, manifestées dès le commencement de l'année 1880, ne tarderent pas à se développer en énergie et en constance par la formation du « parti national » (1882).

Le 7 mars 1884, Gavril Krestevic, jusqu'alors directeur de l'intérieur, était placé à la tête de l'administration de la province.

Dès la veille, les populations de la campagne, accrues des bandes descendues du Rhodope, s'étaient insurgées dans les villages de Cirpan, Konus Staronovoselo et Kolevo-Konare où le préfet de Philippopoli avait dû se rendre pour imposer par sa présence à des rassemblements armés.

Inquiets, les membres du gouvernement s'adressent au consul russe. Mais M. Ighilstone et l'attaché militaire, le colonel Cicciakof, ne croient pas à l'imminence de la révolution. « N'ayez pas peur, nous ferons l'union quand le Tzar verra le moment favorable. Vos adversaires ne peuvent rien tenter et, s'ils osaient, nous saurions les en empêcher. »

Néanmoins, le général Drygalski, comme chef de la milice, croit devoir ordonner à la cavalerie de se rendre à Golemo-Konar. Nikolaïeff, auquel cet ordre est transmis, ne l'exécute pas.

Le 17, un peu avant minuit, ce même officier se rendait à la caserne et y proclamait l'Union au nom du prince Alexandre. Aussitôt prévenu, Cicciakof court chez Drygalski ;

le débile vieillard est sans énergie, et Nikolaïeff, vertement apostrophé, répond non moins énergiquement au colonel russe : « Allez commander vos soldats en Russie et laissez-moi faire avec les miens. »

Déjà une bande forte de plus d'un millier d'individus, conduite par Cardafon Velikij, était entrée en ville aux cris de : « Vive l'Union ! » ; les dernières hésitations sont vaincues ; vers 4 heures du matin, les insurgés pénètrent dans le cowak de Krestevic, puis on court arrêter Drygalski qui continuait à dormir.

Gavril-Pacha, trop débonnaire, peu aimé de la population, mal secondé par le faible Natschow, n'avait pu que protester platoniquement ; il dut se résigner à monter dans la voiture qui allait le conduire à la frontière et qu'escortait la fameuse Nedelina Stanova, surnommée la Kraïna des Opalchinski, la reine des volontaires.

Ainsi se manifesta à Philippopoli l'acte essentiel de cette conjuration dont Stambulow avait été le véritable initiateur, dont le docteur George Stranski et Zacharie Stojanow avaient été les habiles metteurs en scène.

La révolution, à part l'incident provoqué par le capitaine Téodoroff (1), s'était accomplie sans effusion de sang, au bruit des cloches sonnant à toute volée, au son de la musique militaire orchestrant l'hymne national la « *Schumia Maritza* ».

Un gouvernement provisoire, issu du comité secret qui depuis quelques mois se réunissait clandestinement au village de Demendere, fut immédiatement installé. Il se cons-

---

(1) Le capitaine Téodoroff, directeur des postes, était un adversaire avéré des libéraux. Il tue le capitaine Reichoff, chargé de se saisir de sa personne, et se réfugie dans un café où il tente pendant quelques instants de se défendre ; il succombe finalement dans cette lutte par trop inégale.

Le baron Toustain Dumanoir, chef d'état-major, et le général Borcoith, Anglais au service de la Turquie et commandant la gendarmerie, ne furent même pas inquiétés.

titua en un conseil de treize membres présidé par le docteur Stransky. Le major Nikolaïeff fut nommé commandant des troupes et le major Rajscho, commandant d'armes; la gendarmerie fut donnée au capitaine Sokolow.

Le premier acte du gouvernement provisoire devait être évidemment de prier le prince Alexandre de se mettre à la tête du gouvernement et de proclamer l'union des deux Bulgaries. Le prince répondit de Varna par un télégramme de remerciement recommandant un calme parfait jusqu'à son arrivée à Philippopoli.

Le 20, le prince donnait de Tirnova la proclamation ci-après, suivie d'un manifeste adressé aux puissances :

Proclamation.

« Nous, Alexandre Ier, par la grâce de Dieu et la volonté du peuple, prince de Bulgarie du nord et du sud,

» Désirons qu'il soit connu de mon peuple aimé que, le 18 courant, la population de Roumélie, après avoir renversé le gouvernement, proclama un gouvernement provisoire et me nomma à l'unanimité prince de cette province en vue du bien du peuple et avec le désir d'unir les deux Etats bulgares en un seul.

» Pour atteindre cet idéal, je reconnais l'Union comme un fait accompli. J'accepte le titre de prince des deux Bulgaries du nord et du sud et, en acceptant le gouvernement de cette province, je déclare que la vie, l'honneur et le bien de tous les habitants paisibles, sans distinction de religion et de nationalité, seront sauvegardés.

» Des mesures ayant pour but d'assurer la tranquillité et la paix seront prises. Tous ceux qui feront opposition au nouvel état de choses seront poursuivis avec rigueur.

» J'espère que mon peuple bien-aimé des deux versants des Balkans, qui acclame avec enthousiasme ce grand événement, me donnera son concours pour la consolidation de l'acte de sainte union des deux Bulgaries et qu'il sera prêt à faire tous les sacrifices et tous les efforts pour la défense de l'Union et l'indépendance de notre chère Patrie.

» Que Dieu nous aide dans cette difficile entreprise !

» Donné dans Tirnova, ancienne capitale, le 20 septembre 1885. »

Manifeste aux puissances.

» L'ancien Etat de Roumélie orientale ayant cessé d'exister, le peuple, par suffrage universel, m'a proclamé son prince. Les habitants de la principauté bulgare m'ont demandé unanimement d'accepter cette nomination. Prenant en considération mon devoir sacré envers mon peuple, je l'ai accepté par une proclamation au peuple bulgare.

» Arrivé à Philippopoli et ayant pris en main le gouvernement, je déclare de la façon la plus solennelle que la réunion des deux Bulgaries s'est faite sans un but hostile envers le gouvernement impérial ottoman, dont je reconnais la suzeraineté.

» Je me porte garant pour la tranquillité des deux pays et pour la sécurité de ses habitants sans distinction de race et de culte.

» Je m'adresse à Sa Majesté et à son gouvernement avec la prière de reconnaitre ce nouvel état de choses et je La prie d'intervenir auprès de S. M. le Sultan, afin qu'il sanctionne cette Union pour éviter une effusion de sang, car le peuple est décidé à défendre avec sa vie le fait accompli. »

Enfin, comme dernier document,

Proclamation du gouvernement provisoire.

« Frères !

» L'heure de l'Union est enfin venue !

» Le gouvernement étranger, qui depuis six ans pesait sur la Roumalie orientale, s'est écroulé !

» Sur ses débris nous proclamons l'Union des deux Bulgaries sous le sceptre du prince bulgare S. M. Alexandre Ier !

» Citoyens! nous vous conjurons au nom de la Patrie. pour l'honneur et la gloire de la Bulgarie, de nous prêter votre assistance dans l'œuvre sainte que nous achevons; garantissez l'ordre et la tranquillité publics! Songez au châtiment réservé à quiconque commettrait des actes de violence ou de pillage surtout contre des sujets étrangers que nous devons protéger comme des frères.

» Officiers et soldats! fils de la Bulgarie!

» Le comité provisoire vous invite à courber vos fronts sous la fierté du lion bulgare et devant la majesté du signe de la Rédemption.

» Contre qui et pour qui devez-vous combattre?

» Songez, fils de la Bulgarie, que vous ne servez que la honte et le mépris sous le croissant et sous le drapeau de ceux qui vous ont opprimés pendant cinq siècles.

» Dieu tout-puissant! Toi qui nous as soutenus durant cinq longs siècles d'oppression, lève le signe de la Rédemption et bénis notre ouvrage, l'Union.

» Jusqu'au jour où l'Europe aura reconnu l'œuvre sainte et nationale, jusqu'au jour où les troupes de S. M. Alexandre Ier seront entrées en Thrace, un gouvernement provisoire sera nommé pour maintenir l'ordre et assurer l'administration.

» Dieu et notre armée sont nos protecteurs!

» En avant! »

Comme il l'avait promis, le prince Alexandre arrivait le 21 septembre à Philippopoli, acclamé par un peuple enthousiaste.

Peu de jours après, une députation, ayant à sa tête le métropolitain Clément, se rendait en Russie pour solliciter le bienveillant appui du Tzar. Elle fut froidement accueillie;

l'empereur Alexandre se contenta d'exprimer l'espoir que les puissances accepteraient le fait accompli.

Une seconde députation, envoyée par la Sobranjé, tentait une nouvelle et aussi inutile démarche.

Assurément la Russie, comme en témoignent bien des indices et aussi les intrigues nouées avec Karavelow, approuvait en principe l'union des deux provinces, mais elle aurait voulu être l'instrument de cette union et ne pouvait pardonner ni au prince de Battemberg ni à son ministre d'avoir substitué leur initiative à son action.

Le prince de Battemberg, comme nous l'avons déjà fait comprendre, était devenu tout au moins peu sympathique à la Russie du jour où il s'était montré hésitant à tenir, au profit égoïste de cette puissance, le rôle connu de la fable. Alexandre, de son côté, n'ignorait pas certaines démarches faites pour l'éloigner du trône; au courant des actes et propos des représentants de la Russie, il avait doublement évolué, prenant, d'une part, appui sur le parti national avancé, sollicitant, d'autre part, à l'extérieur la protection plus ou moins déguisée de l'Allemagne et de l'Autriche-Hongrie.

Stamboul célébrait les dernières fêtes du Beïram lorsqu'arriva de Burgas par un navire russe, la première nouvelle de l'insurrection de Philippopoli.

La situation créée à la Porte par cet événement était délicate et inquiétante.

La diplomatie ottomane, si finement subtile, s'égarait. Le cabinet voulait la guerre, parlait de la pénétration immédiate en Roumélie et de l'envoi de bâtiments à Burgas.

Le Sultan, meilleur politique, docile aux conseils intéressés de l'Angleterre, hésitait à faire usage du droit incontestable que lui octroyait le traité de Berlin. Il éventait les embûches de certaines chancelleries, savait son Trésor à vide, son crédit délabré, son armée incapable d'agir avec la promptitude et la vigueur qui convenaient. Enfin, peu porté à la guerre par tempérament même, il redoutait encore — tellement ses inquiétudes étaient soupçonneuses — de sacrer de glorieuses rivalités.

Ces explications commentent l'attitude de la Turquie :

Changement de ministère : Kiamil-Pacha remplace Saïd-Ali. Saïb-Pacha prend au ministère de la guerre la place d'Osman-Pacha ; ce dernier et Saïd se déclaraient trop énergiquement pour une intervention immédiate.

Appel au conseil des puissances. D'abord, avec l'espoir fort douteux d'une déclaration franchement exprimée, puis pour contraindre par cet acte d'apparente déférence, à une unité d'action qui est pour la Turquie la plus sûre des garanties ; enfin, et principalement pour gagner le temps indispensable à la préparation de l'action militaire.

On ne saurait trop insister sur ce jeu d'une extrême habileté, ménagé sous les dehors les plus corrects.

Les notes, memoranda, etc., etc., échangés entre les diplomates, la pression des ambassadeurs, la conférence réunie à Constantinople, orientent complètement la politique ottomane. N'ayant eu qu'à observer, elle a pu éviter de se compromettre.

Dès lors, aux démarches du prince Alexandre, le Sultan répond par la sommation d'évacuer la Roumélie, déclarant que toute la responsabilité des événements incombait aux fauteurs de l'insurrection ; le suzerain promettait toutefois, le *statu quo ante* rétabli, de prendre en considération la situation créée par les derniers événements.

M. Tzanow insiste à nouveau, ses dépêches demeurent aussi insatisfaites.

Réduit aux derniers expédients, le prince Alexandre se décida, le 18, à informer le grand vizir que lui et le peuple bulgare faisaient complète soumission au Sultan, par suite, qu'il avait donné, dès le 14, l'ordre d'évacuer la Roumélie.

Cet acte reçu, la Porte se disposa à envoyer à Philippopoli, pour remplacer provisoirement le vali évincé, Djevded-Pacha qu'accompagnaient Lebib-Effendi, président de la Cour de cassation, et Gaban-Effendi, membre de la Cour d'appel.

Malheureusement pour lui, le prince Alexandre avait, omis de méditer cet aphorisme de Lamartine : « En révolution on ne se repent pas, on expie. »

CHAPITRE II

LA SERBIE (1)

Le traité de Berlin valait à la Serbie l'indépendance nationale (art. 34) et un accroissement territorial de 11,097 kilomètres carrés.

Si le traité préliminaire de San Stéfano avait paru avantager la Principauté du sud (Mitrovitza), celui du 13 juillet 1878, par contre, ajoutait au sud-ouest, sur la rive droite de la Morava orientale, les districts de Vranja et de Pirot, primitivement attribués à la Bulgarie, et établissait ainsi au profit des Etats contractants une plus équitable répartition.

La Serbie obtenait en somme, et dans ses parties essentielles, la consécration pratique de son intervention en décembre 1877 et en janvier 1878. Nisch, réduit à capituler (10 janvier 1878), Ak-Palanka et Pirot occupés en décembre, lui restaient (2).

Malheureusement ces avantages partiels n'étaient même pas de nature à satisfaire les aspirations nationales, à calmer l'ardeur ambitieuse de cette façon d'irrédentisme qui revendique au nom de la « Grande Serbie », de la Serbie historique et ethnologique, la Bosnie, l'Herzégovine et principalement la vieille Serbie (*Stara Serbia*).

---

(1) La Serbie, *Sirp,* en turc; *Srbija,* en slave : 54.652 kilomètres carrés avec une population de 1,860,824 âmes, soit 34 habitants par kilomètre carré. Cette population parfaitement homogène ne compte guère que 200,000 habitants n'appartenant pas à la race slave (dont 180,000 Roumains); la presque totalité de la population professe la religion catholique-grecque.

(2) Le traité de Berlin a coûté à l'empire ottoman, en territoire et en population, les pertes ci-après :

La nature spéciale du sujet que nous nous proposons de traiter ne nous permet pas d'entrer, au double point de vue historique et ethnographique, dans les intéressants détails que comporte la question. Le rétablissement de l'empire de Lazare, le tzar martyr, écroulé le 15 juin 1389 dans les champs de Kassovo, n'est qu'une aspiration idéale, mais il en est autrement de certaines revendications moins prétentieuses basées sur la communauté d'origine. Nous ne pouvons mieux faire que de renvoyer le lecteur que cette étude attirerait plus intimement au magnifique ouvrage de M. Spiridion Gopcevic : ***Makedonien und Alt Serbien*** (Vienne, Seidel et fils, 1879.)

Les destinées de la Serbie ont été remises à la dynastie des Obrenowitsch.

Cette famille a pour ascendant illustre Milosch, fils du paysan Tescho (Théodore) et de Wischnia Obren, veuve ayant de son premier mariage un fils Milan. Ce Milan, riche marchand de bestiaux établi à Brussnitza, prit avec lui le fils de

---

		TERRITOIRE.	POPULATION.	Plus particulièrement population musulmane.
En Europe cédés au profit	Roumanie	14.812	221.000	134.662
	Serbie	11.081	367.000	92.054
	Monténégro	4.730	106.000	12.000
	Bosnie	51.917	1.158.000	448.613
	Bulgarie	63.637	1.859.000	682.000
	Roumélie	35.275	751.000	174.759
	Grèce	13.166	350.000	51.000
En Asie	Angleterre	9.601	150.000	44.000
	Russie	26.590	600.000	400.000

sa mère qui, par reconnaissance, se fit appeler Milosch Obrenowitsch.

Milosch, par son héroïsme dans les luttes pour l'indépendance soutenues de 1804 à 1816 contre la Turquie, éclipsa presque le prestige de son rival en gloire Kara-Georg.

Elu prince de Serbie en 1817, son despotisme lui aliéna à la longue la fidélité de ses sujets et il dut, en 1839, prendre le chemin de l'exil. La Skupschtina le rappela en 1858. Dans cet interrègne de dix-neuf années la Serbie avait eu successivement pour princes Milan et Michel, fils de Milosch, puis Alexandre Kara-Georgjewitsch (1842), fils de Georges le Noir. Après deux années d'un nouveau règne, Milosch mourait le 26 septembre 1860 ; son fils Michel lui succéda. La mort tragique de ce prince, le 10 juin 1868, dans le parc de Topschide, près Belgrade, compromit gravement Alexandre Kara Georgjewitsch qui, retiré à Pesth, ne put être condamné que par contumace comme complice de cet attentat.

Michel étant mort sans postérité, son neveu Milan fut appelé à lui succéder.

Milan, né le 10 août 1854 à Iassy, était fils de Milosch (fils d'Ephraïm Obrenowitsch) et de Marie Catargi, dont la glorieuse beauté captiva longtemps la fidélité d'Alexandre Couza. Après la révolution de 1866, le prince Alexandre Couza et Mme Oblenowitsch se retirèrent à Paris ; la mère y retrouva son enfant, longtemps délaissé, que son oncle faisait élever depuis deux années au lycée Louis-le-Grand.

Trois régents, Ristitch, Blagnawatsch et Gavrilowitsch, gouvernèrent le pays pendant la minorité du roi. La Constitution, qui date de 1869, est leur œuvre.

Elle admet deux assemblées : la petite Skupschtina, ou assemblée ordinaire, dont les sessions sont périodiques, et la grande Skupschtina, véritable congrès, assemblée exceptionnelle n'ayant à s'occuper que des intérêts les plus graves. De fait, cette auguste compagnie n'a été convoquée que deux fois sous le règne de Milan : la première fois en 1869 pour sanctionner la constitution, et en 1876 pendant quelques minutes pour ratifier le traité de paix avec la Turquie.

Le moyen de gouvernement par excellence est donc la petite assemblée dans laquelle siègent deux catégories de députés : ceux désignés par le souverain (un tiers des membres), ceux nommés à l'élection. Cette élection est directe dans les villes, à deux degrés dans les campagnes; de plus, le cens électoral est fixé à 15 francs.

Enfin, le président de l'assemblée est choisi par le souverain.

On doit maintenant faire observer que le droit électoral est excessivement restreint. Tous les fonctionnaires du gouvernement : officiers, magistrats, avocats, etc., etc., en sont exclus et, comme il n'existe pas en Serbie de bourgeoisie proprement dite, le suffrage des électeurs, ne pouvant atteindre qu'une minorité de la classe dirigeante, doit fatalement s'égarer sur les paysans et le bas-clergé.

Or, il faut bien en convenir, le pays ne possède pas encore une maturité intellectuelle suffisante pour bénéficier d'une forme gouvernementale aussi perfectionnée ; la représentation nationale n'est ni intelligente, ni éclairée, et trop facilement accessible aux influences, aux intrigues d'un petit groupe de politiciens.

Le 22 août 1872, le prince Milan prit personnellement en main la direction des affaires, et, trois ans plus tard (17 octobre 1875), il épousait Mlle Nathalie Keschko, fille d'un colonel au service de la Russie ; de cette union, naquit, le 14 août 1876, Alexandre, le jeune roi actuel.

Compromis par le charlatanisme du général Tschernajeff, Milan risqua l'aventure de 1876, qui ne lui valut que de cruels mécomptes ; son intervention après Plewna compensa amplement, comme on le sait, les infortunes de sa première prise d'armes.

Le 6 mars 1882, Milan se faisait proclamer roi de Serbie.

C'est très ostensiblement, à dater de cette époque, que le

roi Milan a pris position dans le conflit caractérisé, d'une part, par l'ingérence toujours croissante du slavisme dans les affaires d'Orient, d'autre part, par cette poussée de l'Autriche-Hongrie, ce « Drang nach Osten » que favorise l'Allemagne.

Pour ne pas être écrasé entre l'enclume et le marteau, le souverain a cru sage d'affirmer son attitude ; il s'est fait le client du cabinet de Vienne, rayant du programme politique de la Serbie toutes les aspirations nationales susceptibles d'affecter le « Ball-platz » affirmant, par contre, avec plus d'intensité, les revendications hostiles à la Porte.

Cette conduite, qui, au point de vue économique, présentait d'incontestables avantages, devait néanmoins être fatale à son initiateur. Elle réduisait à de simples attributions administratives les droits et l'initiative de groupes politiques (libéraux, progressistes, radicaux), les provoquant ainsi à manifester sur des questions d'ordre intérieur leur opposition à la politique personnelle du souverain.

On comprend aisément combien, au milieu de ces difficultés intérieures, toute occasion de guerre devait être complaisamment recherchée par le roi Milan, espérant pouvoir tromper l'esprit de la nation en lui promettant des conquêtes au lieu de le satisfaire par des institutions.

Milan en était arrivé, comme bien des désespérés, à croire « que la guerre tranche tout et que, quand il n'y a plus d'espoir dans l'ordre régulier des événements, il y en a encore dans l'inconnu ».

L'Autriche-Hongrie, ne considérant dans la Serbie qu'une avant-garde poussée vers l'Orient, favorisait ces vues plus ou moins occultement.

Nous l'avons dit, et nous le répétons encore, les événements qui se préparaient à Sofia et à Philippopoli n'étaient pas un mystère dans certaines chancelleries, et il devait entrer dans les intentions secrètes du cabinet de Vienne de se servir de la Serbie comme d'un épouvantail pour imposer à la Turquie et lui faire accepter le fait accompli.

Mais fait accompli ou à la veille de l'être n'est ici qu'un astucieux euphémisme ; il s'agissait plus véridiquement d'un remaniement complet du traité de Berlin, satisfaisant les convoitises non encore assouvies ; l'Autriche-Hongrie (1), la Serbie, la Grèce (2), le Monténégro étaient autant de corbeaux avides à la curée.

Ajoutons l'Italie, qui au dire d'un diplomate sachant probablement bien écouter mais mal se taire, pouvait aussi espérer trouver un morceau à sa convenance.

Il n'est pas sans intérêt de rappeler ici le langage des journaux de l'époque.

La presse russe, qui n'a pas de ménagements à observer, insiste pour que l'Europe empêche la Serbie de mettre ses menaces à exécution (*Petersburgskija Wjedomosti*, *Nowoje Wremja*).

Les feuilles austro-hongroises et allemandes, pour don-

---

(1) Revendique le sandsckak de Novi-Bazar et espère pour un avenir encore plus lointain la possession de Salonique.

(2) La Grèce, non satisfaite des concessions déjà accordées par la remise de la Thessalie, était disposée, elle aussi, à se mêler au conflit. Le roi Georges, arrivant de Copenhague, rentrait à Athènes le 27 septembre ; les manifestations enthousiastes de la nation lui indiquent la voie à suivre. Convocation des chambres, émission d'un emprunt, achat de chevaux, armement de la flotte, mobilisation partielle de l'armée (73.000 hommes) et formation sur la frontière de trois corps d'observation à Ladissa, Trikala et Arta, plus une réserve près d'Athènes.

L'intervention des puissances empêcha le conflit d'éclater ; une démonstration navale, à laquelle la France refusa de s'associer, contraignit la Grèce à se soumettre. M. Delyannis tomba et fut remplacé par M. Tricoupis auquel revint la tâche ingrate de démobiliser (mai 86).

Néanmoins, le pan-hellénisme n'a pas désarmé ; en Macédoine la lutte se continue entre Grecs et Bulgares, pour l'église et l'école. M. de Laveley comme M. Louis Léger estiment que cette province doit revenir aux Bulgares et cela sans violences « le jour ou l'heure de la liquidation définitive ».

ner le change, sont astreintes à plus de modération. La *Neue Freie Presse* reconnaît que les puissances n'observent pas vis-à-vis de la Serbie l'attitude énergique qui conviendrait ; mais le même organe parle aussi de l'obligation faite à l'empire d'assurer un état stable sur les confins de la nouvelle Autriche (*Neu-Oesterreich*). La *Gazette de Cologne*, après avoir hypocritement déploré l'impuissance de la Porte à conjurer le péril à ses débuts, constate bien que le danger vient de la Serbie, mais a soin d'ajouter en forme d'excuse que le roi Milan n'a ni la popularité voulue ni l'autorité nécessaire pour maitriser les élans nationaux.

Dans cette explosion commandée de fausse dévotion, la *Politische-Correspondenz* est un des rares organes à traduire franchement : « La Serbie se prépare à profiter des complications survenues pour mettre la main sur la vieille Serbie. »

Et de fait, à la nouvelle des événements de Philippopoli, le roi Milan revenait en toute hâte de Vienne à Belgrade (21 septembre) pour ordonner la mobilisation de l'armée et convoquer la Skupschtina.

Pristina devait être le premier objectif de l'offensive serbe.

Malheureusement pour la Serbie, plus malheureusement encore pour le roi Milan, un revirement complet et inattendu se produisit.

La Turquie ne fera pas la guerre, l'Angleterre le lu déconseille.

N'importe; ce ne sera pas inutilement que la Serbie aura mobilisé son armée ; la guerre est nécessaire. Le roi Milan, au lieu d'attaquer la Turquie, s'en prendra directement au prince Alexandre, coupable d'avoir rompu à son profit l'équilibre des forces dans la péninsule balkanique. C'est à la Bulgarie maintenant — inouïe prétention — de fournir une compensation à la Serbie, de l'indemniser par la cession des districts de Trune, de Bresnik, de Radomir et de Vidin.

La responsabilité de cette guerre qui arma l'un contre

l'autre deux peuples frères (1), qui poussa la patrie meurtrie et humiliée si près de l'abîme qu'elle était irrémédiablement perdue sans le secours d'une main amie, la responsabilité de cet attentat incombe au seul Milan Obrenowitsch (2).

---

(1) Cette même Serbie en qui les Bulgares saluaient une sœur aînée et un précurseur, cette même Serbie qu'ils s'étaient habitués à aimer et à respecter, semble aujourd'hui s'être mise au service de leurs pires ennemis; elle arme, non plus comme autrefois pour soutenir les frères slaves dans la lutte contre l'Islam, mais pour défendre la suzeraineté du Sultan contres les aspirations généreuses d'un peuple slave comme la Serbie, orthodoxe comme elle et comme elle soumise jadis à de cruelles épreuves qui auraient dû cimenter pour jamais une solide amitié entre les deux nations.

Comment expliquer un phénomène aussi étrange, disons franchement le mot, aussi monstrueux ?

Cette politique insensée et désespérée est la conséquence néfaste du traité de Berlin. Des actes contre nature engendrent des désordres contre nature :

Innatural deeds,
Do breed innatural troubles.

(*Macbeth.*)

(Louis Léger, *La Bulgarie,* avant-propos. — Paris, novembre 1885.)

(2) L'expiation ne devait pas, non plus, se faire longtemps attendre. La situation politique intérieure et extérieure de plus en plus difficile, des complications d'ordre intime, le scandale de son divorce, provoquent chez Milan une lassitude morbide, un énervement moral qui le décident à abdiquer, le 7 mars 1889, au profit de son fils Alexandre Ier. La régence pendant la minorité du jeune roi était confiée à M. Ristitsch et aux généraux Protitsch et Belimarkovitsch.

LA PRÉPARATION

MOBILISATION ET CONCENTRATION

CHAPITRE Ier

LES FORCES EN PRÉSENCE

L'organisation militaire de la Serbie ne datera, pour nous, que de la loi du 3 janvier 1883.

Cette loi établit l'obligation du service personnel et le répartit comme suit :

La première levée, de 20 à 30 ans, comprend l'armée active (deux années de présence sous les drapeaux) et sa réserve (périodes d'instruction annuelles de trente jours).

La deuxième levée, de 30 à 37 ans, correspond à l'armée territoriale avec périodes d'instruction annuelles d'une durée de huit jours.

La troisième levée, de 37 à 50 ans, constitue la réserve de l'armée territoriale ou landsturm.

Le territoire est divisé en cinq régions, chacune répartie en trois districts de régiment, eux-mêmes fractionnés en quatre circonscriptions de bataillons.

	Régiments.
Ire. Division de la Morava, à Nisch.	I. — Vranja. II. — Nisch. III. — Kruschevacz.
IIe. Division de la Drina, à Valjedo.	IV. — Uzica. V. — Schabacz. VI. — Valjevo.
IIIe. Division du Danube, à Belgrade.	VII. — Belgrade. VIII. — Posarevacz. IX. — Branicev.

IVe. Division de la Schoumedija, à Kragujevacz.	X. — Cazak. XI. — Kragujevacz. XII. — Cuprija.
Ve. Division du Timok, à Knjazevacz.	XIII. — Kranja. XIV. — Knjazevacz. XV. — Pirot.

Sur le pied de paix, chaque division territoriale fournit :

Trois régiments à quatre bataillons ;

Un régiment de cavalerie à quatre escadrons, Un régiment d'artillerie à huit batteries de six pièces, Un détachement du génie, Un escadron du train, Une compagnie de troupes sanitaires,	recrutés sur l'ensemble de la région.

A la mobilisation, l'adjonction des réservistes au cadre permanent, mais très réduit (17,000 hommes), permet de transformer en bataillons les compagnies actives correspondantes à chaque circonscription.

On obtient ainsi :

Soixante bataillons (le bataillon est à 4 compagnies et la compagnie à l'effectif de 5 officiers et 181 hommes) ;

Vingt escadrons (l'escadron : 6 officiers et 170 cavaliers);

Quarante batteries (la batterie : 5 officiers, 82 hommes);

Cinq compagnies du génie (la compagnie : 5 officiers et 125 sapeurs);

Les services auxiliaires.

De plus :

Un escadron de la garde ;

Un régiment d'artillerie de montagne ;

Un bataillon d'artillerie de forteresse ;

Une compagnie de réserve de troupes sanitaires ;

Divers groupes techniques : compagnie de mineurs, compagnie d'ouvriers de chemins de fer, détachement de pontonniers, sections de télégraphistes, etc.

Soit un effectif de 70,000 hommes avec 264 pièces.

La deuxième levée (armée territoriale) se constitue dans des conditions à peu près identiques :

Par région.	Au total.
3 régiments d'infanterie	60 bataillons.
2 escadrons	10 escadrons.
1 groupe de batteries	20 batteries.
1 compagnie du génie	5 comp. du génie.

Enfin, la troisième levée, dont il ne peut être fait mention que pour mémoire devrait également fournir 60 bataillons.

L'infanterie porte la tunique bleu foncé avec garnitures vertes, le pantalon bleu avec bande verte et le képi du modèle français ; dans le service, la blouse-vareuse est d'un usage journalier. L'arme du modèle Mauser, transformée par le capitaine d'artillerie Koka Micovanowitsch (actuellement lieutenant-colonel, attaché militaire à Vienne), est un excellent outil, du calibre de 10^{mm},15, imprimant à son projectile de 22 grammes, avec une charge de poudre de 4^{gr},5, une vitesse initiale de 512 mètres.

La cavalerie est vêtue d'une tunique bleu de ciel (modèle autrichien) avec garnitures rouges et d'un pantalon rouge à bandes bleues.

Pour l'artillerie et le génie, la tunique est bleu foncé, avec garnitures noires, et le pantalon bleu à bande rouge. Le matériel de l'artillerie, constitué en grande partie d'anciennes pièces du système Lahitte, était défectueux ; l'adoption du canon de Bange n'avait été décidée que depuis peu, de telle sorte que les pièces commandées à l'usine Cail n'avaient pu encore arriver à destination.

L'état-major se distingue par le col de velours rouge sur la tunique bleue et la bande d'or au pantalon rouge ; les aides de camp du roi revêtent la tunique rouge et le pantalon noir; les officiers d'ordonnance se reconnaissent à la couleur blanche de leur coiffure.

D'après les chiffres qui précèdent, la Serbie, dans son plus grand effort, pourrait mettre sur pied : 140,000 hommes, 6,000 chevaux et 400 pièces; sur le papier, environ 215,000 hommes.

Cette mobilisation complète est toutefois irréalisable, et une mobilisation même partielle devait — comme on pourra s'en rendre compte par la suite — se heurter à de graves mécomptes.

De plus, malgré une avance de 12 millions et demi consentie par la Lænderbank, la situation financière, fâcheusement gênée, ne devait pas permettre d'outiller et de pourvoir l'armée comme il convenait; elle était douteusement en état de supporter les fatigues d'une campagne d'hiver, même de courte durée. Les approvisionnements de toute nature faisaient défaut.

Les réservistes avaient dû se contenter de sacs réformés d'un modèle suranné; les territoriaux n'en avaient pas du tout et étaient simplement pourvus de besaces. Les réservistes et territoriaux n'avaient pu recevoir de souliers et chaussaient le *tchourouk*, sorte d'espadrille faite avec une forte semelle de buffle que soutenait un filet s'enroulant sur un gros bas de laine ou une peau de mouton. Les territoriaux n'étaient pas habillés, et se préservaient avec ce qu'ils avaient pu se procurer contre les rigueurs de la saison; ils étaient armés de vieux fusils Peabody.

Les outils portatifs (pelle Linnemann), en nombre très insuffisant, étaient répartis dans quelques unités ou chargés sur des bêtes de somme.

Les trains régimentaires n'étaient pas prévus; il se trouvait seulement quelques bêtes de bât pour le transport des cartouches.

Les trains de combat étaient tout aussi déplorablement

organisés ; les sections de munitions de la division de la Drina attelaient des bœufs. Le service de santé manquait de tout ; 90 voitures d'ambulance devaient exister ; le docteur Gjorgevic s'estima heureux de pouvoir réquisitionner à bas prix 18 voitures de divers modèles et d'arriver, en fin de compte, à en réunir 83.

Le premier déploiement de l'armée serbe, adopté en prévision d'une guerre avec la Turquie, groupe les trois divisions de la Drina, du Danube et de la Schoumadija sous Nisch, en portant comme avant-garde, dans la haute vallée de la Morava, la division de la Morava. La division de Timok, encore disloquée dans les districts, doit servir de réserve générale en même temps que de corps d'observation, pour prévenir toute agression éventuelle des Bulgares.

Ce déploiement stratégique procède d'une mobilisation partielle et incomplète ; les réserves mêmes ne sont pas entièrement absorbées. Ainsi, les régiments n'ont été constitués qu'à trois bataillons, et les bataillons ne comptent que 600 hommes en moyenne. L'infanterie seule accuse ainsi un manquement de 18,000 hommes (27,000 au lieu de 45,000).

Par suite de la pénurie de chevaux de selle et de trait, de l'insuffisance et du mauvais état du matériel, la cavalerie et l'artillerie se mobilisent dans des conditions tout aussi défectueuses. L'artillerie fournit 20 batteries de campagne et 3 de montagne, la cavalerie 16 escadrons, ce qui lui permet tout juste, après avoir laissé deux escadrons à chaque division, de former une petite brigade.

L'ensemble de l'armée serbe ne donne pas beaucoup plus de 30,000 combattants (1).

---

(1) Lieutenant-colonel Hüngerbühler : *Die schweizerische Militærmission nach dem Serbish-Bulgarischen Kriegschauplatze*, 1886.

Ce n'est guère qu'à dater du 15 octobre que nous pouvons relever l'indice des modifications qu'entraine dans la répartition des forces l'évolution politique du roi Milan.

Le déploiement stratégique opère alors son changement de front face à l'est.

Les trois divisions stationnées sous Nisch s'étirent dans la direction de Pirot : en tête, la division de la Schoumadija, puis celle du Danube; en queue celle de la Drina. En même temps, les deux autres divisions sont massées aux ailes : sur la droite, vers Leskovacz, la division de la Morava; sur la gauche, autour de Zaicar, la division du Timok.

Et maintenant, que l'on veuille bien examiner si la Serbie a su mettre à profit le loisir que lui valait son *initiative politique* pour compléter et parfaire son organisation militaire et se placer dans les meilleures conditions pour bénéficier également de l'initiative stratégique.

M. le lieutenant-colonel Hüngerbühler (ouvrage cité) n'estime pas que cette complétation ait été très considérable, mais néglige toutefois de dénombrer l'ordre de bataille.

M. Spiridion Gopcevic (*Bulgarien und Ot Roumelien*, p. 453) croit pouvoir fixer approximativement à 60,000 hommes l'effectif de l'armée serbe. Le même auteur, dans un autre ouvrage (*Beitræge zur Neueren Kriegsgeschichte der Balkan-Halbinsel*, p. 234), reproduit les chiffres donnés par le docteur Vladon Gjorgjevic, chef du service sanitaire de l'armée serbe, savoir 56,000 rationnaires (43,366 combattants) auxquels vinrent s'ajouter plus tard, c'est-à-dire après Slivnitza, 7,000 hommes de deuxième levée (1).

Enfin, l'auteur de l'étude publiée au moment même de la guerre, dans le *Bulletin de la Réunion des officiers*, apprécie la force de l'armée serbe à 64,000 hommes, 1,600 chevaux

(1) Cette convocation partielle de l'armée territoriale date du 20 novembre. (*L. C. Hungerbühler*, p. 97.)

et 132 pièces, soit pour les combattants, 48,000 hommes et 1,700 chevaux.

Ordre de bataille de l'armée serbe à la veille des hostilités.

I. — Armée de la Nisawa

Commandant en chef : général Miloutin Jovanovic ;

Chef d'état-major général : colonel Jovan Petrovic (ministre de la guerre) ;

Sous-chef d'état-major général : colonel Jovan Dragasevic.

A. — Division de la Morava.

Commandant : colonel Petar Topalovic ;
Chef d'état-major : capitaine du génie Svetojar Stankovic ;
1er, 2e et 14e régiments d'infanterie à trois bataillons ;
Deux batteries de campagne et deux de montagne du régiment Timok ;
Un escadron ;
Les services.

B. — Division de la Drina.

Commandant : colonel Jovan Miskovic ;
Chef d'état-major : capitaine Vukoman Aracic ;
4e, 5e et 6e régiments d'infanterie ;
Quatre batteries de campagne du régiment Drina :
Quatre batteries de campagne du régiment Schoumadija :
Un escadron ;
Les services.

C. — Division du Danube.

Commandant : général Miloutin Jovanovic (commandant en chef de l'armée) ;

Chef d'état-major : lieutenant-colonel Radomir Putnik ;

7e, 9e et 15e régiments d'infanterie ;

Quatre batteries de campagne du régiment Danube ;

Un escadron ;

Les services.

D. — Division de la Schoumadija.

Commandant : colonel du génie Stevan Binicki ;

Chef d'état-major : major Stevan Grujic ;

10e, 11e et 12e régiments d'infanterie ;

Quatre batteries du régiment Morava ;

Un escadron ;

Les services.

E. — Brigade de cavalerie.

Commandant : colonel d'état-major Jovan Praporcetovic ;

1er et 2e régiments à quatre escadrons.

II. — Armée du Timok

Commandant : général Milojko Lesjanin ;

Chef d'état-major : colonel Rodovan Miletic.

A. — Division du Timok.

Commandant : colonel d'artillerie Ilija Gjuknic ;

Chef d'état-major : capitaine Svetozar Radojicic ;

3e et 13e régiments d'infanterie (trois bataillons), 8e régiment d'infanterie (un bataillon) ;

Deux batteries de campagne du régiment Timok, deux

batteries de montagne, un demi-bataillon d'artillerie de forteresse ;

Un escadron ;

Les services.

B. — Formations territoriales.

8e, 9e, 13e, 14e et 15e régiments d'infanterie.

III. — Troupes sédentaires ou non endivisionnées

A. — Division territoriale de la Morava.

Commandant : colonel du génie Stevan Zdravkovic ;
Chef d'état-major : lieutenant-colonel Toma Jovanovic
1er et 2e régiments d'infanterie ;
Deux escadrons ;
Quelques services.

B. — Un bataillon des 4e et 10e régiments d'infanterie;
Deux bataillons du 8e d'infanterie ;
Un bataillon de la garde ;
Un demi-bataillon d'artillerie de forteresse ;
Divers services généraux.

L'armée bulgare a pour origine et noyau les éléments organisés par la Russie pendant la campagne 1877-78, savoir : 19 drucines, 4 escadrons et une batterie de six pièces, présentant ensemble une force de 2[illegible],350 hommes.

Depuis, un budget annuel de près de 11 millions de francs a amplement permis de compléter cette organisation première.

L'ukase princier du 28 octobre 1884 a fixé comme il va être dit la composition et la formation de l'armée :

Infanterie.

Réunion en huit régiments des vingt quatre drucines alors existantes. Deux de ces bataillons datent de la première formation au camp de Kischinew et participèrent aux affaires de Schipka ; une banderole sur le kalpak rappelle cette glorieuse association aux faits d'armes de l'armée russe. Six autres bataillons furent créés en automne 1877, onze autres au printemps 1878, puis deux en 1879, les derniers enfin en 1881.

Ces huit régiments sont ainsi répartis :

1er. Prince Alexandre, Sofia ;
2e. Stramsky Polk, Kustendil ;
3e. Bdinsky, Vidin ;
4e. Plevnavsky, Lovtscha ;
5e. Dunavsky, Routschouk ;
6e. Tirnavsky, Tirnova ;
7e. Breslavsky, Schumla ;
8e. Primorsky, Varna.

Le bataillon compte sur le pied de paix : 21 officiers et 700 hommes ; la mobilisation le complète à 1,000 hommes.

Cavalerie.

La cavalerie forme deux régiments à quatre escadrons (sotnia) de 150 chevaux, plus un escadron de la garde. Quatre de ces escadrons, les plus anciens, conservent le harnachement des troupes cosaques ; les quatre autres, issus de l'ancienne gendarmerie, se rapprochent davantage des dragons.

Artillerie.

Douze batteries à quatre pièces, dont neuf de campagne et trois de montagnes. Au moment de la déclaration de guerre, le gouvernement n'avait pu encore parfaire la transformation du matériel ; nous relevons, par suite, divers modèles :

Une batterie de...	9cm.	Pièces en bronze ou en acier.
Cinq batteries de..	8cm.	
Six batteries de...	10cm.	

L'arme comprenait, de plus, une compagnie d'artillerie de forteresse servant douze pièces d'ancien modèle.

Génie.

Un bataillon.

La durée du service militaire est de quatre années dans l'armée active et de six ans dans la réserve ; dans la réalité, la présence sous les drapeaux n'est maintenue que pendant deux années ; les réservistes doivent être normalement convoqués pour des périodes annuelles de six semaines. L'*opoltschenje* ou armée territoriale retient les hommes de 30 à 40, exceptionnellement jusqu'à 50 ans.

La principauté est divisée en deux régions militaires : Sofia et Varna, et chacune de ces régions comprend douze circonscriptions de recrutement correspondant aux divisions administratives ; c'est également à ces circonscriptions que répondent les formations éventuelles de l'opoltschenje spécialement dites *ceten*.

L'armée, formée par des instructeurs russes, manœuvre d'après les règlements de cette armée ; sa tenue s'en rapproche également.

Infanterie. — Kaftan et pantalon de couleur vert sombre ; kalpak noir avec calotte en drap de couleur distinctive pour chaque brigade et orné sur le devant de la croix grecque en cuivre (les musulmans ne portent pas cet ornement). Le sac est remplacé par une musette en cuir portant à droite ; à gauche, une poche à cartouches également en bandoulière et une seconde cartouchière au ceinturon. Toute l'infanterie (il en est du reste de même pour la cavalerie) est pourvue d'outils portatifs. Comme armement le Berdan russe, mais comme il n'existe pas en quantité suffisante on dut remettre en service le Krnka réservé pour l'armée territoriale.

Cavalerie. — Ulanka bleue à col rouge et pantalon bleu foncé; carabine Berdan et sabre cosaque.

Artillerie. — Ulanka vert foncé avec boutons de cuivre et col noir, pantalon bleu.

Génie. — Se différencie de l'infanterie par le col noir et les boutons de cuivre.

Toute l'armée porte le manteau gris-brun et la demi-botte.

A l'origine, les milices rouméliotes étaient confondues avec les formations improvisées par les Russes en Bulgarie.

En 1879, Aleko-Pacha avait fait commencer par Vitalis-Pacha, un Français, puis continuer par deux Allemands, Stecker et Drigalski, l'organisation de ces milices, auxquelles servirent de noyau les neuf drucines, les deux escadrons et la batterie de quatre pièces antérieurement levées dans la province par le général russe Stolypin.

Les statuts organiques avaient établi le principe du service personnel, en distinguant une milice active et une milice territoriale; la durée du service dans chaque levée de la milice active était comptée à quatre années. D'autre part, chacun des six départements de la province était subdivisé en deux circonscriptions militaires ayant à fournir un bataillon de première et un bataillon de deuxième levée.

En temps normal, les bataillons de première levée sont figurés par de simples compagnies à l'effectif moyen de 4 officiers, 14 sous-officiers et 200 hommes.

Ces bataillons sont respectivement garnisonnés :

1er. Philippopoli;

2e. Philippopoli;

3e. Tatar-Bazardschik;
4e. Karlova;
5e. Kasanlik;
6e. Eski-Sagra;
7e. Slivno;
8e. Jamboli;
9e. Hermanlii;
10e. Haskioi;
11e. Aidos;
12e. Burgas.

C'est auprès de ces cadres permanents que le contingent annuel vient successivement accomplir, d'octobre à mai, une période d'instruction de deux mois; il en est de même de juin à août pour la convocation des miliciens de deuxième levée (durée quinze jours).

A la mobilisation, le cadre permanent de compagnie se transforme en bataillon de guerre, par l'incorporation des miliciens de première levée; le bataillon de seconde levée se constitue simultanément; quant au troisième ban, il n'est organisé qu'éventuellement.

Sur le pied de paix, la milice rouméliote présentait dans son ensemble :

12 compagnies cadres de bataillon;
1/2 bataillon d'artillerie;
2 escadrons à 150 chevaux;
2 compagnies du génie à 250 hommes;
Un détachement combiné pour l'instruction des officiers et des sous-officiers (Philippopoli).

Comme habillement et équipement, modèle était pris sur l'armée russe; l'instruction se donnait d'après les mêmes principes et le plus fréquemment en langue russe. Du reste, presque tous les officiers supérieurs et la majorité des commandants de compagnie étaient des officiers russes ou ayant

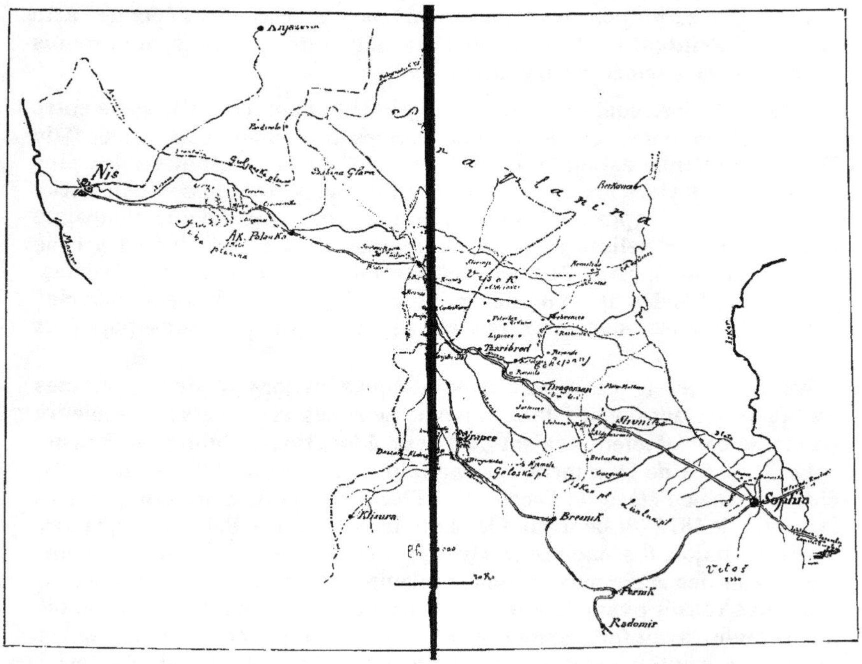
Nis
Morava
Ak. Palanka
Sudina Glava
Pirot
Tsaribrod
Dragoman
Slivnitza
Sophia
Iskar
Breznik
Pernik
Radomir
Vitos
Klisura
Vrapce
Golesk. pl.
Viskop pl.
Ljulin pl.

servi occasionnellement dans les rangs de cette armée (1); d'autre part aussi, trente-huit sergents-majors russes étaient entrés dans la composition du corps des sous-officiers.

L'armement laissait le plus à désirer. Il devait exister :

---

(1) Composition du corps d'officiers : 75 Bulgares, 46 Russes, 6 Allemands, 2 Autrichiens, 1 Français, 1 Roumain, 1 Serbe.

Au moment de la déclaration de guerre, le gouvernement russe rappela tous ses nationaux; il en résulta, dans le cadre des deux armées bulgare et rouméliote, un désarroi considérable.

Citons, à ce propos, une correspondance adressée, à l'époque, à la *National Zeitung*, correspondance qui nous offre, de plus, un croquis bien saisi de l'armée rouméliote :

« Les drucines sont de véritables régiments dont l'effectif varie entre 3 et 5,000 hommes. Quelques compagnies seulement sont armées du Berdan ; le Krnka est en forte majorité. L'habillement est aussi des plus disparates ; un très grand nombre de miliciens portent le costume national, bien mieux approprié que l'uniforme aux besoins d'une campagne d'hiver : courte pelisse en peau de mouton, culotte tricotée en grosse laine blanche, espadrilles et chiffons enroulés autour des jambes. Toutes ces bandes ne comptent qu'un nombre excessivement restreint d'officiers; elles sont, par contre, escortées de plusieurs popes et maîtres d'écoles. »

En Bulgarie, il ne restait que quelques majors et des capitaines auxquels on dut donner le commandement des régiments; la majeure partie de ces officiers avaient fait leur éducation militaire en Russie.

Le Ministre de la guerre, le capitaine Nikoforow, officier de 1875, était un ancien élève de l'école d'artillerie et s'était distingué pendant la guerre de 1877-78. Le major Grouieff, les capitaines Petrow, Paprikow de l'état-major, les capitaines Dykow, Pessirow et Sarafow, qui commandaient des régiments, étaient également d'anciens élèves des écoles militaires russes ayant ensuite pris part à la campagne 1877-78. Le capitaine Panow avait fait, comme volontaire, la campagne de 1876 avec les Serbes; le capitaine Popow, commandant le 1er régiment d'infanterie, avait fait, comme caporal, la campagne de 1877 et était officier de 1878.

Les capitaines Dukow et Bleskow, commandant les 3e et 5e régiments d'infanterie, étaient décorés de l'ordre de Saint-Georges. Les commandants des régiments de cavalerie Petrunow, Lutskanow, et Kurtsew, étaient de jeunes officiers sans antécédents. Aucun n'était âgé de plus de 35 ans.

La plupart de ces glorieux artisans de l'Union ont été les tristes victimes des agitations politiques :

Panow, Usunow, Filow et Panitza ont cueilli la palme des martyrs.

Quelque-uns ont été exilés; d'autres, enfin, ont été injustement chassés de l'armée : Benderew, Grouieff, Radko, Dimitrew, Stojanow, Dykow, Dukow, Samarow, Nikofonow.

70 à 80,000 fusils Krnka;
6 à 7,000 fusils Peabody-Martini;
16,000 fusils Berdan (1).

Cherchons maintenant à décompter les forces dont disposait le prince Alexandre après le coup d'Etat du 18 septembre; nous avons d'une part :

a) Armée bulgare :

24 bataillons	24,000
9 escadrons	1,400
Artillerie	2,250
Génie	880
Train	2.000
Dépôts	8.000
TOTAL	38,530

b) Milices rouméliotes.

	Officiers.	Sous-officiers.	Hommes.
Cadre permanent	130	500	2.930
1re levée	40	950	17,270
2e levée	»	1,540	17,650
3e levée	»	320	22.880
TOTAL	170	3,310	60,730

Soit un armée d'environ 90,000 hommes; nous n'estimerons toutefois pas à plus de 60,000 hommes l'effectif des forces agissantes.

Après les événements de Philippopoli, la majeure partie des forces bulgares, très rapidement et sommairement mobilisées, avaient été portées en Roumélie pour soutenir les milices de cette province contre une action menaçante de

(1) Le lieutenant-colonel Hungerbühler écrit que 16,000 Berdan avaient été acquis par le comité de l'Indépendance. M. Spiridion Gopcevic rapporte le même chiffre comme lui ayant été donné par le lieutenant-colonel Thewe, ancien *ad latus* du ministre de la guerre.

la Turquie : l'aile gauche était postée vers Aidos et Yamboli, le centre sur la voie ferrée autour de Seimenlii et Chaskioj ; un détachement maintenu à Sofia couvrait, à l'aile droite, la frontière sud-ouest ; la réserve se massait autour de Philippopoli. Vidin n'était que faiblement garni.

De l'autre côté de la frontière, l'armée turque se répartissait en deux groupes :

Le groupe principal, commandé par Mouktar-Pacha, assisté de Nedjib-Pacha, chef d'état-major général, formait deux corps et une réserve. L'un de ces corps avait été échelonné par Tahir-Pacha entre Andrinople et Mustapha-Pacha pour opérer en Roumélie ; il comptait approximativement 50,000 hommes. L'autre corps, de 40,000 hommes, sous les ordres de Fuad-Pacha, établi en Thrace, à Salonique et à Degeagtsch, était destiné à couvrir la Macédoine et l'Albanie. Enfin, Farli-Pacha avec la réserve s'étirait entre Constantinople et Andrinople.

Le deuxième groupe indépendant, devant imposer le respect, la Serbie se concentrait entre Uskub et Pristina.

L'armée bulgaro-rouméliote, dans l'attitude expectante, avait dû adopter cet éparpillement de forces la rendant faible sur tous les points, mais l'autorisant aussi à tenir en échec la première aggression dirigée contre elle, à l'est, à l'ouest ou au sud.

Dès la seconde quinzaine d'octobre, l'attitude menaçante de la Serbie (1) inspirait au prince Alexandre les plus vives inquiétudes. De très grands efforts furent faits pour renforcer les unités déjà constituées et procéder à de nouvelles formations. On arriva ainsi à porter à environ 7,000 hommes l'effectif de la division de l'Ouest ; en même temps les abords de la capitale et certains points plus particulièrement

---

(1) On rapporte entre autres que passant une revue à Nisch, le 16 octobre, le roi Milan aurait placé dans son allocution cette phrase grosse de menaces : « Dans deux jours la décision sera intervenue. »

importants étaient mis en état de défense . Tzaribrod, Vraptsche, Trune, Slivnitza au nord-ouest et le défilé de Vladaja au sud-ouest de Sofia.

Toutefois, dans l'inquiétante incertitude qui subsistait toujours, la frontière méridionale n'avait pu être dégarnie; elle ne le fut qu'après la déclaration de guerre de la Serbie. Ce jour, c'est-à-dire le 14 novembre, l'armée du prince Alexandre se disloquait à peu près comme suit :

Commandant en chef, le prince Alexandre ayant dans son entourage : son frère le prince François-Joseph; le baron von Riedesel, maréchal du palais; le baron Corvin, commandant la cavalerie, dont le rôle fut des plus effacés, et M. von Huhn, correspondant de la *Gazette de Cologne*.

Le capitaine Petrow remplissait les fonctions de chef d'état-major.

1° armée de l'ouest

Commandant : major Goudjew.
Chef d'état-major : capitaine Paprikof.

Deux bataillons du 4e régiment d'infanterie	Tzaribrod, Dragoman, Peterlas et Odorovci.
Deux compagnies de volontaires	
Deux escadrons	
Une batterie	
Un bataillon du 2e régiment d'infanterie	Trune, Banka, Lovnitza et Vraptsche sous les ordres du capitaine Genew.
Deux bataillons du 3e régiment d'infanterie	
Un bataillon du 4e régiment d'infanterie	
Un bataillon du 5e régiment d'infanterie	
Un escadron	
Une batterie de campagne de 8 pièces	
Une batterie de montagnes de 4 pièces	
Quatre bataillons du 2e régiment d'infanterie	Kostendil (1), Kalumnitza et Dubnitza.
Deux bataillons du 3e régiment d'infanterie	
Deux escadrons	
Une batterie de campagne de 8 pièces	
Une batterie de montagnes de 6 pièces	
Une compagnie du génie	

(1) Dans la guerre de 1330 entre la Serbie (Stevan Uros III Decanski) et l'empire bulgare (tzar Mihail Sismanic), Kostendil fut le lieu d'une grande victoire remportée le 28 juin par le fils d'Uros, Stevan Dusan.

Un bataillon du 1er régiment d'infanterie Deux bataillons du 4e régiment d'infanterie Quatre bataillons du 7e régiment d'infanterie Une batterie d'artillerie Une compagnie du génie	Dans une position de défense organisée à Slivnitza.
Deux bataillons du 5e régiment d'infanterie Un bataillon de dépôt du 1er régiment d'infanterie Deux batteries	Sofia.

Environ 13,000 hommes.

2° ARMÉE DU TIMOK

Commandant : capitaine Ouzounow.

Quatre bataillons de dépôt Deux corps de volontaires Formations de milices territoriales Vingt-cinq pièces Deux compagnies du génie	Vidin, Bregowo, Adlize et Belgradschik.

Environ de 6 à 7,000 hommes.

3° ARMÉE ROUMÉLIOTE DE L'EST

Commandant : colonel Nicolaïeff.

Quatre bataillons du 8e régiment d'infanterie Vingt-quatre pièces	Lieutenant-colonel Phylow. Yamboli.
Quatre bataillons du 6e régiment d'infanterie Un bataillon du 1er régiment d'infanterie Vingt-quatre pièces Six escadrons	Lieutenant-colonel Moudkourow. Turnovo-Semenli.
Réserve générale	Philippopoli.

Comme on le voit, il n'existe dans ces divers groupements aucune formation en division ou brigade ; les unités tactiques : régiment, bataillon de volontaires ou de milices, relèvent directement du chef du détachement ; les renforcements successifs ne modifient même pas cette organisation primitive.

Une rapide comparaison entre les deux armées, portant sur l'organisation et la préparation, nous paraît être dès maintenant imposée.

Nous savons déjà que de pénibles complications politiques imposaient au prince Alexandre une fâcheuse dissémination de ses forces : il a été dit aussi combien avait été désastreux pour lui le rappel des officiers et des fonctionnaires russes au service des deux provinces. Ce rappel avait provoqué, dans l'armée bulgare notamment, une véritable désagrégation faisant échoir à de simples capitaines le commandement des régiments, à de jeunes majors la conduite des unités de bataille; un petit nombre seulement de ces officiers avaient l'expérience de la guerre; dans la troupe aussi, les vétérans de la dernière campagne se comptaient en infime minorité.

L'armée serbe, de formation plus ancienne, se présentait à ce point de vue dans de meilleures conditions. Le plus grand nombre des officiers avaient pris part aux campagnes de 1876 à 1878; les territoriaux étaient tous d'anciens soldats.

En ce qui concerne l'armement, le Koka-Mauser était très supérieur au Berdan; malheureusement, l'approvisionnement en munitions était absolument insuffisant. Nous avons sur ce chapitre les déclarations très précises de M. Lukès, le correspondant de la *Wiener Allegmeine Zeitung*, dont nous aurons plus d'une fois à invoquer le témoignage. Le manque de munitions, se fit sentir dès le 18, c'est-à-dire le deuxième jour de la bataille de Slivnitza; à cette date, il revenait encore 140 cartouches par homme, mais en comprenant dans ce chiffre le disponible comme l'indisponible, autrement dit les cartouches du sac et celles en caisses dans les arsenaux. Le 26, à Pirot, ce chiffre tombe à 70=80. Le lendemain, les munitions sont à peu près épuisées, car il a été constaté que, dans quelques bataillons, le soldat ne disposait pas de plus de dix cartouches. Quant à recevoir des munitions de l'arrière, il n'y fallait point songer; l'armée ne commença à être ravitaillée que le 13 décembre (1).

L'artillerie des Bulgares — on a déjà eu occasion de le dire — l'emportait par la quantité du matériel sur celle des Serbes; ceux-ci, n'ayant pu recevoir les commandes trop

(1) *Armee Blatt* (Vienne) 2 février 1886.

tardivement faites en France, attelaient des pièces de divers calibres et de divers modèles : Krupp, Armstrong, de Bange et La Hitte.

Des deux côtés, le *nervus rerum* faisait défaut; M. Spiridion Gopcevic croit savoir que les Bulgares ne disposaient plus, au moment où la guerre était imminente, que d'un encaisse de deux millions et demi, alors que les Serbes purent se faire créditer par la Landerbank d'une somme de douze millions et demi.

« Dans les deux armées encore, les services auxiliaires laissaient complètement à désirer ; mais les Serbes avaient au moins un semblant d'organisation de ces services, alors que chez les Bulgares cette apparence n'existait même pas ; tous durent être requis et improvisés à l'aide de paysans. » (Prince Cantacuzène).

Théoriquement, l'armée serbe devait être à même d'entreprendre les hostilités avec une supériorité numérique telle que la défaite des Bulgares était chose à peu près certaine, déjà décidée par quelques-uns.

Malheureusement, comme l'a si judicieusement fait ressortir l'auteur des études parues dans les *Neue militarische blatter* (1er semestre 1890), la Serbie, en ne voulant appliquer que nominalement le service obligatoire, était insensiblement arrivée à adopter le *système des milices*. En Bulgarie, au contraire, le système de milices avait été transformé par une sage pratique en service obligatoire.

Ainsi en Serbie l'effectif normal représentait 25 p. 100 seulement de l'effectif de l'armée active sur le pied de mobilisation ; en Bulgarie, cette proportion accusait 66 p. 100.

La mobilisation de l'armée serbe rend évidents tous les périls de ce système ; malgré l'incorporation d'hommes non instruits l'armée active, ne put atteindre les effectifs prévus ; la deuxième levée ne fut capable que d'organiser sept bataillons ; la cavalerie dut se contenter de 1,200 chevaux au lieu de 4,000 ; l'artillerie ne put procéder à son dédoublement.

Malheureusement aussi, le roi Milan commit l'impardonnable faute de tenir son adversaire en trop dédaigneuse mésestime, croyant, il est vrai, qu'il n'aurait à combattre que les troupes bulgares, le Sultan ne pouvant permettre aux milices rouméliotes de joindre la petite armée du prince Alexandre (1). Il négligea de profiter des deux mois de répit que lui accordait sa propre initiative : il ne grossit pas ses effectifs et n'améliora en rien l'organisation de son armée. C'était méconnaître un axiome de Napoléon : « C'est un principe de guerre que, lorsque l'on peut se servir de la foudre, il faut la préférer au canon. »

Une autre faute du roi fut de ne pas avoir su choisir le général qu'il convenait de placer à la tête de l'armée. Miloutine Ivanovitch n'était qu'un favori. Le commandement suprême aurait dû, dit-on, revenir au général Gjuro Horvatovic (2). Nous rappellerons, à cette occasion, combien il est fâcheux de confier à un même général les doubles fonctions de chef d'armée et de commandant de corps ; déjà Gouvion Saint-Cyr avait sévèrement critiqué l'organisation de l'armée de Moreau en 1800 (3).

Dans le camp opposé, l'indépendance et l'autorité du

(1) Conversation du roi avec le correspondant de la *Wiener-Allgemeine Zeitung*, le 16 décembre.

(2) Gjuro Horvatovic, né le 29 janvier 1835 à Slobalnica (confins militaires, Autriche) entre en 1849 dans l'armée et prend part aux campagnes en Italie et en Roumanie. Il quitte le service à la suite de difficultés d'ordre politique et est admis en 1862 dans l'armée serbe avec le grade de capitaine d'état-major ; il est major en 1872, lieutenant-colonel en 1875 et colonel l'année suivante, après l'affaire de Babina-Glava. Le général Horvatovic était, au moment de la guerre, ambassadeur à Pétersbourg : il en fut rappelé après Slivnitza alors que la partie était déjà perdue.

Ministre de la guerre en 1886, il se démet au bout d'un an à peine de ses fonctions, n'ayant pu faire prévaloir ses projets de réorganisation de l'armée.

(3)...... Mais ce n'était pas encore là l'obstacle le plus grand : le général en chef ne pouvait se trouver sur tous les points où sa présence était nécessaire en restant à poste fixe au centre des corps d'armée dont il se réservait le commandement pour régler les mouve-

commandement étaient plus heureusement assurées. Le prince Alexandre avait su enthousiasmer son peuple et son armée; il commanda toujours en général et se conduisit en soldat chaque fois que les circonstances le lui imposèrent. Ainsi, le deuxième jour de Pirot, le voyons-nous à l'aile gauche enflammer par son exemple l'ardeur des troupes et les ramener, pour la troisième fois, à l'attaque des hauteurs à l'est de Bari-Tzifluk.

Enfin, une dernière faute, celle-la capitale (1), a été de ne

---

ments et les diverses attaques. Enfin, ce qu'il voulait faire à lui tout seul exigeait les forces de deux généraux d'une vigueur et d'un talent éprouvés; il en résulterait nécessairement que les fonctions de général en chef ou celles de commandant d'un corps seraient négligées; elles deviendraient même, dans certains cas, impossibles à remplir. Par exemple, lorsqu'il serait vivement engagé avec les troupes ayant peut-être sa personne compromise, comment trouver le moyen de donner une direction convenable aux autres corps de l'armée dont il ignorerait les chances et la situation présente? Il en résulterait que les généraux commandant les autres corps ne recevraient point d'instructions, ne sauraient quelles mesures prendre dans la crainte d'en prendre une fausse ou inopportune et que les opérations de l'armée manqueraient de l'ensemble nécessaire. Saint-Cyr ajouta qu'en adoptant une telle organisation il semblerait se faire le rival ou l'émule de ses lieutenants; que ce serait s'abaisser sans qu'il pût en résulter le moindre bien pour l'armée; que s'il croyait qu'en commandant de troupe, la réussite des opérations fût plus certaine, comme toutes celles de l'armée étaient à sa disposition, il pourrait le faire chaque fois qu'il le trouverait convenable, utile, mais que, s'il adoptait plus particulièrement un corps de troupe, cela ferait naître de graves mécontentements, non seulement parmi ses lieutenants, mais dans toute l'armée, car personne ne pourrait douter que le général en chef ayant auprès de lui les chefs des administrations, son corps d'armée ne fût servi de préférence aux autres et ne se trouvât pourvu en abondance quand les autres manqueraient des objets les plus nécessaires, devenant ainsi une espèce de corps privilégié. On devait présumer aussi que les affaires les plus brillantes lui seraient plus particulièrement réservées et qu'on ferait servir les autres à les lui assurer. Car, comment exposer le corps du général en chef à être battu ou même à n'avoir que des succès moins marquants?— (*Mémoires* de Gouvion Saint-Cyr pour servir à l'histoire militaire sous le Directoire, le Consulat et l'Empire, t. II, p. 111.)

(1) *Das Zaudern der serbischen Politik war daher ein « Fehler so gross wie kein anderer in diesem Kriege.* (Strategische Betrachtungen über den S. B. Krieg 85; capitaine Alfons Dragoni von Rabenhorst.)

pas comprendre que l'initiative politique réclamait une action militaire immédiate ; c'est principalement et le plus utilement au début des opérations « que la politique doit être en étroite communion d'idées avec la stratégie et la tactique (1). »

(1) Un des cinq axiomes qu'il faut toujours maintenir, dit le prince Kraft de Hohenlohe dans ses *Lettres sur la stratégie*. (T. Ier, p. 15.)

CHAPITRE II

L'ARÈNE STRATÉGIQUE

« La géographie est la base de la stratégie, comme la topographie est la base de la tactique. »

Cet apophthegme de M. le général Lewal est d'une si judicieuse application que nous ne pouvons nous dispenser, à la veille du jour où les hostilités vont éclater, d'esquisser l'arène ouverte aux masses agissantes.

Le théâtre des opérations se partage en deux zones : l'une au nord, l'autre au sud du Chodza-Balkan.

Dans la zone septentrionale deux objectifs : Vidin et Belogradjik.

L'aire de concentration offerte à l'offensive serbe pour atteindre un de ces deux objectifs satisfait assez complètement aux exigences habituellement recherchées.

Elle est solidement liée à l'arrière par les chemins qui aboutissent à chacune de ses extrémités, principalement sur la droite au nœud très important de Zaicar, borne de contact avec la masse centrale (routes Peracin-Zaicar et Knjozevac-Zaicar).

Son front est couvert par le Timok, dont les berges occidentales peuvent être utilisées avec avantage pour la manœuvre défensive. A l'intérieur se dresse le massif difficile de Bresovica et de Crni-Vr, redoutable place d'armes, presque inviolable, dont le rôle a été considérable dans les longues luttes pour l'indépendance.

La rivière, aisément franchissable pour qui tient sa rive, ouvre de multiples débouchés vers les deux objectifs de manœuvre :

Rakovica-Vurf-Florentin		Vidin.
Negotin-Gamzova		
Bregovo-Adlije		
Zaicar-Vrska-Tschuka-Adlije		
A.K. Palanka	Novihan-Korito.	Belogradjik.
Pirot.	Isnebol-Kadibogas . . .	

Remarquons, de plus, que la découpure de la frontière dessine une base en équerre et autorise ainsi un procédé de manœuvre dont la réussite expose l'adversaire à des situations fort critiques.

L'utilisation de ces bases en équerre date, dans l'histoire militaire, de mémorables événements au profit de ceux qui ont su en bénéficier. Napoléon en conseillait et en recherchait l'emploi ; il suffit de rappeler la correspondance avec Moreau en mars 1800 et la double base prise sur le Rhin et le Mein en 1805-1806 ; une lettre au roi de Hollande, du 30 septembre 1806, fait explicitement valoir les avantages de la ligne Mayence-Strasbourg combinée avec l'oblique Wurzbourg-Bamberg-Kronach.

Et de plus, pour mettre la théorie en un exemple d'application pratique, peut-on oublier l'insistance de l'Allemagne, déjà dotée sur son front oriental d'une base doublement dessinée, à se procurer par le traité de Francfort une frontière tracée à angle ouvert, lui octroyant des lignes convergentes sur la haute Moselle, lui facilitant l'adoption du procédé si cher à sa stratégie : la jonction sur le champ de bataille (1).

---

(1) Voici ce que M. le général Iung écrit à ce même sujet (*Stratégie, tactique et politique*, page 185) :

« L'état-major prussien paraît avoir un faible pour ce dispositif. Le figuré de la nouvelle frontière de Metz à Belfort en est un exemple. S'il paraît avantageux au premier abord, il se trouve avoir une contre-partie redoutable, l'équerre formé par le Rhin et la Franche-Comté. Dans ce cas, le point de soudure est à Belfort et à Bâle. Mais Bâle et le côté sud de l'équerre sont neutres. D'autre part, si nombreux que soient aujourd'hui les points de passage sur le Rhin, ils n'en consti-

Nous verrons dans un chapitre spécial quelles ont été les opérations passablement irréfléchies et décousues conduites dans cette zone par le général Leschjanin ; il peut seulement convenir ici d'indiquer les combinaisons acceptables et de faire ressortir les relations auxquelles sont réciproquement soumises les deux aires de l'échiquier.

L'influence de cette action réflexe s'est fait notablement sentir dans les guerres antérieures (1876, 1877, 1878). alors que la frontière jalonnée entre Nisch et Alexinac, puis sur les hauteurs qui séparent les eaux de la Nisawa de celles du Timok, laissait en territoire turc l'importante voie Vidin-Ak-Palanka.

Les trois routes de : Nisch-Gramada-Dervent-Knjazevac par la vallée du Mali-Timok (branche occidentale) ; Ak-Palanka-Babina-Glava-Pandiralo ; Pirot-Cerovo-Pandi alo, bénéficiaient, par suite, d'un intérêt essentiel en tant qu'elles permettaient, aussi bien aux Turcs qu'aux Serbes, de tourner

---

tuent pas moins de véritables défilés présentant des dangers d'autant plus grands que les masses à faire mouvoir en avant ou en arrière sont plus considérables. Je n'insiste pas. »

Et plus loin :

« Le plus curieux (des équerres naturels), toutefois, au point de vue français, est celui formé par les Vosges, la Suisse et les Alpes. Les deux côtés de l'angle sont occupés l'un par la France, l'autre par l'Italie ; l'intérieur du secteur correspond à l'Allemagne.

» L'angle mort, c'est-à-dire le point le plus vulnérable de l'équerre, se trouve être la Suisse, puissance neutre. De plus, les deux côtés de l'équerre sont reliés par de nombreuses lignes de communication. Cet équerre naturel remplit donc toutes les conditions réclamées théoriquement.

» Bonaparte en avait compris l'importance. De là, sa hâte à faire faire la route du Simplon ; de là, celle de l'état-major allemand à activer la ligne du Saint-Gothard. »

Déjà antérieurement l'auteur de la conférence sur les considérations stratégiques à propos du chemin de fer du Saint-Gothard, du Mont-Cenis et de la Corniche avait insisté tout spécialement par une démonstration géométrique sur la valeur de ces ordres stratégiques. (*Réunion des officiers*, juin 1872.)

les obstacles accumulés dans les vallées de la Nisaaw et de la Morawa (Nisch ou Alexinac et Deligrad).

C'est ainsi qu'en juillet 1876 Tchernaïeff oppose tout d'abord à Suleiman-Pacha la division du lieutenant-colonel Horvatovic menaçant Pirot et Ak-Palanka par Pandiralo et Babina-Glava. Cet essai d'offensive n'ayant pas abouti, Ahmed-Ejoub-Pacha s'engage à son tour dans la direction de Knjazevac refoulant devant lui Horvatovic qui tient à Pandiralo et le lieutenant-colonel Lazare Iovanovic établi à Gramada. C'est seulement après avoir défait cette partie de l'armée serbe (Knjazevac, 2, 3 et 4 août), après avoir occupé Zaicar, que Ahmed-Ejoub-Pacha marche par Dervent sur Alexinac où se livrent, du 23 août au 1er septembre, une série de combats dont l'issue motive la retraite des Serbes sur Deligrad.

La campagne de 1877-1878 débute d'une façon analogue.

Le colonel Horvatovic ayant pour chef d'état-major le lieutenant-colonel Miskovic, commande le corps du Timok (27,000 hommes et 72 pièces); il entreprend avec une minime partie de ses forces d'enlever, le 19 décembre, la passe de Saint-Nicolas pendant que le gros du corps menace Ak-Palanka: à droite, à Gramada, la brigade Branitchevo; à gauche, à Pandiralo, la division de Knjazevac. Peu après, la division de la Schoumadija pénétrait dans la vallée de la Nisawa. Ak-Palanka (24 décembre) et Pirot quatre jours plus tard tombaient alors au pouvoir des Serbes.

Sur l'échiquier méridional se détache Sofia, objectif essentiel.

Des considérations politiques plutôt que des spéculations stratégiques lui attribuent ce rôle important.

Il nous suffira pour définir ce rôle d'évoquer avec MM. Emile de Laveleye et Louis Léger les raisons qui ont imposé pour capitale aux Bulgares Sofia et non Tirnovo, l'ancienne résidence de leurs tzars.

1° Sofia (Sredec des Bulgares, Sofija des Turcs) est assise sur la grande voie commerciale reliant l'Occident à Constantinople ; cette situation justifie la persuasion de M. F. Kanitz: « Sofia n'est pas, mais elle sera ».

2° Sofia, placée sur le versant méridional des grands Balkans, est plus rapprochée que Tirnovo de la Roumélie et de la Macédoine ; elle prétend n'être que l'amorce, le noyau de l'état définitif qui doit grouper un jour tous les Bulgares de la péninsule. « Tirnovo convenait mieux à une Bulgarie moins ambitieuse ; le choix de Sofia indiquait l'intention de conquérir un jour la Macédoine et de s'étendre jusqu'à la mer Egée. »

L'arène stratégique est trop étriquée, les dimensions en largeur sont trop étroitement encadrées pour que la situation de la jeune capitale puisse se faire valoir avec tous ses avantages.

Pour le mieux constater, il nous faut effacer les limites conventionnelles de la politique, renverser les bornes des Etats et saisir l'ensemble de la péninsule. Sofia nous parait alors nichée sur le plateau le Mœsie, nœud orographique central.

Ce plateau commande la grande artère de Belgrade à Constantinople par les dépressions de la Morawa-Maritza, ainsi que la route de Nicopolis. Il surveille la voie de la vallée du Vardar de Novi-Bazar à Salonique et le débouché secondaire de la Struma ; il intercepte enfin les ébranchements latéraux de ces routes, relations transversales qui ne peuvent s'établir qu'entre Uskub et Nisch, Uskub et Sofia, par Uskub, Radomir et Tatar-Bazardjik.

Ainsi au point de vue géographique comme au point de vue politique et économique Sofia est dans la zone qui nous intéresse, le pôle attractif naturellement indiqué.

Cette importance, la stratégie la lui conserve sans que

nous ayons besoin de céder aux conceptions basées sur les propriétés fictives des régions dominantes, exagération si justement raillée par Clausewitz.

Sofia, dont Constantin disait avant de s'être fixé à Byzance : « Ma Rome est Serdica » s'enfonce dans une dépression du plateau (545 mètrès d'altitude), plaine large et déserte que domine au sud l'imposant massif du Vitoch (2,330 mètres).

L'ancienne métropole de la Thrace a un passé historique d'une si riche abondance que nous devons renoncer à en détacher même les épisodes les plus saillants. Son occupation par le général Gourko, le 4 janvier 1878, n'est pas non plus, en ce qui nous intéresse, d'une importance essentielle ; nous prendrons simplement prétexte de cet événement pour rappeler deux faits généralement peu connus.

M. Kanitz (*la Bulgarie danubienne et le Balkan*, page 301) écrit : « Depuis 1444, c'est-à-dire depuis quatre cent trente-quatre ans, aucun soldat chrétien n'avait pénétré dans la capitale de la Thrace. » L'auteur du volume *A travers la Bulgarie*, page 189, reproduit de son côté la même observation.

Il est possible que Sofia soit demeurée un asile inviolé, le boulevard inexpugnable du Croissant ; néanmoins, à deux reprises différentes, les Turcs ont pu voir les soldats de l'Occident insulter sa campagne.

La première fois, en 1689, le margraf de Bade envoie Piccolomini de Nisch jusqu'à Sofia ; au retour, le célèbre partisan eut à forcer le passage de Dragoman.

Plus tard encore, en 1737, un petit corps austro-serbe court sur Sofia et occupe la redoute de Badojowa, toute voisine de Slivnitza.

La capitale actuelle de la Bulgarie renferma jadis, au temps de sa splendeur, plus de 50,000 habitants ; elle n'en compte aujourd'hui que 20,000.

Les écrivains militaires allemands, s'appropriant les principes de la stratégie napoléonienne, ont défini comme premier but auquel doit prétendre la manœuvre *la défaite de la principale armée ennemie* (1).

Le meilleur moyen d'atteindre cette armée consiste presque toujours à marcher sur le point qu'elle a intérêt à couvrir. « D'où le choix *a priori* d'une ligne d'opérations qui conduira tantôt vers la capitale si elle n'est pas fortifiée, tantôt vers un point de la ligne de retraite de l'adversaire si on peut la menacer sans compromettre la sienne, tantôt enfin, sur les communications par lesquelles il aura des renforts à attendre. » (G. G., *Essais de critique militaire*, page 265.)

La ligne d'opérations naturelle offerte à l'offensive serbe aboutit à Sofia et y court directement de Pirot par Tzaribrod et le col de Dragoman; son développement est de 92 kilomètres.

La route accompagne d'abord la haute vallée de la Nischawa; au sortir de la sinistre gorge de Dervent, aux roches nues et couleur de sang, elle gravit en zigzags nombreux et rapides le col de Jecewica (726 mètres), à 45 kilomètres de Pirot; ce col se creuse au sommet de l'étranglement formé par les pentes méridionales de la Stara-Planina.

Au faîte, se développe morne et désolé un large plateau déjà sous la neige et qu'égayent seulement, dans la belle saison, quelques rares parcelles cultivées emblavées en maïs. Sur le plateau, mais presque à son palier nord-ouest, le village de Dragoman; à son issue sud-est, Slivnitza (cote 574); 15 kilomètres séparent ces deux localités.

La route, en descendant de la dorsale de Jecewica, n'emprunte aucun chenal d'érosion; elle saute de gradin en

---

(1) Clausewitz : « La véritable clef stratégique d'un pays est l'armée. »

Prince de Hohenlohe, *Lettres sur la stratégie* : « Un des cinq axiomes qu'il faut toujours observer à la guerre. »

Colmar von der Goltz, *La nation armée*; le plan de guerre.

gradin les croupes allongées qui se détachent au sud de la Visker et de la Lünlün-Planina pour séparer les sous-affluents du Blato, se déversant lui-même dans l'Isker, au nord de Sofia; ces croupes modèlent dans la plaine des lignes successives de défense appuyées à droite au Blato, adossées à gauche aux montagnes (1).

D'autres voies auxiliaires conduisent également à Sofia :

a) Chemin quittant à Novi-Han la vallée de la Morawa bulgare pour aboutir à Trune (60 kilomètres) par Vlazina, Kalumniza et la gorge de la Golema. De Trune la route atteint Bresnik (20 kilomètres), d'où s'ébranche un mauvais chemin franchissant la Visker-Planina pour descendre ensuite sur Sofia (38 kilomètres).

b) Sente difficile reliant directement Bresnik à Slivnitza (22 kilomètres).

c) Bon chemin continuant de Bresnik par Pernik (20 kilomètres) sur Sofia (32 kilomètres).

---

(1) De Sofia à Slivnitza, cette route file en droite ligne dans la plaine, à travers des terrains peu cultivés, où des herbes folles s'ébattent librement. On ne rencontre pas un village; une ferme et une auberge donnent seules quelque animation à cette voie déserte. Slivnitza n'est qu'un hameau, elle compte en tout 150 habitants. Le bois manque complètement dans le bassin dénudé de Sofia. Les habitants sont réduits à cuire avec la paille les briques dont la fabrication est une de leurs principales industries. La plaine, après Slivnitza, commence à onduler et à se resserrer; on gravit des pentes calcaires, on arrive sur les hauteurs qui furent le théâtre des combats livrés les 17, 18 et 19 novembre 1875; les Serbes n'ont pas dépassé ce point dont la possession leur eût livré la clef de Sofia.

A une heure et demie de Slivnitza, on atteint le défilé de Dragoman; il laisse à peine passer un ruisseau qui va se jeter dans la Nischava, et la route est tellement étroite que deux voitures y circulent difficilement de front. La rivière fait de temps en temps mouvoir quelques moulins. Le défilé a plus d'une heure de longueur. Après en être sorti, au bout de trois quarts d'heure on arrive à Tsaribrod. C'est une ancienne douane royale (brodnina). Le village, qui compte un millier environ d'habitants, est gracieusement établi sur la rive gauche de la Nischava, à l'ombre des saules et des peupliers. (L. Léger, *Russes et Slaves*, page 235.)

d) Route de Trune, qui, s'engageant dans la vallée de la Sukova, couronne la crête séparant cette vallée de celle de la Lukavica (25 kilomètres).

Nous connaissons déjà d'une façon générale la répartition des groupes bulgares-rouméliotes, et nous savons aussi que, dans les premiers jours de novembre, l'armée serbe s'était disloquée le long de la frontière orientale, se disposant au débouché.

Cette situation d'attente et d'observation devait fatalement provoquer des incidents de frontière dont pourrait facilement s'armer celui des deux adversaires résolu à entamer les hostilités.

Il serait sans intérêt majeur d'examiner le bien ou le mal fondé des prétextes saisis par le roi Milan; ne savons-nous pas déjà qu'il est l'initiateur responsable, l'unique fauteur de cette guerre injuste et fratricide?

Quoi qu'il en soit, notons, le 10 novembre, dans les environs de Trune, une incursion de 300 Serbes, incursion démentie par ceux-ci, affirmée par les Bulgares qui menacent de traiter en brigands tous les soldats serbes surpris sur leur territoire.

Et encore, pour ne citer que les seuls exemples empruntés à la journée du 13 : meurtre commis à Izvor (district de Kœstendil) sur la personne d'un douanier bulgare. Guet-apens à Klisoura, dont faillit être victime le sous-préfet en tournée; violences à l'égard d'une paysanne; feu sur une autre patrouille bulgare de vingt hommes, près du village de Bojitza : un homme est tué et les Bulgares ripostent.

C'est ce dernier incident que le roi Milan invoque plus directement dans la déclaration de guerre qu'il fait remettre, le 14 novembre, à 2 heures du matin, par M. Rhangabé, agent diplomatique de Grèce, à M. Tzanof, Ministre des affaire étrangères du prince Alexandre.

Cette déclaration était ainsi conçue :

« Le commandant de la 1re division et les autorités de la frontière annoncent, simultanément, que les Bulgares ont attaqué aujourd'hui 13, à 7 heures 1/2 du matin, les positions occupées par un bataillon du 1er régiment d'infanterie sur le territoire serbe, dans les environs de Vlasina. Le gouvernement royal regarde cette agression, non motivée, comme une déclaration de guerre et vous prie de notifier en son nom à M. Tzanof, ministre des affaires étrangères de Bulgarie, que la Serbie, acceptant les conséquences de cette attaque, se considérerait en état de guerre avec la Bulgarie, à partir du samedi 14 novembre, 6 heures du matin. »

En même temps, M. Garachanine, président du conseil des ministres, adressait aux représentants des puissances à Belgrade la note ci-après :

« J'ai l'honneur d'informer Votre Excellence, au nom du gouvernement royal, que les troupes bulgares ont attaqué hier, à 7 heures 1/2 du matin, les positions occupées par le 1er bataillon du 1er regiment d'infanterie royale sur le territoire serbe dans les environs de Vlasina (1). Le gouvernement royal, regardant cette agression non motivée comme une déclaration de guerre de la part du gouvernement princier, a fait notifier par l'agent diplomatique et le consul général de Sa Majesté Hellénique à Sofia, que le royaume se considère en état de guerre à partir de samedi, 14 novembre, à 6 heures du matin.

» L'agression de la Bulgarie justifie entièrement la décision que le gouvernement royal, à regret, s'est vu obligé de prendre, s'étant jusqu'à présent imposé, par déférence pour les grandes puissances, une extrême réserve.

---

(1) L'état-major serbe, en portant ce jour même la division de la Morawa au delà de la frontière, gagnait, au profit de cette aile, une journée de marche ; mais, on ne voulut pas commencer la campagne un vendredi 13 !!!

» Le gouvernement royal pouvait, à juste titre, espérer que la crise actuelle se terminerait à bref délai et que la Principauté serait mise dans l'impossibilité matérielle et morale d'inquiéter ses voisins.

» Toutefois, vis-à-vis de la situation créée par le gouvernement bulgare et dont la Serbie ne saurait accepter la responsabilité, le gouvernement royal espère que votre gouvernement voudra bier reconnaître qu'il se trouve en cas de légitime défense, et que la dignité du royaume lui impose le devoir de ne pas se soustraire à la provocation qui lui a été adressée.

» J'ai en même temps l'honneur de porter à la connaissance de Votre Excellence que S. M. le roi Milan a pris aujourd'hui le commandement de l'armée royale et qu'il n'entre aucunement dans les intentions de la Serbie de porter préjudice aux droits de S. M. le Sultan. La Serbie, qui a toujours témoigné de son respect pour les traités existants, ne saurait, dans la situation qui lui est imposée, poursuivre qu'un but compatible avec sa dignité. »

M. Gruic, ministre de Serbie à Constantinople, confirmant la déclaration ci-dessus, informait le grand vizir Kiamil-Pacha que le seul et unique motif de l'initiative serbe était la provocation bulgare et l'attaque contre les troupes serbes à Vlasina.

M. Marinovich, ministre de Serbie à Paris, formulait une déclaration conçue dans les mêmes termes : « Le roi a dû céder à la pression de l'opinion nationale; il ne pouvait subir l'affront des violences journellement exercées par les Bulgares. »

Enfin, la proclamation que le roi Milan adressait à son peuple, le 13 au soir, était plus explicite encore :

« Fidèle à la politique héréditaire des Obrénovitch et pour protéger les intérêts traditionnels de notre pays, j'ai pris, avec l'assistance des représentants de mon cher peuple, toutes les mesures nécessaires que motivait la violation des traités par le gouvernement bulgare. J'ai agi ainsi pour démontrer clairement que la Serbie ne peut rester indifférente en présence d'une perturbation de l'équilibre des forces des Etats des Balkans et surtout lorsque cette perturbation a lieu exclusivement au profit d'un Etat qui n'a utilisé sa liberté qu'à l'effet de prouver à la Serbie qu'il est pour elle un mauvais voisin et qu'il ne veut respecter ni ses droits ni son territoire.

» Les mesures douanières non justifiées que la Bulgarie a prises contre la Serbie, mesures qui ont anéanti toutes les relations commerciales entre les deux pays, n'avaient d'autre but que de prouver à la Serbie les sentiments d'hostilité dont est animée vis-à-vis d'elle la Principauté de Bulgarie depuis qu'elle existe comme Etat indépendant.

» La façon violente et illégale dont les Bulgares se sont approprié Bregova, les encouragements que la Bulgarie a ouvertement prodigués aux entreprises séditieuses contre la sécurité intérieure du royaume par des individus condamnés pour crime de haute trahison; tout cela je l'ai supporté animé du désir de donner des preuves de patience comme il sied à un Etat qui a acheté sa liberté au prix de son sang, qui a prospéré grâce aux sympathies de l'Europe et qui, dans toutes les phases de son développement, a protégé et respecté les droits d'autrui comme les siens propres.

» Mais les mauvais traitements que l'on a fait subir avec intention à des sujets serbes en Bulgarie, les mesures prises pour fermer la frontière et la concentration à la frontière serbe de masses de volontaires indisciplinés qui ont attaqué à main armée, non seulement les populations de la frontière, mais aussi l'armée serbe chargée de la défense du territoire du royaume, tous ces faits constituent une provocation intentionnelle que les intérêts les plus sacrés du pays, la dignité du peuple serbe et l'honneur des armes de la Serbie me défendent de supporter.

» Telles sont les raisons pour lesquelles j'ai accepté l'état d'hostilité publique créé par le gouvernement bulgare et ordonné à ma fidèle et brave armée de franchir la frontière de la Principauté. Le triomphe de la juste cause des Serbes ne dépend donc plus que du sort des armes, du courage de l'armée et de la protection du Tout-Puissant.

» En faisant connaître cet état de choses à mon cher peuple, je compte dans ces graves circonstances sur son amour pour la patrie et sur son dévouement à la sainte cause de la Serbie. »

Cette proclamation n'eut pas de résonance, ou tout au moins ne fut pas comprise.

» Ce qui me semble caractériser l'attitude de la population, dit M. Léon Hugonnet, c'est une résignation tout à fait orientale. La nation était d'autant plus méritoire qu'elle n'avait pas trop l'air de savoir pourquoi elle se battait. Ce qu'elle comprenait, c'est qu'elle avait un devoir à accomplir et elle l'acceptait sans enthousiasme, mais avec résignation. » (*Chez les Bulgares*, page 29.)

On a dit — et M. Spiridion Gopcevic confirme le fait — que le prince Alexandre, alors à Philippopoli, avait été surpris par la déclaration de guerre de la Serbie ; il se croyait plutôt dans une période de relative accalmie.

Le 14 au matin, la situation commandait une seule et unique combinaison. Le prince donnait donc immédiatement l'ordre de transférer sur la frontière menacée toutes les forces disponibles et se rendait de sa personne à Slivnitza pour prendre le commandement de ses troupes.

Avant son départ il adressait au peuple et à l'armée les deux proclamations suivantes :

« *Proclamation à la nation.* — Le gouvernement serbe, conduit par un but égoïste, brisant les liens de la Sainte Union, nous a déclaré la guerre aujourd'hui sans aucun juste prétexte et il a ordonné à l'armée d'entrer dans notre pays.

» Nous avons appris cette nouvelle avec un grand chagrin, car nous n'aurions jamais cru que nos frères qui ont le même sang et la même foi lèveraient la main et commenceraient une guerre fratricide dans les moments difficiles que traversent les peuples des Balkans et se comporteraient d'une manière si inhumaine et si irréfléchie envers des voisins qui, sans faire de tort à personne, travaillent et combattent pour une cause juste, généreuse et digne d'éloges.

» Laissant aux Serbes et à leur gouvernement la responsabilité de cette guerre fratricide et de ses conséquences pour les deux Etats, nous annonçons à notre peuple bien-aimé que nous avons accepté la guerre déclarée par les Serbes, que nous donnons à nos troupes courageuses l'ordre de commencer les opérations contre l'ennemi, de défendre énergiquement le pays, l'honneur et la liberté du peuple bulgare.

» Notre cause est sainte et nous avons l'espoir que Dieu nous prendra sous sa protection et nous donnera le secours nécessaire pour vaincre les ennemis, et nous sommes convaincu que, pour défendre cette cause sainte, chaque Bulgare capable de porter les armes viendra sous les drapeaux combattre pour le pays et la liberté.

» Nous prions Dieu de protéger la Bulgarie et de la secourir dans les temps difficiles que traversent le pays.

» ALEXANDRE.

» Philippopoli, 14 novembre. »

Proclamation à l'armée. — « Officiers, sous-officiers et soldats !

» Le roi serbe nous a déclaré la guerre. Il a ordonné à l'armée serbe d'envahir notre territoire.

» Nos frères serbes, au lieu de nous aider, veulent ruiner notre patrie.

» Soldats, montrez votre courage ! Défendez vos mères, vos foyers ; poursuivez l'ennemi qui nous attaque lâchement et traîtreusement jusqu'à son complet anéantissement.

» Frères, en avant ! Que Dieu nous aide et nous donne la victoire !

» ALEXANDRE. »

Faisons encore connaitre la note-circulaire que le gouvernement bulgare communiquait de son côté aux agents diplomatiques de Sofia.

« Nous portons à votre connaissance que l'armée serbe a envahi ce matin le territoire bulgare par la chaussée de Pirot et de Tzaribrod.

» Surpris de cette subite irruption, le Ministre, M. Tzanof, a fait demander ce matin, à 10 h. 1/2, à M. Rhangabé, chargé des intérêts de la Serbie, s'il avait connaissance de ce grave événement.

» A la suite de cette démarche, M. Rhangabé a aussitôt communiqué officieusement et officiel ement, à midi, le texte de la dépêche reçue de M. Garachanine ce matin, à 4 h. 1/2, et dont voici la teneur :

« Le commandant de la 1re division et les autorités de la
» frontière annoncent simultanément que les Bnlgares ont
» attaqués aujourd'hui 13, à 7 h. 1/2 du matin, les positions
» occupée par un bataillon du 1er régiment d'infanterie sur
» le territoire serbe, dans les environs de Vlasina.

» Le gouvernement royal regarde cette agression non mo-
» tivée comme une déclaration de guerre et vous prie de
» notifier, en son nom, à M. Tzanof, ministre des affaires
» étrangères de Bulgarie, que la Serbie, acceptant les con-
» séquences de cette attaque, se considérait en état de guerre
» avec la Bulgarie à partir de samedi 14 novembre, 6 heu-
» res du matin. »

» Le gouvernement princier proteste énergiquement contre les assertions contenues dans cette dépêche et déclare hautement qne les troupes bulgares n'ont point attaqué les positions occupées par les forces serbes, sur la frontière serbe, dans les environs de Vlasina.

» En présence d'une accusation grave dirigée contre lui, le gouvernement princier tient à honneur d'établir les faits tels qu'ils se sont produits..... »

Le gouvernement bulgare s'efforce ensuite de démontrer qu'il n'a rien entrepris d'hostile ni d'agressif contre la Serbie : « Personne n'ignore, dit la note, que la frontière bulgaro-serbe était complètement dégarnie de troupes il y a un mois; les troupes bulgares furent dirigées sur la frontière seulement quand il fut avéré et connu que la Serbie, au lieu de menacer directement l'empire ottoman, avait fait tout à coup une diversion contre la frontière bulgare. Personne non plus n'ignore que les troupes bulgares se trouvent aujourd'hui encore à 5, 10 et 25 kilomètres de la frontière.

» Ces mesures ne sont-elles pas un témoignage incontestable des dispositions empreintes de prudence et de modération du gouvernement bulgare, qui, loin de vouloir prononcer une action offensive quelconque, faisait au contraire tous ses efforts pour éviter à tout prix un conflit en se renfermant dans une attitude absolument défensive.

» Dans ces conjonctures, le gouvernement bulgare fait appel à la haute impartialité et au jugement équitable des gouvernements étrangers sur le caractère et la portée de la déclaration de guerre de la Serbie.

» Il appartient à l'Europe de juger lequel de nous a pris l'initiative de cette guerre et de décider de quel côté est le bon droit. »

On ne se préoccupait que médiocrement au quartier général du roi Milan des quelques troupes Bulgares en position de l'autre côté de la frontière, le gros de l'armée se trouvant encore sur les confins sud aux environs d'Hermanli.

Ce n'étaient assurément pas les deux druchines du lieutenant Slavejko postées à Tzaribrod et les 4,000 hommes achevant d'organiser la position de Slivnitza qui pouvaient gêner la promenade militaire dont Sofia était le but. On pensait bien préparer pour le 17 l'entrée triomphale du roi Milan dans la capitale bulgare. Dans tous les cas, il était certain que le roi pourrait y célébrer le 22 son anniversaire; à Londres, le ministre serbe déclarait sans aucune retenue que la huitaine suffirait pour disperser l'armée bulgare.

Dans l'entourage du prince Alexandre, les angoisses étaient mortelles et, comme il convient toujours, suivant le précepte du sage, de prêter à l'ennemi les plus habiles dispositions, on attribuait à l'état-major serbe un projet d'opérations conçu à peu près comme suit :

L'armée ennemie était évaluée à 107,000 hommes répartis en deux groupes : l'un au nord sous Horvatovic, l'autre au sud sous Lesjanin; la première armée, sur laquelle on croyait posséder des renseignements à peu près précis, était comptée à 40,000 hommes, ce qui donnait 67,000 hommes à l'armée du Sud (1).

On admettait que, tirant bénéfice de cette très grande supériorité du nombre, les Serbes s'immobiliseraient sur le front pour permettre à leurs ailes la manœuvre stratégique enveloppante.

Dans cette hypothèse, Horvatovic masquerait simplement Vidin pour marcher avec son gros vers Berkovica et gagner Sofia par la passe de Ginci; il serait rejoint à la descente du col par une partie de l'armée de Lesjanin venue par la route de Krupaz et de Smotza.

L'autre aile de l'armée était supposée devoir atteindre l'objectif par Bresnik et Pernik.

Le prince appréciant avec exagération — ce qui ne pouvait dans le cas particulier présenter de graves inconvénients — la capacité militaire de son adversaire, se rendant

---

(1) L'exagération de cette estimation ne fut reconnue que le 21 (Spiridion Gopcevic).

compte, d'autre part, de toute l'étendue de ses ressources ne demandait qu'une chose : du *temps* (1), certain du succès si on lui laissait le loisir de concentrer ses forces.

Alexandre s'est peut être alors rappelé ce que le grand Frédéric pensait des généraux sages, n'envisageant que le point capital, cherchant seulement à parer les grands coups et souffrant patiemment un petit mal pour éviter de grands maux (Instructions militaires du roi de Prusse); il n'a voulu qu'un seul dispositif de défense : la *concentration de toutes ses forces* sur la frontière la plus menacée (2).

Il ne nous est pas possible dans l'espèce d'appliquer à la recherche de ce point de concentration les procédés recommandés par l'archiduc Charles. *Moralement* obligé de couvrir sa capitale, le prince ne trouve que la position de Slivnitza, trop proche sans doute de la frontière serbe, mais sise aussi en arrière de défilés qui seront occupés par des détachements d'observation chargés de retarder la marche de l'envahisseur. Ces *détachements d'observation* peuvent être en stratégie ce que sont en tactique les *avant-postes de combat* dont M. le général Hanrion a su si parfaitement définir le rôle (3).

Nous allons voir maintenant, par le simple exposé des faits,

---

(1) « L'énergie est la plus importante des qualités militaires. L'argent est précieux, la vie humaine est plus précieuse encore; mais ce qu'il y a de plus précieux au monde, c'est le temps. » (Souvarow au général comte de Bellegarde, Turin, 31 mai 1799.)

(2) « L'emploi des *cordons* comme dispositif de défense est la négation de la science militaire. » (Général Berthaut, *Principes de stratégie*, page 175.)

Le dispositif de l'armée en *groupes isolés* est non moins vicieux ; Napoleon le condamne formellement.

(3) « Il ne s'agit pas de soutenir une lutte opiniâtre, mais tout simplement de recueillir notre cavalerie, d'arrêter la cavalerie opposée, *d'amuser* l'adversaire, de le *contraindre à se déployer*, de *gagner du temps en retardant* sa marche *en avant*. » (Observations sur les manœuvres de 1887, page 15.)

D'autre part aussi, l'instruction du 3 août 1890 attribue à ces avant-postes de combat la mission « d'user l'assaillant et de l'emmener affaibli en présence de la ligne principale de résistance ».

d'après quelles médiocres combinaisons avait été élaboré le concept de la campagne. Ce n'est pas la défaite de la principale armée ennemie que recherche l'état-major serbe. mais seulement la prise de possession des territoires convoités comme compensation d'un événement politique; il lui faut pour cela se saisir de Vidin et de Trune.

Cette conception fausse de l'objectivité première; cette fatale erreur du début (1) entrainent des conséquences aggravantes : l'inobservation de deux des principes fondamentaux de la science militaire, *l'union des forces dans l'espace ; l'union des forces dans le temps* (2).

---

(1) « Il est presque impossible de réparer, au cours d'une campagne, les fautes qui ont été commises au début. » (Mémoire servant d'introduction à la relation de la guerre de 1870-1871, par la section historique de l'état-major général prussien, page 72.) Le capitaine Walter von Bremen, de l'état-major général, a développé ce même principe, en l'appliquant aux débuts de la campagne de 1809 (10=23 avril), dans une conférence tenue à Berlin, le 4 novembre 1891.

(2) M. le capitaine von Rabenhorst (ouvrage cité, page 19) s'étonne que l'état-major serbe ait si complètement négligé les enseignements de la guerre franco-allemande. Il ne sera peut-être pas inutile de rappeler, par un cruel exemple, avec quelle facilité les leçons de l'expérience sont méconnues même quand elles vous concernent personnellement.

Le 12 mai 1859, l'empereur Napolon III écrivait au maréchal Randon, ministre de la guerre :

« Ce qui me désole pour l'organisation de l'armée, c'est que nous avons toujours l'air d'enfants qui n'ont jamais fait la guerre. Vous concevez que ce n'est pas un reproche que je vous fais. Je ne m'adresse qu'au système général qui fait qu'en France nous ne sommes jamais prêts à la guerre. »

Et encore, à propos de cette même campagne, l'opinion de l'Empereur sur l'organisation des armées (*Guerre d'Italie*, par le duc d'Almazan, page 115) :

« Une armée ne se crée pas du jour au lendemain par l'enthousiasme ou l'argent.

» Une armée peut se comparer à une forêt : avec les sommes les plus considérables vous ne sauriez vous procurer ces chênes séculaires auxquels le temps seul a donné l'élévation et la force. »

Après l'expérience de cette campagne d'Italie dont les débuts avaient si péniblement affecté l'Empereur, quelque chose de sérieux fut-il au moins entrepris pour remédier aux défectuosités de notre organisation militaire ?

Etions-nous prêts en 1870 ?

DEUXIÈME PARTIE

L'offensive serbe.

CHAPITRE Ier

TZARIBROD. — DRAGOMAN. — TRUNE ET VRAPCE

Le 14 novembre, à 2 heures de l'après-midi, la pointe d'avant-garde de l'armée serbe franchissait la frontière.

Sur la ligne d'opérations, la division de la Schoumadija, qui tient d'abord la tête, s'engage dans la vallée de la Sukova sur la route menant à Trune. La division du Danube, ayant en queue celle de la Drina, chemine sur la voie Pirot-Sofia.

Le gros est couvert : à gauche, par la brigade de cavalerie du colonel Praporzetovic (par Krupaz et Smotza) ; à droite, par la division de la Morava remontant les gorges de la Vlasina pour se diriger par Dascani-Kladenac sur Trune. Cette division est elle-même flanquée par le 14e régiment d'infanterie marchant avec une batterie, par Vlasina et Kalumniza, vers Bresnik.

Les postes bulgares ne tardent pas à s'engager.

En avant de Tzaribrod (5 kilomètres de la frontière), au passage de la Lukaviza, le détachement du lieutenant Slavejkov tient pendant une couple d'heures, dans les tranchées jetées à droite et à gauche de la route ; il force ainsi la division du Danube à se déployer et se retire, seulement vers 5 heures du soir, sur le défilé de Dragoman dont l'entrée est obstruée au confluent de la Nischawa et de la Kalotinza, par une forte redoute que soutiennent en arrière de nombreuses tranchées.

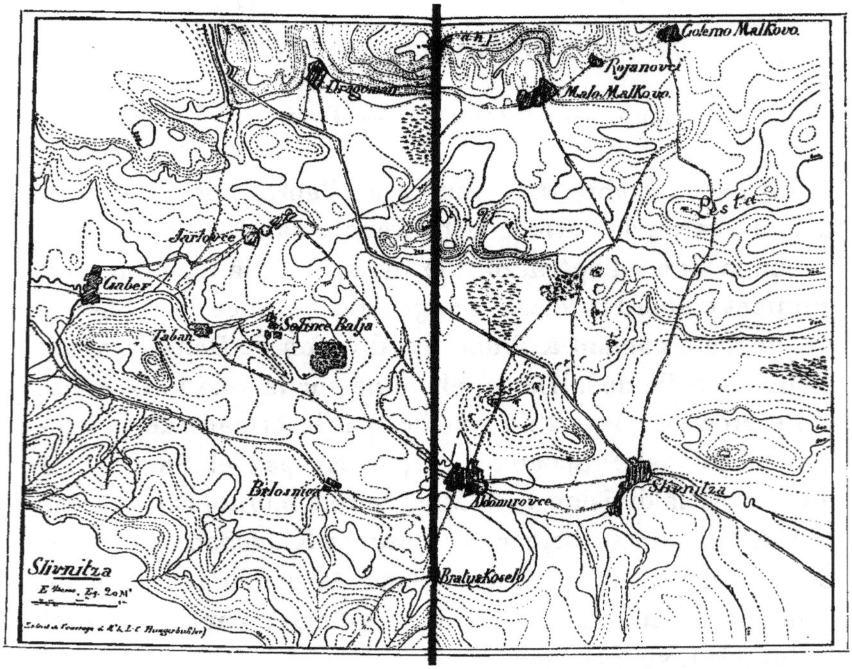

Golemo Malkovo.
Rojanovci
Malo Malkovo.
Dragoman
Pesta
Jarlovce
Gaber
Taban
Sofince Balja
Belosnica
Aldomirovce
Slivnitza
Bratuskoselo
Slivnitza

La division du Danube ne pousse pas au delà de Tzaribrod ; à gauche, la brigade de cavalerie, également engagée dans quelques escarmouches, s'arrêtait près d'Odorovzi avec mission de surveiller les cols de Kom et de Ginci, par lesquels on pouvait craindre l'incursion de bandes bulgares.

La division de la Schoumadija avait eu, de son côté, à Banjski-Dol, échange de quelques coups de fusil ; elle bivouaquait à Planinizao.

Enfin, le détachement d'extrême droite avait dû chasser des hauteurs de Ruj la druchine en observation sur la route de Vlasina.

La journée du 15 accentue l'offensive serbe à Dragoman et à Trune-Vrapce.

La colonne principale, pour se donner du champ, pousse devant elle, dans la direction de Dragoman, de fortes avant-gardes. Sur la route même, un régiment et une batterie de la division du Danube, après avoir constaté que les Bulgares se réservaient pour la défense en arrière du défilé, escaladent les hauteurs sur la gauche et s'engagent vers Karaula (midi) ; en même temps, deux régiments et trois batteries déboîtent à droite pour se diriger sur Jarlovce ; il est environ 2 heures lorsque l'artillerie occupe ses premiers emplacements.

Mais le commandement n'a pas l'intention d'actionner sur le front un engagement décisif ; le combat doit y être seulement démonstratif, car il compte sur une manœuvre tournante pour débusquer l'ennemi.

A cet effet, une partie de la division de la Drina (l'autre partie soutient la division du Danube) remonte jusqu'à Novoselo la gorge de la Lukavica, pour tomber en arrière de Jarlovce, sur la gauche de la position ; un seul régiment, le 7e (division du Danube), fut sérieusement engagé.

Vers 6 heures du soir, les Bulgares sont obligés de céder

à la pression qui se fait sentir sur leur gauche et d'abandonner aux Serbes l'issue du défilé.

A l'autre extrémité du déploiement, les divisions de la Morava et de la Schoumadija eurent à soutenir une action beaucoup plus sérieuse.

Les Bulgares, pour garder la route de Bresnik, s'étaient fortement retranchés sur les positions qui couvrent, à Vrapce et à Trune, l'embranchement des routes venant de Serbie.

A l'aile droite, en avant de Vrapce, de nombreuses tranchées étaient garnies par cinq compagnies et quatre pièces; au centre, les deux versants de la vallée de la Sukova étaient obstrués à Banka (3 compagnies) et à Lovniza (3 compagnies); en arrière de Vrapce, se tenait une petite réserve partielle. A gauche, sur les hauteurs à l'ouest de Trune, deux bataillons et huit pièces occupaient un fouillis d'ouvrages.

Une faible réserve générale était postée au pont de la Sablaniza.

Le capitaine Geneff, auquel revenait le commandement supérieur, se tenait à Trune; le capitaine Marinoff dirigeait la défense de Vrapce (1,200 hommes).

Les deux divisions serbes semblent avoir dirigé leurs efforts communs contre le centre de la position.

La division de la Morava tourne Trune par le nord, abordant l'extrême droite de la ligne de défense (entre 7 et 8 heures). Un peu plus tard, vers 11 heures, la division de la Schoumadija donne vigoureusement sur la gauche de Vrapce. Les défenseurs de cette dernière position se voient, un peu après 1 heure, entièrement débordés et obligés, pour échapper à la poursuite de la cavalerie, de se retirer excentriquement sur Philippovce où ils regagnent la route de Bresnik; toutefois, cette cavalerie poussant jusqu'au pont de la Jablaniza et, n'y trouvant personne, avait pu couper les communications télégraphiques, puis se jeter sur la route à la poursuite des trains; l'escorte de ces convois, rapidement rassemblée par le lieutenant du génie Mattheof, réussit néanmoins à arrêter l'échauffourée au village de Philippovce (3 heures).

A Trune, le combat s'était soutenu avec des chances alternatives; à midi, les Bulgares reprenaient une partielle contre-offensive; vers 5 heures, les Serbes, à leur tour, prononçaient une attaque générale que les défenseurs eurent quelque peine à repousser, ne disposant plus d'aucune réserve.

Les Bulgares évacuent Trune pendant la nuit.

M. le lieutenant-colonel Hungerbühler (ouvrage cité, p. 114), écrit au sujet de cette retraite :

« Le capitaine Geneff, auquel les patrouilles de cavalerie avaient fait connaître que la route sur Bresnik tenue par la cavalerie serbe n'était plus libre, estima qu'il ne lui était pas possible de suivre sa ligne de retraite directe. Il rassembla donc les troupes en arrière et s'engagea, sous la conduite d'un paysan, dans la vallée de la Glagovniza, pour rejoindre par un détour la route de Bresnik à Ljatnize. Cette retraite, égarée dans des bas-fonds marécageux, devient bientôt désastreuse ; on fut obligé d'abandonner les huit pièces d'artillerie, après les avoir mises hors de service ; les Serbes recueillirent le lendemain ces faciles trophées. »

Il ressort pourtant des renseignements recueillis par le chef de la mission militaire fédérale que le capitaine Marinoff, après avoir réussi à rallier une partie des troupes retirées de Vrapce, avait quitté Philippovce vers les 6 heures du soir pour aller réoccuper le pont de la Jablaniza et assurer ainsi la retraite aux défenseurs de Trune. Les trois compagnies du capitaine Marinoff ne quittent ce poste que le lendemain matin et leur retraite suivie par les Serbes (division de la Schoumadija) ne donne lieu qu'à un petit engagement d'arrière-garde près de Dragoviza.

On est ainsi porté à conclure que la cavalerie bulgare (un escadron de gendarmerie) n'assurait que très imparfaitement le service de renseignements; comment admettre que cette cavalerie ait pu ignorer la présence au pont de la Jablaniza, ou même plus loin à Philippovce, des débris du détachement Marinoff? Il est surprenant, enfin, que le capitaine Geneff soit demeuré toute l'après-midi sans nouvelles de ce qui s'était passé à Trune. Nous sommes ainsi amenés à surprendre l'organisation défectueuse du commandement.

Comme l'écrit avec si juste raison l'auteur des *Lettres sur la stratégie* : « Il nous importe peu de savoir si c'est Pierre ou Paul qui porte la responsabilité de la faute. Quand nous voyons une faute nous ne demandons pas : qui en est cause, mais quelle est la cause ? Cela nous enseigne ce qu'il faut éviter, en même temps que ce qu'il faut faire. »

Il faut convenir tout d'abord que, dans l'armée bulgare, l'organe auxiliaire du commandement, le service d'état-major, n'existait pas; puis, et c'est là le point essentiel, il ne peut être admis qu'un officier ait à concilier les doubles fonctions de commandant supérieur et de chef de détachement. Le capitaine Geneff paraît s'être trop complètement laissé séduire par ses devoirs de soldat; il n'a pas su prendre sur lui de se tenir plus éloigné de la lutte de façon à se ménager l'indépendance d'esprit si nécessaire à celui auquel incombe la *direction*.

Dumouriez à Neerwinden avait déjà commis la même faute; il ne connut que trop tardivement la retraite de la division Miranda.

Un détachement de cavalerie serbe, comme nous avons vu, avait très diligemment donné la poursuite tactique aux compagnies bulgares chassées de Vrapce. On doit s'étonner que la division de la Schoumadija n'ait pas appuyé ce mouvement et qu'elle se soit immobilisée sur les positions conquises. Cette division, en se laissant conduire par sa cavalerie au pont de la Jablaniza, prenait à revers toutes les défenses de Trune, facilitait et hâtait ainsi le succès de la division de la Morava.

Le 16, la division de la Schoumadija se porte de Vrapce sur Njemele (15 kilomètres) et Gaber, pour se rapprocher de la colonne principale.

Celle-ci perd la journée à serrer ses bataillons, à faire avancer ses trains, à rectifier ses positions.

En somme, journée non de repos absolu, mais de réelle stagnation.

Cette infraction à la loi de *la continuité du mouvement et de l'énergie* devait être fatale aux Serbes ; c'est sans aucun doute, après la méconnaissance du principe qui commande l'*union des forces dans l'espace*, la faute capitale qui les a conduits à une véritable catastrophe.

Bien plus, comme si les divisions du Danube et de la Dvina étaient lasses des 30 kilomètres (1) parcourus dans les dernières journées, comme si la division de la Schoumadija pouvait avoir été éprouvée par ses deux petites marches à travers la Grloska-Planina, il avait été décidé, sur la proposition du colonel Benizki, qu'une journée de repos serait accordée le 17 à l'armée.

Mais le prince Alexandre, arrivé le 16 dans l'après-midi sur la position qu'il avait fait organiser à Slivnitza, devait en décider autrement (2).

---

(1) Ces divisions occupent :

Le 14 au soir : la ligne Tzaribrad-Banski-Dol, après	7 à 9	kil.	de marche.
Le 15 au soir : la ligne Karaula-Visan	12 à 16		—
Le 16 au soir : la ligne Dragoman-Solince	7 à 8		—
Soit de	26 à 33		—

(2) Il en avait déjà été ainsi le 3 juillet 1866 et le 4 août 1870, tellement il est fréquent, comme dit Gouvion Saint-Cyr à propos de la bataille d'Engen « qu'à la guerre, les calculs sont dérangés par les combinaisons de l'adversaire ou par des circonstances purement fortuites. »

CHAPITRE II

Slivnitza

La position de Slivnitza, dont on a voulu faire un petit Plewna, ne mérite pas cette qualification ; c'est simplement un champ de bataille préparé (1).

Ce champ de bataille affecte, dans sa structure générale, la figure d'un triangle dont le sommet serait à Dragoman et dont les côtés s'étireraient :

Au nord, sur la crête qui aboutit par le village de Malo-Malkovo à la hauteur de Lesta, ces crêtes sont dénommées Petrovski-Crest par les Bulgares, Tchépanj par les Serbes ;

Au sud, sur l'arête dont le plateau du village de Brlaschniza marque en quelque sorte l'extrémité.

La base du triangle est dessinée par une ligne de hauteurs joignant la colline de Lesta au village d'Aldomirovce. Ainsi une sorte de cuvette allongée au fond de laquelle descend la grande route. De ce bas fond, que remplissent quelques marécages, émerge comme un promontoire, au nord de la route, la hauteur accidentée de Tri-Usi.

C'est sur la base du triangle dont nous avons jalonné le profil que les Bulgares avaient organisé leur position de résistance ; le front tout entier avait été plaqué d'ouvrages et sillonné de tranchées s'étageant sur deux, parfois même sur trois rangs.

La clef de la position était sise au nord du village d'Aldo-

---

(1) Cette appréciation inexacte a été accréditée dès la première heure par le correspondant de la *Gazette de Cologne*. « Il est impossible, écrit l'ami intime du prince Alexandre, de ne pas être frappé de la similitude qui existe entre le procédé de fortification appliqué sur la ligne du Halkali et celui créé par les Turcs autour de Plewna : tranchées fortement profilées, partiellement lorsque le temps a fait défaut ; d'une épaisseur suffisante pour résister au canon ; étagement des lignes de feu sur les pentes qui commandent la sortie du défilé ; épaulements pour les pièces avec abris pour les servants et les caissons ; enfin, solides réduits formant points d'appui et pourvus de tranchées annexes.

mirovce et à l'ouest de Slivnitza ; la route s'y trouve forcée dans un défilé, entre un mamelon et une parcelle de marais.

Le prince Alexandre, arrivé, comme on le sait, le 16 dans l'après-midi à Slivnitza, hâtait avec activité l'installation des troupes disponibles ; le 17 au matin, il comptait déjà : 11 druchines, 6 batteries (1) et 3 escadrons, auxquels se joignirent, dans le courant de la journée, 7 autres bataillons et 1 escadron (2). L'ensemble donnait tout au plus 19,000 hommes.

Le commandement en chef était virtuellement exercé par le major Goudschew, qui, en outre, commandait personnellement le centre (3) ; le capitaine Benderew était à l'aile droite ; le prince Alexandre se tint durant la matinée à l'aile droite, dans l'après-midi à la gauche.

En face des positions bulgares, la division du Danube (9 bataillons, 30 pièces) s'était établie, le 16 au soir, sur les gibbosités que modèle la colline de Tri-Usi forçant le coude de la route, entre les cotes 726 et 668 ; à sa droite et au sud de la route, la division de la Drina (9 bataillons, 24 pièces) s'étirait, par Vladimirovce, vers Solince-Balja ; à l'extrême gauche, la brigade de cavalerie observait, proche de Golemo-Malkow.

Dans la nuit du 16 au 17, la température avait subi une fâcheuse variation ; il tombait une pluie mêlée de neige, et un épais brouillard voilait encore la plaine, lorsque la division du Danube ébaucha, à l'aile gauche, un petit mouvement pour rectifier ses positions.

---

(1) 4 druchines du régiment n° 7, 2 druchines du régiment n° 5 (corps de l'Est) ; 1 druchine du régiment n° 5, 3 druchines du régiment n° 4, 1 druchine du régiment n° 2, 4 batteries du régiment n° 1, 2 batteries de montagne, 3 escadrons (corps de l'Ouest).

(2) 1 druchine du régiment n° 4, 1 druchine du régiment n° 5, 1 druchine du régiment n° 2, 2 druchines du régiment n° 3, 4 compagnies de volontaires, 1 escadron de gendarmerie, venant de Trune et ayant rejoint par Bresnik, 1 druchine du régiment n° 2 venant de Kostendil.

(3) Se reporter à la note concernant l'organisation de l'armée de Moreau en 1800.

Le prince Alexandre crut que cette division opérait une manœuvre tournante sur la droite et il se décida alors, avec beaucoup d'à-propos, à saisir lui-même l'offensive avec son aile droite, le centre et l'aile gauche se tenant dans une attitude passive (6,000 hommes, 36 pièces).

Vers 10 heures, le major Goudschew pousse en avant le capitaine Benderew avec deux bataillons de l'extrême droite, bientôt soutenus par une troisième druchine; cette attaque se heurte, dans le brouillard, aux avant-postes ennemis, probablement au bataillon adjoint à la brigade de cavalerie.

Les Serbes, d'abord complètement surpris, se ressaisissent vite; le gros de la division du Danube recueille les avant-postes, les soutient et passe à l'offensive. Cette riposte sur parade devient à son tour si menaçante pour la droite bulgare que le prince Alexandre appelle à lui sa faible réserve générale; la batterie prend position sur le mamelon au nord-est du petit bois de Tri-Usi, tandis que le bataillon court consolider et prolonger sur la hauteur de Lesta le crochet défensif péniblement opposé à la manœuvre enveloppante des Serbes.

Fâcheusement pour eux, les Serbes n'insistent pas sur ce point avec assez de persévérance; ils paraissent vouloir tâter tout le front de la position bulgare plus tôt que de distinguer nettement leur attaque décisive de leur action démonstrative.

Cette dernière est toutefois conduite avec quelque énergie au centre par la droite de la division du Danube, mais plus mollement en face d'Aldomirovce par la division de la Drina. Il se produit ainsi, dans les premières heures de l'après-midi, une sorte d'accalmie durant laquelle les deux artilleries se canonnent assez inoffensivement.

Cependant l'artillerie bulgare, un peu mieux servie et dotée aussi d'un matériel supérieur, bénéficie, entre 4 et 5 heures du soir, d'un léger avantage dont profite, avec une très intelligente audace, le capitaine Benderew pour faire descendre, des hauteurs de Lesta, deux de ses bataillons (1) et les jeter à l'assaut aux sons entrainants de la Dchuma-Maritza.

Un de ces bataillons escalade la colline de Tri-Usi, l'autre pousse sur Malo-Malkow (5 heures du soir), dépasse le village et apparait sur les crêtes du Tchépanj, au-dessus de Dragoman.

Le feu cesse de part et d'autre vers les 7 heures du soir.

Le résultat de la journée se traduit au préjudice de l'armée serbe par un léger changement de front en arrière sur la droite. Celle-ci (division de la Drina) a su se maintenir sur ses positions et ses feux de bivouac tracent dans le brouillard de la nuit une indécise lueur entre Bricsniza et le bois de Solince. La division du Danube, par contre, a dû abandonner le terrain sur lequel avait combattu son infanterie et à son extrême gauche la brigade de cavalerie s'est rapprochée de Dragoman.

Par suite d'une inexplicable incurie, la partie de la division de la Schoumadija, au bivouac près de Gaber, n'avait pas jugé à propos de marcher au canon.

Dans le camp bulgaro-rouméliote ce premier engagement se transformait presque en succès, et de fait, la jeune armée du prince Alexandre avait pu dégager, dans des conditions exceptionnellement heureuses, une des grandes inconnues de l'exécution en donnant la valeur exacte de sa force psychique.

De plus, s'il est bien vrai, comme nous le lisons dans une lettre à Stein, datée de Dammartin, le 27 janvier 1814, que le temps est le facteur essentiel du problème stratégique, la journée s'accusait plus complètement encore à l'avantage des Bulgares; ils y gagnent le répit indispensable pour ache-

(1) Suivant quelques relations, cet assaut aurait été fourni par deux bataillons du régiment du Danube. Le lieutenant-colonel Hungerbühler (ouvrage, cité page 123), sans contester absolument cette information, la tient pour peu certaine.

ver la mise en état de défense de Sofia, pour grouper au lieu décisif les éléments encore épars de leur armée.

Ainsi, dans la nuit du 17 au 18, deux bataillons du 1er régiment, quatre druchines rouméliotes, une druchine de réserve et une batterie entraient encore dans la position de Slivnitza. D'autre part aussi, la division de la Schoumadifa se postait également à la droite de l'armée du roi Milan.

C'est cette division qui, le 18, entre 7 h. 1/2 et 8 heures, provoque l'engagement en se portant par Bratuschkova sur Aldomirovce.

Les deux bataillons bulgares qui, postés à cette extrémité du champ de bataille opposent à l'attaque une honorable résistance jusqu'au moment — qui heureusement ne se fait pas trop attendre — de l'entrée en ligne de quatre bataillons du régiment de Breslaid, de deux druchines rouméliotes et de trois batteries (1). Cet opportun renforcement permet à la gauche de l'armée bulgaro-rouméliote de passer de l'attitude passive à la contre offensive, de rejeter la division de la Schoumadija, de l'expulser même de Bratruschkova dont elle avait pensé se faire un solide point d'appui.

Au centre, la division de la Drina traînait à coups de canon son indolente démonstration.

A gauche, la division du Danube s'engageait avec un peu plus d'efficacité; vers 3 heures de l'après-midi ses tirailleurs se montrent sur les pentes occidentales du Tri-Usi, cherchant à ressaisir les positions perdues la veille; en même temps, certains mouvements trahissent au centre la préparation à une attaque générale.

Le prince Alexandre n'attend pas que cette menace se

---

(1) Cette troupe appartenait probablement au détachement du capitaine Popow arrivé la veille entre 4 et 5 heures sur le champ de bataille.

confirme et porte résolument en avant les quatre bataillons de son aile droite (capitaine Benderew) (1).

A 5 h. 1/2, la journée était terminée. Le soir, les Serbes bivouaquent de Dragoman vers Gaber sur les hauteurs entre Jarlovce, Taban et Solince ; la brigade de cavalerie, qui avait pour mission de surveiller la vallée de la Kalotinza, se groupe à Kalotinza, laissant deux escadrons à Rasboiste.

Les Bulgares-Rouméliotes ont été amenés par le succès de leurs ailes à dessiner une tenaille dont le sommet est fixé sur le premier mamelon des Tri-Usi; la branche droite est orientée sud-ouest et l'extrême-gauche a dépassé l'Aldomirovce tendant vers Brlcsnica.

Sans vouloir empiéter sur les considérations qui doivent suivre l'exposé de la bataille de Slivnitza, il peut être dit ici que cette journée du 18, en quelque sorte secondaire, est surtout dominée par l'attente des événements.

Les Bulgares attendent les dernières troupes traversant Sofia pour gagner en toute hâte le champ de bataille où se jouent les destinées du pays.

Les Serbes, déplorant l'erreur préjudicielle du début, attendent anxieusement que la division de la Morava se montre sur le versant de la Visker-Planina.

Cette division était arrivée le 17 au soir à Bresnik, non sans avoir dû s'appauvrir par des détachements chargés de disputer le terrain aux bataillons que le capitaine Marinow avait pu rappeler de Kostendil, de Kalumnija et de Dubniza.

C'est probablement un détachement de cette division qui

(1) On a prétendu — et Benderew lui-même l'insinue — que le succès d'une aile droite causa au major Goudschew un si jaloux mécontentement qu'il envoya à son lieutenant l'ordre de rétrograder. Cet ordre sauva les divisions du Danube et de la Drina menacées d'être coupées de Dragoman, mais exposa aussi Goudschew à subir un échec. En effet, au moment où le commandant de l'armée portait son centre en avant, la division de la Drina, dégagée par la retraite de Benderew de toute préoccupation sur son flanc gauche, pouvait se ramasser et accabler l'attaque décousue du centre bulgare.

eut à soutenir l'engagement d'Ijvor dans les environs de Radomir. Cette supposition seule permet de concilier tant bien que mal les informations contradictoires que nous recueillons dans les dépêches serbes et bulgares.

Ainsi, une dépêche de Belgrade :

« La division de la Morava a brillamment enlevé, le 18, les retranchements établis à Tzvor sur la route de Kœstendil. Après l'occupation de cette position, la division a suivi les Bulgares dans leur retraite sur Radomir qu'elle a occupé, aujourd'hui 18, après un violent combat. »

Et d'autre part :

« On apprend, à la date du 17, que les Serbes ont évacué Izvor pour rallier la partie principale de leur armée. Le 18, les Bulgares ont attaqué près de Radomir l'aile droite serbe. Cette après-midi, nos troupes ont remporté un brillant succès dans la direction de Bresnik et de Kostendil. »

Pendant que les deux armées se tenaient ainsi en échec, Sofia était vivement alarmée par la nouvelle qu'un corps de partisans serbes s'était audacieusement glissé, par le col de Ginci, jusqu'aux plus proches alentours. Une colonne volante formée de trois compagnies, d'une droutchine de Macédoniens et d'une batterie de montagne (environ 2,000 hommes), sous les ordres du capitaine Panitza, avait aussitôt été portée à la rencontre de ce détachement. Le capitaine Panitza, après avoir fait céder ces partisans, se maintint en corps indépendant sur la droite de l'armée vers Komstiza ; nous le retrouverons à Dragoman.

Le 19, par une belle matinée, la bataille commençait déjà entre 7 h. 1/2 et 8 heures à l'aile droite bulgare (Bendereff). La division du Danube, soutenue par une action démonstrative du centre, cherchait à regagner sur les Tri-Usi le terrain abandonné la veille.

Au début, les Bulgares, redoutant une feinte démonstration, n'attribuent que peu d'importance à cette attaque ;

ils craignent pour leur gauche et n'osent ni dégarnir cette aile ni entamer leur réserve.

Cette retenue n'était pas dépourvue de raison : le roi Milan espérait sur le terrain même sa réunion avec la division de la Morava. Une fausse manœuvre semblait être le meilleur mode pour vider ce coin du champ de bataille, rendre la jonction plus aisée et plus profitable.

L'archiduc Charles, écrivant *De la démonstration*, pour définir ses trois modes, estime qu'éventer une de ces manœuvres constitue le problème le plus difficile de la science; il conseille de ne pas s'engager, pour contrecarrer une démonstration, avant que celle-ci ne soit nettement accentuée.

Quelque malaisée que soit la solution, il n'en est pas moins certain que des indices contribuent à son éclaircissement; c'est ainsi que la vigueur de l'offensive serbe, l'effectif des troupes engagées ne laissent bientôt plus subsister de doutes.

Les Serbes ont bel et bien l'intention de porter sur leur gauche l'effort principal. Les Bulgares se décident enfin à diriger sur leur droite le renfort d'un bataillon et de deux batteries, et passent à l'offensive; vers 1 heure, le mamelon n° 2 des Tri-Usi était en leur possession; vers 3 heures, ils garnissent la dernière gibbosité et, aux approches de 4 h. 1/2, la division du Danube, totalement chassée des hauteurs, se retirait vers Karaula, à l'ouest de Dragoman. Dans ce mouvement, l'effort le plus violent s'était produit près du trente-cinquième kilomètre, sur la route de Sofia-Pirot. Les Serbes, avant d'être délogés des hauteurs sur lesquelles se trouvaient les baraques des ouvriers du chemin de fer, tentent un retour offensif; refoulés, ils rétrogradent lentement d'abord, s'arrêtant de temps à autre pour fournir des salves; dans la plaine, leur reculade se transforme en déroute.

Le centre bulgare, sortant de ses positions, appuie les progrès de la droite. La division de la Drina est ainsi contrainte de se replier derrière Solince-Balja, mais sans être sérieusement entamée.

A la droite serbe, la division de la Schoumadija avait pu, sans de grand efforts, rejeter sur Aldomirovce les bataillons du capitaine Sanow; elle aurait même réussi, suivant certaine version, à occuper temporairement l'ouvrage couvrant les approches du village. Découverte par la retraite du centre, cette division avait dû finalement se conformer au mouvement de recul de la ligne de bataille et abandonner le terrain conquis; le capitaine Sanow s'avance alors à son tour.

Les trois escadrons battant l'estrade à l'extrême gauche de l'armée bulgaro-rouméliote, surveillant la route de Bresnik, avaient signalé, le 18 dans la soirée, l'arrivée dans cette localité d'une partie de la division de la Morawa (2e et 14e régiments). Dans la nuit même, le prince Alexandre avait détaché à la rencontre de cette colonne le capitaine Popow, avec sept bataillons, quatre pièces et un escadron. Le 19, entre 9 et 10 heures, en arrivant au village de Gorluta, le contact était pris. Popow prend aussitôt position à Badica et rejette Topalovic sur Bresnik.

Le prince Alexandre avait été empêché de prendre sa part de gloire à cette mémorable journée; il avait dû abandonner le champ de bataille pour courir à Sofia (28 kil.), où circulaient les rumeurs les plus alarmantes. Ce séjour de quelques heures dans sa capitale (de 11 heures à 3 heures de l'après-midi) a été très diversement interprété; nous estimons, pour notre part, qu'il est malaisé encore à l'heure actuelle de juger en parfaite connaissance de cause (1).

Dans tous les cas, cet épisode nous montre combien, à

---

(1) Bendereff et Grouieff accusent formellement le prince Alexandre d'avoir déserté le champ de bataille et de s'être rendu à Sofia uniquement pour faire emballer ses effets les plus précieux.

quelques lieues seulement du champ de bataille. l'opinion publique était incertaine et peu confiante.

Le 20, les deux armées demeurent presque impassibles en présence l'une de l'autre.

La division du Danube s'établit à Kalotinei; celle de la Drina se poste vers Vladislavce à l'entrée du défilé de Dragoman; la division de la Schoumadija étend sa droite jusqu'à Gaber; une petite tiraillerie s'échange sur le front de cette aile.

La division de la Morawa, — tout au moins une partie de cette division, — rejetée la veille sur Bresnick, n'y laisse qu'une arrière-garde pour couvrir sa retraite dans la direction de Vrapce. Le capitaine Popow pousse vigoureusement ce détachement, qui ne se dérobe qu'à 5 h. 1/2 du soir.

Le 22, le 2e régiment occupe Vrapce et Trune, pour permettre au gros de la division de s'écouler vers Dragoman. Ce n'est que le 24 que Popow se décide à attaquer ce dernier échelon; le lendemain, il occupe Trune et s'avance, le soir même, jusqu'à Banjski-Dol. Ces succès lui attirent une masse de volontaires; il dispose bientôt de près de 5,000 hommes.

Ainsi, le 24 au matin, les quatre divisions de l'armée serbe sont ramassées entre Tzaribrod et Pirot, où le roi Milan espérait trouver les 32,000 hommes du second ban appelés par son décret du 19. Comme bien d'autres déjà, cette attente ne devait aboutir qu'à une déception.

Dans l'armée bulgaro-rouméliote, les conditions étaient plus favorables : les contingents de la Roumélie, accourus les 19 et 20 dans la position de Slivnitza, avaient porté à 40,000 hommes l'effectif des troupes immédiatement disponibles, et, comme l'élan s'accentue d'heure en heure, comme les renforts ne cessent d'affluer, le prince Alexandre pourra attaquer l'armée serbe sous Pirot, avec une supériorité numérique des plus avantageuses (65,000 hommes contre 40,000).

Ce n'est qu'au prix des efforts les plus prodigieux, supportés avec un patriotisme et une abnégation au-dessus de tout éloge, que le prince Alexandre avait réussi à se procurer, au moment opportun, le bénéfice de l'*union des forces dans l'espace*. Presque tous les régiments (régiments de Varna, de Tirnovo, de Philippopoli, de Tatar-Bazardzik) venus de la frontière méridionale avaient eu à accomplir des marches forcées extrêmement pénibles (1); une de ces marches, celle du 8e régiment (Primorski-Polk) mérite une mention toute spéciale, le corps ayant parcouru en trente-deux heures, de Sarambeg à Sofia, une distance évaluée à 95 kilomètres, par un temps déplorable et un terrain difficile (col d'Ichtiman); le régiment, fort de 4,500 hommes, n'a dénoncé que 62 trainards (2).

Les troupes, il est vrai, avaient été allégées pour la marche et ne portaient que les munitions; malgré ces précautions, elles arrivaient à Sofia dans un état d'épuisement tel, qu'elles ne pouvaient agir sur le champ de bataille que par leur intervention morale ; ainsi le 7e régiment (Breslav) dut être transporté à Slivnitza sur les chevaux d'un régiment de cavalerie en formation dans la capitale.

Le parcours de 95 kilomètres en trente-deux heures est certainement un fort brillant exemple de marche forcée, mais qui ne présente absolument rien d'extraordinaire, sur-

---

(1) De Jeniban-Sarambeg à Sofia, 90 kilomètres par deux routes, celles de Ichtiman et de Samakow; on ne pouvait donc espérer recevoir les premiers renforts avant le 17; les derniers s'attardent jusqu'au 20.

(2) Embarqué le 17 au soir à la station de Seimenlii, débarqué le 18, à 2 heures du matin, à Sarambeg. Départ de Sarambeg, long repos de trois heures à Ichtiman, grand'halte à Wakarel: arrivée à Sofia à minuit et long repos de cinq heures. Enfin, le 19, à 2 h. 1/2, le régiment arrivait sur le champ de bataille de Slivnitza. M. le lieutenant-colonel Hungerbühler estime cette marche à 120 kilomètres.

tout si l'on tient compte de certains accommodements : allégement de la charge du soldat, chaussure facilitant la marche (*opankes*), robuste constitution du paysan bulgare, etc., etc.

Sans aller rechercher des faits empruntés aux guerres du premier Empire (1), l'histoire de la campagne de 1870-1871 offre quelques exemples que nous tenons pour non moins remarquables. Ainsi cette fameuse marche accomplie les 15 et 16 décembre par le IXe corps prussien, de Blois sur Orléans, avec pointe sur la route de Vendôme, soit 82 kilomètres en trente-trois heures, y compris le repos au village de Chapelle.

Encore la marche de la brigade Pittié, les 19 et 20 janvier 1871, d'Essigny-le-Grand par Gauchy-Saint-Quentin, le château de Cambrai, soit 70 kilomètres en trente heures, plus sept heures de combat.

Enfin, pour terminer ces citations, le mouvement de l'aile droite de l'armée des Vosges, les 12 et 13 octobre 1870 : départ de La Bresse le 12, entre 2 et 3 heures du matin, arrivée à Servance (par le col de Château-Lambert) le 13 entre 5 heures et 11 heures du soir, soit 70 kilomètres dans les plus misérables et difficiles conditions.

---

(1) Masséna, du 13 au 16 janvier 1797 : la série des marches exécutées au début de la campagne de 1809 et plus en détail : Oudinot, de Hanau à Augsbourg; Davout, d'Erfurth à Ratisbonne; Dupas, de Hombourg à Mülhdorf; marche de nuit de la division bavaroise Leroy, d'Innsbrück à Küfstein; etc., etc.

CHAPITRE III

CONSIDÉRATIONS RELATIVES A LA BATAILLE DE SLIVNITZA

Le chapitre Ier de la deuxième partie de cette étude nous a fait connaître dans tous ses détails le déploiement en éventail de l'armée serbe, s'étirant par une poussée de l'aile droite, avec projet d'opérer un changement de direction sur la gauche et de saisir l'objectif Sofia par une marche concentrique de trois groupes disjoints : à gauche, les divisions du Danube et de la Drina ; au centre, la division de la Schoumadija ; à droite, la division de la Morawa.

C'est la *concentration sur le champ de bataille*, le procédé si cher à la stratégie prussienne (Sadowa, Wœrth, Orléans, Le Mans), auquel nous opposerons, — lui accordant toutes nos préférences, — le système napoléonien plaçant le *point de concentration devant le champ de bataille présomptif*, autant que possible le couvrant par un obstacle : « Vous devez savoir que mon principe est de déboucher en masse. » (Lettre au prince Eugène, Erfurth, 28 avril.)

Pour ne citer que les seuls exemples empruntés à la campagne de 1813 :

Se portant sur Leipzig : « Tous les mouvements doivent se faire derrière la Saale comme derrière un rideau. » (Lettre à Ney, Erfurch, 27 avril.) Et plus tard (août), gagnant Dresde : « Rendez-vous à Stolpen couvert par l'Elbe. »

Bernadotte, dans une conversation avec Moreau au début de la campagne de 1813, appelait cette manœuvre le « coup de massue ».

Les artisans du procédé allemand ne cherchent d'ailleurs même pas à contester le blâme, déjà formulé contre les manœuvres combinées par l'archiduc Charles dans ses *Grundsæstze der hœheren Kriegskunst ;* c'est ainsi que le maréchal de Moltke se contentait de répondre par une dissertation purement spéculative aux critiques provoquées par la manœuvre stratégique des armées prussiennes au début de la campagne de 1866 :

« A la guerre, où tout est difficile, on n'atteindra l'idéal que fort rarement ; mais même la médiocrité peut, comme le résultat l'a démontré, atteindre le but qu'on s'est proposé. La jonction des armées prussiennes au moment opportun n'a jamais été considérée, — au moins par l'état-major prussien, — comme une idée particulièrement lumineuse ou une combinaison trahissant une science profonde. C'était bonnement ce qu'une situation primitive défavorable, mais nécessaire, commandait de faire, et ce fut réglé d'une façon intelligente et exécuté avec énergie. » (*Militær-Wochenblatt*, 1867, n° 18.) (1).

C'est à cette préparation intelligente, à cette exécution énergique qu'est due l'heureuse jonction des masses ; nul n'a su mieux la définir que le général von Voigts-Rhetz dans sa lettre au général Tümpling (*Münchengratz*, 29 juin) : « *Die ganze Machine klappte wunderbar auf Stunde, ja Minute* » (*Die V° Inf. div. im Feldzuge*, 1866, von Lutzow.)

L'insuffisance de la préparation, la mollesse de l'exécution conduisent toujours, avec des procédés équivoques, à de fatales conséquences. Slivnitza est une preuve nouvelle de cette vérité déjà affirmée en mainte circonstance, serait-ce seulement par la campagne de mai 1831, alors que Skrzynecki se portait contre la garde russe en trois colonnes, dont

---

(1) Et d'autre part : « L'invasion de la Bohême par les colonnes isolées de l'armée prussienne est considérée comme une combinaison fautive, car elle risquait de se heurter à l'armée autrichienne, concentrée auparavant. La résolution et la rapidité de l'exécution corrigèrent le vice du plan de campagne.» (Général Lewal : *Introduction à la partie positive de la stratégie*.)

celle de Lubinski fit défaut, privant ainsi le général en chef des 12,000 hommes qui devaient lui assurer la supériorité du nombre.

Plus heureux que Benedeck, le prince Alexandre de Bulgarie, servi par les circonstances, favorisé surtout par la malhabileté et le manque de caractère de son adversaire, a su bénéficier de tous les avantages de la *ligne intérieure* avant que l'*enveloppement stratégique* ne se soit transformé én *enserrement tactique*.

La grande erreur de l'état-major serbe a été de vouloir appliquer servilement et inintelligemment le procédé de la stratégie allemande. En 1866 et en 1870, l'état-major de Berlin s'était fort bien trouvé du débouché sur plusieurs lignes d'opérations. Le système était sans doute infaillible. Les Serbes devaient payer cher cet empirisme.

Il n'était pas permis au roi Milan d'ignorer que les groupes bulgares en avant de Trune et Vrapce n'étaient que de simples détachements d'observation et que, même soutenus par les rassemblements qui pouvaient se former à Bresnik, Pernik et Radomir, leur rendement était purement défensif.

A quoi bon, alors, faire manœuvrer contre ces groupes deux divisions? Il suffisait amplement, pour assurer la sécurité de cette partie de la frontière, d'immobiliser les formations territoriales de la division de la Morawa.

Au début, dans la période des premières incertitudes, il était encore acceptable de contraindre cette division à un rôle de protection, mais à un rôle temporaire ne lui interdisant pas de s'associer à l'acte décisif; l'engager sur la route de Bresnik, c'était renoncer à la coordination des forces, c'était commettre une faute (1).

(1) « Lors de la première concentration des armées, il faut absolument veiller à couvrir les provinces menacées. Il importe donc de garantir son propre territoire, mais en disposant les troupes de façon que toutes

Comme l'a si magistralement exposé l'archiduc Charles, jamais la jonction des colonnes n'est assurée, tant interviennent de causes multiples pour dérouter les combinaisons : terrain, temps, adversaire. Même dans les mouvements tournants à petite envergure, une résistance inattendue peut faire avorter tout le plan d'attaque (1); à plus forte raison ces mouvements tournants sont-ils condamnables lorsqu'ils empruntent l'ampleur des manœuvres stratégiques, lorsqu'ils se combinent sur un échiquier encombré d'obstacles; enfin, lorsque leur exécution est confiée à des généraux de médiocre valeur, disposant de troupes de qualité inférieure.

Dans de semblables circonstances, le roi Milan n'aurait dû consentir qu'à une seule combinaison : *la manœuvre des masses*.

Les Serbes durent, par une inexorable fatalité, constamment subir les conséquences de leur première faute ; ils seront jusqu'à la dernière heure en désaccord flagrant avec ces deux indispensables facteurs du succès :

1° A la guerre, toutes les forces doivent coopérer et concourir à la réalisation d'un seul et même but ; c'est ce que nous appellerons l'*union des forces dans l'espace*.

2° Il faut amener le plus de monde possible à l'endroit où

---

les forces soient disponibles et réunies lorsqu'il s'agira de frapper les grands coups. » (Colmar von der Goltz : *La Nation armée*.)

Et encore ce que Gouvion Saint-Cyr écrit à propos du corps de Desaix (campagne de 1794) : « ... Car, lorsqu'il s'agit d'observer un corps, il n'est pas besoin de lui être supérieur ni même égal en forces... Dans une pareille circonstance, si l'on doit être faible quelque part, c'est assurément sur les points où l'on se tient en observation ; mais où l'on veut frapper de grands coups, il faut être fort pour qu'il n'y ait point d'hésitation dans l'attaque ni de doute sur le succès. »

(1) C'est ce qui advint à Werder le 22 octobre 1870, se portant sur la ligne de l'Ognon : Degeafeld force à Etuz, Keller démontre plus à gauche, mais le prince Guillaume de Bade, chargé du mouvement tournant à droite, par Pin, n'arrive que trop tardivement.

l'on veut frapper le coup décisif. C'est le principe de l'*union des forces dans le temps,* énoncé par Napoléon dans la forme bien connue : « Quand vous livrez bataille, rassemblez toutes vos forces, n'en négligez aucune ; un bataillon quelquefois peut décider d'une journée. »

Le prince Eugène, qui n'était, il est vrai, qu'un médiocre général « n'ayant ni l'habitude ni la notion de la guerre (1) », mais que Napoléon ne se lassait pas de conseiller, perdit la bataille de Sacile (16 avril 1809) pour avoir combattu avec cinq divisions seulement sans attendre d'avoir été rejoint par les dragons et la division Lamarque.

Enfin, cette désagrégation des forces serbes aura encore une autre conséquence : elle infirmera ce facteur moral que von der Goltz a caractérisé « la discipline intellectuelle ».

Au point de vue tactique, la position occupée le 16 au soir par l'armée serbe ne satisfait que très médiocrement aux conditions généralement recherchées. Les divisions de la Drina et du Danube ont à dos un défilé difficile et les gorges de la Lukavica gènent la liaison avec la division de droite (Schoumadija) ; ces inconvénients sont toutefois palliés par l'attitude expectante imposée aux Bulgares et la simplicité du déploiement qui couvre naturellement la voie de communication.

Cette voie, qui se confond ici avec la ligne de retraite, est du reste si peu étendue, qu'il est difficile de lui attribuer l'importance généralement acquise à ces lignes. Elles ne pouvaient même pas être éventuellement découvertes par une de ces manœuvres que Napoléon conseille à propos de la bataille de la Trebbia ; le chemin exploité par la division de la Morava était trop détestable pour se prêter à un changement de ligne d'opérations.

Reste à examiner quelle position convenait le mieux à la jonction des divisions serbes. Napoléon, nous le savons

(1) Napoléon, *Burghausen*, 30 avril 1809.

déjà, — ne serait-ce que par les observations qu'il adresse à Joubert avant Novi, — désirait cette jonction loin de l'ennemi et autant que possible à l'abri d'un obstacle.

Mais il en est autrement dans le cas qui nous intéresse; les caractères de cette campagne sont à ce point rapetissés que les périodes du déploiement, des marches de concentration et des actions décisives dans la zone de manœuvre se confondent dans une concordante simultanéité. On en conclura une fois encore que l'armée du roi Milan n'aurait dû franchir la frontière qu'en une masse compacte.

Nous avons la bonne fortune de nous trouver en cette conclusion complètement d'accord avec le projet d'opérations que le capitaine von Rabenhorst (ouvrage cité, page 30), formule comme le plus avantageux.

L'armée principale groupant ses quatre divisions avait à effectuer sa marche stratégique dans la vallée de la Nischawa. La protection des ailes s'imposait : à droite sur Bresnik, quatre bataillons avec un demi-escadron et de l'artillerie de montagne cheminant par Dascani, Kladernac et Trune; sur la gauche, vers le col de Ginci, par Slavinje et Komstiza, deux bataillons avec un peu d'artillerie et de cavalerie.

La brigade de gendarmerie Proporcetovic était à pousser par Belogradeck vers Berkovica, pour établir la jonction avec le groupe indépendant opérant dans la vallée du Timok, tout en se réservant la faculté de se rabattre plus tard par Ginci sur Sofia.

Quant au groupe indépendant agissant dans la vallée du Timok, son rôle était purement défensif, une forte brigade y suffisait.

Dans le camp bulgare, les indices du moment, sans être précisément remarquables, sont tout au moins fort satisfaisants.

La préoccupation dominante répond à un sage conseil de von der Goltz. Le moyen le plus efficace de la défense contre un « mouvement enveloppant, c'est le combat ». C'est ainsi qu'on se décide à se poster en arrière des défilés pour laisser à la défensive toute liberté de s'organiser et se ménager ensuite la possibilité de saisir la ligne intérieure.

L'attitude des Bulgares dans les deux premières journées de la bataille de Slivnitza ne nous enseigne rien; la défensive à laquelle ils sont contraints ne leur procure que l'avantage de pouvoir profiter des fautes de l'adversaire.

Nous savons déjà que le prince Alexandre n'eut garde de négliger les avances de la fortune; le 18, il exploite fort habilement le décousu des attaques serbes pour accentuer sans relâche la poussée en avant de son aile droite.

On a prétendu d'abord, puis bientôt on a affirmé, — la presse allemande y est pour beaucoup depuis les victoires bulgares — que le prince Alexandre avait entrevu dès le début la solution stratégique commandant de manœuvrer contre l'aile gauche serbe pour rejeter l'ennemi au sud de la route Sofia-Pirot.

A notre avis, cette conception est erronée; l'objectif indiqué était la droite serbe.

Démembrer cette droite était rendre vaine l'assistance déjà trop tardive de la division de la Morava. La bataille de Waterloo nous fournit une preuve frappante de cette logique; un acteur du drame a écrit ainsi :

« Il est malaisé de comprendre pourquoi Napoléon n'a pas choisi pour objectif principal l'aile gauche de l'armée anglaise; la victoire eût été plus aisée et les résultats bien plus considérables. » (*Kriegsgeschichhtliche Einzelschriften*, n° 6. Mémoires du général de cavalerie, comte Nostiz, aide de camp du maréchal Blücher, page 53.)

Le major von Meckel, dans son remarquable ouvrage (*Allgemeine Lehre von der Truppenführung im Felde*, page 218) spécule sur le même thème, mais en le commentant :

« Napoléon a dû se borner à la seule attaque de front, un enveloppement de l'aile gauche anglaise l'exposait à être pris à dos par les Prussiens accourant au canon ; une action contre l'aile droite favorisait ce qu'il fallait seulement éviter, savoir la jonction des deux armes alliées. »

Or, à Slivnitza ce n'était nullement le cas ; le prince Alexandre n'avait rien à redouter, le 18, de la division de la Morava : il pouvait donc lui être conseillé d'opérer contre l'aile droite serbe, ce qui équivalait à une véritable rupture du centre avec les conséquences les plus préjudiciables pour la division isolée.

Si le prince Alexandre avait pu faire de la stratégie ou de la grande tactique — comme il plaira aux adeptes de la logomachie dogmatique — c'eût été, à notre avis, fort mal le servir que de l'engager à agir contre l'aile gauche serbe.

Mais, nous le répétons, le prince de Bulgarie n'a pu avoir la prétention de *manœuvrer* : il a *combattu* parce que le besoin lui en était imposé, précisément et là seulement, où il était absolument nécessaire.

La gauche et le centre de l'armée unie se trouvaient en excellentes conditions ; seule, la droite était fâcheusement postée à proximité de hauteurs dangereuses occupées par les Serbes. C'est pour dégager cette droite et éloigner d'elle la compromission que l'effort bulgare s'est porté ou a été appelé sur ce point.

L'enchaînement naturel de faits, une conséquence prévue devaient localiser sur ces hauteurs l'intérêt de la bataille.

Intérêt purement *tactique*, ne l'oublions pas, et qu'il n'est pas toujours aussi facile que le conseille l'archiduc Charles d'accommoder aux exigences de la stratégie.

De beaucoup préférable nous semble la pratique du général von der Thann à Kissingen, obligé de se soumettre à la défense directe de la Saale (10 juillet 1866) et cherchant deux points différents: l'un stratégique, *Poppenhausen*, l'autre tactique, *Bodenlaube-Schlegelsberg*.

Les Serbes, pour leur part, ont manœuvré avec un laisser-aller qui trahit l'incertitude du commandement et l'absence totale de cette discipline *intellectuelle* que Von der Goltz a trop admirablement exposée dans le chapitre 13 des *Opérations et combats* pour qu'il y ait autre chose à faire que d'y renvoyer le lecteur.

La bataille de Slivnitza étant l'épisode dominant de cette campagne, nous pouvons sans tarder davantage nous autoriser à quelques observations sur la tactique des différentes armes.

La plus importante de ces remarques portera sur le feu de l'infanterie. Egarés par l'exemple des combats sous Plevna, les Serbes, pourvus d'une arme excellente, sacrifient toute autre considération à l'exploitation outrée des propriétés balistiques de leur Koka-Mauser. Avec des hommes insuffisamment encadrés et que ne maintient pas une ferme discipline, le feu précipité, disséminé et mal ajusté ne tarde pas à dégénérer en une de ces inutiles *tireries* déjà si sévèrement condamnées par le maréchal de Saxe et que le comte de Saint-Germain nous a bien dit être une des manifestations du cœur humain (1). Mais, bien plus, comme les Turcs en plus, d'une occasion, notamment au combat de Tchelopetz (4 décembre 1877), — les Serbes tirent la crosse à la hanche sans autre prétention que de noyer le terrain sous une grêle de plomb.

Les Bulgares arrivent promptement à la constatation d'un fait déjà établi sur les champs de bataille qui avoisinent Plevna, à savoir que ce feu impuissant est presque sans effet aux petites distances de combat.

Les zones dangereuses devaient donc être traversées aux

(1) *Des exercices des troupes*. 2e partie.

plus vives allures sans se laisser attarder dans un inutile combat de mousqueterie.

Telle est aussi la pratique des Bulgares ; elle est naturelle, il n'a pas été besoin de la leur enseigner. Comme les Russes, ils ont la baïonnette fixée au canon, épargnent leurs munitions, ébranlent aux petites distances l'adversaire par un feu bien ajusté et foncent sur lui à l'arme blanche : « *Poulia doura chtyk molodietz* ».

Le plus souvent, cette attaque n'est plus que la constatation du résultat acquis.

La position de Slivnitza mesure approximativement un développement de 10 kilomètres, ce qui, pour 40,000 hommes environ présents le 19 sur le champ de bataille, donne une densité de quatre hommes, fort inférieure à la densité normale, qui doit être en moyenne de neuf à dix hommes ; on doit donc admettre que les Bulgares ont attribué à leur position de résistance une extension fâcheusement exagérée. Dans les lignes serbes, cette exagération est encore plus accentuée ; le décousu des attaques en est une conséquence logique.

Quant à la durée de la lutte, l'histoire a déjà fréquemment enregistré des batailles de deux (Dresde, Leipzig) et même de trois jours (Gettysbourg, 1er au 3 juillet 1863) ; l'épuisement des hommes, les nécessités de l'alimentation et du remplacement des munitions, s'accordent pour limiter à trois jours la plus longue durée des grands engagements à venir (1).

Enfin, il y a lieu encore de rappeler que la bataille a été livrée par un très mauvais temps. La nuit du 16 au 17 fut particulièrement pénible : le matin, un épais brouillard noyait la plaine (2). D'une façon générale, les troupes eurent beaucoup

---

(1) *Recherches des améliorations à introduire dans les procédés et les formations de marche des grandes unités* (*Revue d'Infanterie*, 1891).

(2) Du 16 au 22, la division de la Drina, pour ne citer que celle-là, ne fit pas de cuisine.

à souffrir du froid; même un certain nombre de soldats eurent les membres gelés. Bien que la région soit à peu près sous la même latitude que Toulouse ou Florence, la rigueur de l'hiver y est beaucoup plus sensible par suite de l'altitude des vallées et du déboisement complet des montagnes.

TROISIÈME PARTIE

L'offensive bulgare.

Combat d'avant-garde à Dragoman. — Combat de Zaribrod.
Pirot. — Proposition d'armistice.

Nous savons déjà comment s'était effectué, dans la journée du 20, le mouvement rétrograde de l'armée serbe. La désagrégation, l'anéantissement des forces matérielles et morales de son armée imposaient au roi Milan cette résolution désespérée.

Ajoutons, toutefois, à l'honneur de cette armée, qu'elle fit mine au moins « de tirer du fourreau l'épée de Renaud ».

Quant au prince Alexandre, son apparente inaction pendant les journées des 20 et 21 a prêté à certaines critiques. Est-il blâmable, comme Jourdan le 2 septembre 1796 (1), d'avoir laissé aux vaincus le loisir de rallier son armée?

Nous pensons, quant à nous, que ce reproche est insuffisamment motivé.

L'état des troupes bulgares-rouméliotes réclamait impérieusement une accalmie. Les hommes, exténués par des privations de toute sorte, rendues plus pénibles encore par suite de l'inclémence de la température, avaient absolument besoin de se refaire; les régiments qui avaient combattu en première ligne et qu'il n'avait pas été possible de relever se trouvaient notamment dans un lamentable état; puis, le

---

(1) Napoléon, *Campagne de 1796*, deuxième observation.

mode de renforcement dont les chefs de l'armée bulgare-rouméliote avaient dû s'accommoder avait porté au comble d'une inextricable confusion le mélange des unités tactiques.

Epuisée et désorganisée par l'effort même qui lui avait valu le succès, l'armée du prince Alexandre était en tous points incapable de compléter la victoire par une opiniâtre et fructueuse poursuite.

Les Bulgares durent donc se borner, dans cette journée du 20, à faire observer par quelques escadrons la retraite de l'armée serbe.

Le lendemain, le prince fait appuyer ses escadrons par une colonne volante aux ordres du capitaine Bendereff (un bataillon, deux pièces). Ce détachement, porté par Malo-Malkovo, Berende, Radcina, compromet, mais insuffisamment, par quelques escarmouches. l'écoulement des divisions serbes à travers le défilé de Zaribrod.

Le même jour, on peut se le rappeler, le major Popoff avait dépassé Bresnik, et, à l'autre aile, le capitaine Panitza battait l'estrade entre Komstiza et Slavinje.

Ce n'est, à proprement dire, que le 22, à 10 heures du matin, que se manifeste la contre offensive bulgare; c'est à ce moment que le lieutenant-colonel Nicolajeff quitte Slivnitza avec une avant-garde forte de sept bataillons, deux batteries et un escadron.

Quelques heures plus tard, ce détachement se heurtait à Vladislavce aux deux régiments de la division de la Drina formant l'arrière-garde serbe; celle-ci occupait, à l'entrée du défilé, les hauteurs qui dominent au nord-est le village de Dragoman, sur la route même le Han et, au sud, les mamelons couvrant les approches du hameau de Draguil.

Le maréchal Bugeaud, écrivant *De l'ordre de combat pour l'infanterie*, trouve occasion de déclarer que, si la science de la guerre admet des principes absolus, ceux-ci sont en si petit nombre que lui-même n'en peut formuler que quatre. Un de ces principes, « ne jamais attaquer le taureau par les cornes quand on peut faire autrement », semblerait, à première vue, pouvoir s'adapter à l'affaire de Dragoman.

A Busaco, Masséna sacrifie bien inutilement les divisions Merle et Heudelet, puisque le lendemain Montbrun et Sainte-Croix, envoyés en reconnaissance avec la cavalerie, apprennent d'un paysan qu'il existait sur la droite un chemin praticable aux voitures par lequel l'armée peut tourner la position et gagner Coïmbre.

Mais à Dragoman il n'en est plus ainsi : l'attaque de front s'impose, sans autre atténuation que d'en régler au mieux l'exécution tactique; celle-ci est presque parfaite : préparation par l'artillerie, appui successif prêté par cette arme à l'infanterie, utilisation du terrain, etc. A ce dernier point de vue, nous retiendrons encore une intéressante observation : les Serbes garnissent des reliefs aux pentes très brusques; il se dessine ainsi au pied des hauteurs un grand angle mort, dans lequel les Bulgares peuvent se recueillir, presque sans péril, avant l'escalade. Cette vigoureuse attaque à la baïonnette, prononcée vers 4 heures par le régiment de Tirnovo (n° 6), fait tomber au pouvoir des Bulgares Draguil, Letnica et le Han de Dragoman (au 45e kilomètre).

Au bruit de l'engagement, le prince Alexandre était accouru pour soutenir son avant-garde avec le 8e régiment, un bataillon de Rouméliotes et une batterie; ces renforts n'eurent pas à s'engager.

Le soir, le gros de l'armée serbe (divisions du Danube, de la Drina et de la Schoumadija) bivouaquait au sud de Zaribrod ; la division de la Morava avait évacué Trune ; la brigade de cavalerie tenait entre Odorovci et Krupaz ; le quartier général du roi est déjà à Pirot ; les avant-postes bulgares ont été poussés jusqu'au moulin près du 48e kilomètre.

Le 23 au matin, l'armée bulgare-rouméliote tout entière se met en mouvement : au centre, le lieutenant-colonel Philoff, formant, avec huit bataillons, trois batteries et un régiment de cavalerie, le gros, que précède le lieutenant-colonel Nicolajeff; à droite, le major Goudscheff, avec huit bataillons, deux escadrons et une batterie sur les traces du détachement Bendereff, avec lequel il se fusionne, le 24, à Peterlatz; à gauche enfin, le capitaine Popoff presse, au delà de Vrapce, la retraite de la division de la Morava.

Le gros de l'armée serbe se replie lentement sur Zaribrod, la division de la Drina évacuant successivement toutes les positions sans se laisser engager dans une action générale ; c'est essentiellement une journée de manœuvres.

A 2 heures, l'avant-garde bulgare pénètre dans le défilé de Dragoman, les deux ailes en avant sur Kalowce et Kolince, la cavalerie plus à droite encore, par Berendev et Izvor.

Un peu avant 4 heures, le gros débouche dans la conque de Zaribrod; quelques tirailleurs serbes des 9e et 19e régiments jetés dans les bosquets qui avoisinent la localité sont si aisément expulsés qu'à 5 h. 1/2 le prince Alexandre pouvait établir son quartier général à Zaribrod, dans la maison même précipitamment abandonnée l'avant-veille par le roi Milan.

L'armée serbe, fort capable encore de se faire respecter, a rassemblé ses divisions : à gauche, celle de la Schoumadija à Paskasijo; au centre, à Milojkovac, celle de la Drina, puis celle du Danube à Ciniglavi ; au centre, ont été tracés quatre emplacements pour batteries reliées par des tranchées aux hameaux de Coinsot et de Silincha.

Le lendemain 24, écrit un témoin, M. Spiridion Gopcevic (*Bulgarien und Ost-Roumelien*, p. 526), un engagement sérieux paraissait imminent; la division d'arrière-garde serbe s'établissait en position d'attente sur les hauteurs entre Praca et Planini, soutenue par une autre division vers

Peterlatz, et plus en arrière encore par les deux autres divisions en avant de Pirot. La journée s'écoula néanmoins jusque vers 4 heures du soir en particlles et molles tirailleries. A ce moment, deux bataillons des régiments de Varna et de Tirnova se portent vivement en avant pour enlever aux Serbes les hauteurs de Neschkovo (1), à environ 2 kilomètres au nord-ouest de Zaribrod. C'est au cours de cette affaire que le capitaine Michel Katanitz, du 12e régiment, s'illustra par une glorieuse défense du drapeau ; ce valeureux officier, atteint de trois coups de baïonnette et de deux coups de feu, tomba aux mains des Bulgares, mais non sans avoir eu le bonheur de sauver son drapeau.

Cet engagement nous fournit un exemple caractéristique d'un prodigieux gaspillage de munitions de la part des Serbes. Le bois couronnant le plus élevé des deux sommets du mont Neschkovo était défendu par trois bataillons. Les Serbes, d'après la constatation faite le lendemain sur les lieux mêmes, durent consommer, en moyenne, 100 à 150 cartouches par homme ; les Bulgares n'eurent néanmoins que 58 hommes hors de combat.

Le 25, par trois fois : de grand matin, à 11 heures et à 1 heure, le roi Milan faisait offrir au prince Alexandre un armistice de huit, puis de cinq jours.

Cette intervention de la politique dans le domaine de la *stratégie active* était motivée par une ingérence des puissances doublement actionnées.

D'une part, sur la proposition de la Russie, l'Allemagne et l'Autriche-Hongrie, auxquelles s'étaient joints les représentants de la France, de l'Angleterre et de l'Italie, avaient

---

(1) M. Spiridion Gopcevic donne à cet engagement le nom de combat de Preglediste ; M. le lieutenant-colonel Hüngerbühler en fait l'épisode final de la journée du 23.

remis à Belgrade à M. Garaschanin, une note engageant le roi Milan à négocier la cessation des hostilités.

D'autre part, la Porte avait fait parvenir à M. Karavelow un télégramme invitant le prince Alexandre à accepter les bases d'un armistice et annonçant que, pour faciliter à la Serbie cet accommodement, un commissaire impérial allait être envoyé à Philippopoli pour administrer la province de Roumélie.

Le prince Alexandre se contenta de répondre aux avances des Serbes qu'il ne traiterait de paix que de l'autre côté de la frontière, à moins que les puissances ne lui garantissent de la part de la Serbie une indemnité de guerre de trente millions.

La Porte fut informée, non moins fièrement, qu'il ne pouvait être question en ce moment d'une renonciation du fait accompli; le gouvernement bulgare cesserait de répondre de l'ordre en Bulgarie si un commissaire ottoman se risquait à Philippopoli.

N'était-ce pas là le langage qui convenait à un audacieux, favorisé par une fortune inespérée, sachant aussi que le droit de dicter ses volontés n'appartient qu'à celui en état de soutenir ses prétentions par la force des armes?

Du reste, le roi Milan lui-même, certain qu'il ne pouvait en être autrement, n'avait pas attendu l'issue des négociations entamées pour ordonner, dès 4 heures du matin, la retraite de son armée, ne laissant devant les Bulgares qu'un faible réseau d'avant-postes.

La journée du 26 marque la dernière phase de cette courte campagne. Après avoir chassé les Serbes de sa principauté, le vainqueur de Slivnitza pénètre à son tour sur les terres du roi Milan.

Pirot (Cher-Keni des Turcs) est une ville bulgare détachée de la province par le traité de Berlin, modifiant les articles 3, 4 et 12 de celui de San-Stefano. Peu de temps après son annexion à la Serbie, Pirot payait, par l'exil de son évêque, par l'emprisonnement de ses plus notables habitants, des sympathies trop hautement avouées à sa patrie historique et ethnographique.

Son passé est glorieux aussi ! Elle fut témoin des luttes héroïques soutenues par le knèze serbe Lazar et par Jean Chichman contre Mourad le Victorieux ; non loin, la Kèbe Kalesji (tour des Crânes) rappelle le mouvement insurrectionnel de 1809 et les trépas de Singgelitch, enfermé dans le fortin sur le mont Vojnik, qu'il fit sauter au moment où les Turcs enlevaient les retranchements.

Plus tard encore, en 1841, Milosic y donna le signal d'une levée de boucliers promptement étouffée dans le sang.

Aujourd'hui Pirot, déchue, n'est plus qu'une humble bourgade de 3,500 habitants aux rues boueuses et fétides ; c'est à peine si elle se maintient encore par sa fabrication de tapis, jadis recherchés dans tout l'Orient. Seuls, ses beaux jardins subsistent encore, et la Nissawa y étale toujours ses flots bavards et argentés.

Vers 2 heures de l'après midi, les Bulgares, qui se sont avancés de 7 kilomètres environ, occupent la ligne Drschina-Krupac-Alacer-Vojnegovci-Smrdan ; la lenteur de leur mouvement est due autant à la résistance très tenace de l'infanterie ennemie, vigoureusement soutenue par sa cavalerie, qu'à la configuration du terrain, se prêtant favorablement à la défense.

Plus on approche de Pirot, plus la ligne de résistance se rétrécit. Les Serbes, malheureusement, ont négligé cette commodité ; la position, en quelque sorte, n'a pas été organisée ; les emplacements de batteries ont à peine été ébauchés, et c'est tout au plus si une tranchée de quelque étendue couvre au sud-ouest, du côté de la manutention, l'accès de la ville. Là se tient un bataillon du 9e d'infanterie (1) détaché

(1) M. Lukes, correspondant de la *Wiener Allgemeine Zeitung*, raconte que ce bataillon n'avait plus que trois officiers pour le commander.

de la division du Danube (1), postée elle-même en arrière de la ville, sur le Sarlak. A droite, s'étale la division de la Drina, sur les hauteurs qui dominent Drzina-Rasniza et Bari Ciflik; à sa gauche, la division de la Schumadija garnit la croupe à l'ouest de Gradasniza; enfin, la division de la Morawa manœuvre en arrière de la droite, entre Rasniza et Blato.

Vers 4 heures du soir, le mouvement des Bulgares se dessine avec plus d'énergie; ils immobilisent leur droite, où ils n'ont que deux ou trois bataillons et une batterie pour tenir en échec, vers Izvor, la division du colonel Binicki. La véritable action se déroule au centre et à gauche; à cette aile, six à huit bataillons et deux batteries s'engagent dans une très sérieuse démonstration contre Drzina, menaçant la ligne de retraite de l'armée serbe; néanmoins, le colonel Miskovic sait très énergiquement le maintenir à Drina. Les deux ailes de l'ennemi ainsi tenues en panne, le prince Alexandre attend que le crépuscule ait annihilé l'action des batteries serbes qu'il n'a pu éteindre; il fait alors donner son centre (5 heures 1/2).

Les trois bataillons, lancés comme une masse de rupture, dessinent une ligne épaisse de tirailleurs voilant les colonnes d'assaut. Les Serbes, chassés des tranchées, sont rejetés sur la ville; l'attaque y pénètre sur leurs talons et s'y maintient malgré la contre-attaque énergique mais trop tardive d'un bataillon et l'intervention très audacieusement osée de quelques groupes du 1er régiment de cavalerie; un de ces détachements, conduit par le lieutenant Mileta Tauschanovitz, du 3e escadron, mérite une mention toute particulière (2).

---

(1) Cette division était alors commandée par le colonel Hærstig, remplaçant le général Miloutin Jovanovic, relevé de son commandement; le commandement en chef de l'armée avait été remis provisoirement au colonel Topalovic, en attendant l'arrivée du général Horvatovic, qui, à l'appel de la reine, avait quitté son ambassade, si l'on préfère, son exil de Pétersbourg.

(2) Emmène 89 prisonniers.

Il est 6 heures : les Bulgares s'étendent dans la ville, qui devient alors, dans l'obscurité, l'arène d'une chaude mêlée. Les Serbes, en se retirant, font sauter la poudrière (6 h. 1/2); plus tard encore, dans la nuit, les derniers bataillons évacuent le Sarlak, que les Bulgares occupent à leur tour. En réalité, aux lueurs de l'incendie la nuit tout entière se passe en alarmes.

D'autre part encore, le capitaine Popów, arrêté devant les villages de Kaëzki et de Javorshi, avait réussi tardivement, dans la soirée, à déboucher sur Drzina; à minuit, après la perte de la « hauteur Noire », la division de la Drina (1) est contrainte de rétrograder sur Rasniza et Presjau.

Le résultat de cette première journée est la reculade de l'armée serbe; le centre (division du Danube) a dû céder jusqu'à Giljan; la droite (division de la Drina) tient Rasniza; la gauche (division de la Schoumadija) reste accrochée à Gradasnija; la division de la Morava est maintenue en réserve à Blato.

L'armée bulgaro-rouméliote n'a pu en vérité que forcer le centre serbe, y pénétrant comme un coin.

Cette situation ne laisse pas que d'être dangereusement critique pour le prince Alexandre; s'il ne réussit pas à séparer en deux tronçons l'armée ennemie, ses ailes se reformeront sur lui comme les deux mâchoires d'une tenaille.

La deuxième journée de la bataille de Pirot (27) ne commence sérieusement qu'à 6 heures du matin, quoique depuis 4 heures les avant-postes soient déjà aux prises.

La première phase de la bataille tourne tout à l'avantage des Serbes. La division du Danube regagne le terrain perdu la nuit précédente, réoccupe la crête du Sarlak et chasse les Bulgares de Pirot; il est alors un peu plus de 10 heures.

(1) Les 5e, 7e et 15e régiments; ce groupe est commandé par le lieutenant-colonel Magdalenovitz.

Sur cette partie du champ de bataille, l'artillerie seule restera agissante (7 batteries bulgares contre 5, puis 8 batteries serbes).

C'est entre la droite ennemie, dans le secteur Bari-Ciflik-Rasniza, que le prince Alexandre persévère à appliquer son effort décisif.

Vers 2 heures de l'après-midi, la division de la Drina ayant absorbé une partie de la division de la Morava (1) (colonel Paplovic), appelée de Blato, repousse, avec l'aide de la grande batterie du centre, une première tentative d'assaut.

Un peu après 3 heures, la gauche bulgaro-rouméliote reprend la partie manquée; le détachement du capitaine Popoff, suffisamment reposé, coopère cette fois à l'attaque, et se porte, par une manœuvre enveloppante, contre le flanc droit des serbes ; la division cède et se replie sur Kostur.

Cette retraite de l'aile droite entraine le centre, qui va prendre une nouvelle position entre le grand et le petit Sudorolo. Dautre part, la division de la Schoumadija, découverte sur la droite, commençant à éprouver sur sa gauche l'action de la colonne du major Goudscheff (2), cède à son tour et se retire sur les hauteurs bordant la rive droite de la Temska.

La journée était irrémédiablement perdue pour les Serbes ; le roi Milan établissait le soir son quartier général à Ponor.

---

(1) M. le lieutenant-colonel Hüngerbühler admet, il est vrai, l'intervention d'une partie de division de la Morava, mais ce vers 11 heures du matin, au bénéfice de la division du Danube (p. 145).

(2) La marche de ce détachement avait été probablement retardée et par l'ampleur d'un itinéraire trop excentrique et par les difficultés du terrain. Le major Goudscheff, à son arrivée sur la Basava-Planina, avait marché avec une partie de son monde droit sur Gradaschniza, portant quatre bataillons et une batterie de montagne contre la gauche de la division de la Schoumadija ; c'est la pression de ce détachement qui, vers 4 kilomètres, décida la retraite de la division.

Le 28 au matin, l'arrivée au quartier général bulgare, à Pirot, du comte de Khevenhüller, ministre plénipotentiaire d'Autriche-Hongrie à Belgrade, vint imposer au prince Alexandre la cessation des hostilités ; il s'exposait, en cas de refus, à y être contraint par une intervention autrichienne.

L'Autriche-Hongrie jouait, à cette occasion, le rôle que la politique avait déjà fait tenir en 1859 à la Prusse et, en 1866, à Nicolsbourg, à l'empereur Napoléon (1).

François-Joseph tirait le roi Milan d'une situation affreusement désespérée.

Les lentes et difficiles négociations qui devaient aboutir à la paix furent précédées d'un armistice fixant la ligne de démarcation entre les deux armées.

Ce tracé laissait Pirot aux Bulgares et, par compensation, maintenait les Serbes devant Widdin au bord de la ligne Vitbol-Rakovicka ; il convenait, en effet, de leur tenir compte des quelques médiocres avantages recueillis par le général Leschanin sur cet échiquier secondaire.

---

(1) La Prusse — fait dire M. de Moltke, dans la relation de la campagne d'Italie, par la section historique de l'état-major prussien — était complètement armée. La mobilisation des deux tiers de son armée était achevée et le reste était sur le pied de guerre. Les troupes étaient déjà en route pour se rendre aux premiers endroits de rassemblement.

QUATRIÈME PARTIE

CHAPITRE Ier

LES OPÉRATIONS DE LA DIVISION DU TIMOK

Il a déjà été dit, au chapitre traitant du déploiement stratégique, combien paraissait fâcheuse la position assignée sur le flanc droit de l'armée de la Nischava à la division de la Morava.

L'isolement sur le flanc gauche de la division du Timok mérite les mêmes critiques. Dans ce secteur, la protection du territoire serbe ne motivait nullement l'emploi d'une force aussi exagérée; prendre l'offensive, sur ce théâtre secondaire, était une faute imputable à une erreur de conception stratégique.

Ces observations faites, examinons les actes du général Leschjanin.

La division du Timok (chef d'état-major colonel Radovan Miletic) compte approximativement 10,000 hommes, répartis, à la date du 15 novembre, en trois colonnes le long de la frontière :

Colonne de droite (lieutenant-colonel Putnik) : deux bataillons et une batterie de montagne à Kadibogas; un bataillon détaché surveille le col Saint-Nicolas;

Colonne du centre (colonel Djuknic) : huit bataillons, trois escadrons et deux batteries, entre Vrazogrnac et M. Izvor :

Colonne de gauche (lieutenant-colonel Dinic) : quatre bataillons entre Negotin et Bregova.

Remarquons de suite que ce dispositif développe un front de 80 kilomètres, étendue beaucoup trop considérable pour permettre en temps utile la concentration de colonnes que leur faiblesse numérique expose à toutes les mésaventures.

Du côté des Bulgares, le capitaine Usunow disposait à Vidin de trois bataillons ; ses forces, avec l'appoint des milices locales, s'élevaient à 6 ou 7,000 hommes.

Des postes avaient été détachés à Bregovo, Adlije et Belogradschik ; des milices locales s'organisaient à Lom-Palanka.

Les opérations de la division du Timok peuvent se répartir en trois périodes :

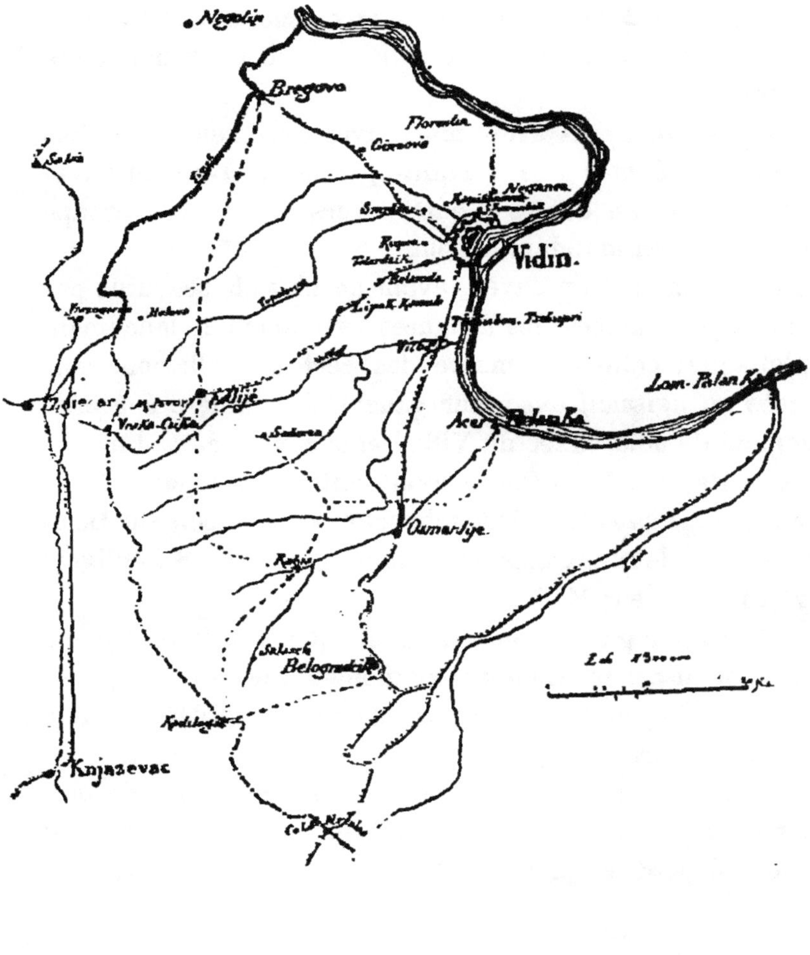

A) Passage sur la frontière et menace sur Lom-Palanka (15 au 19 novembre).

B) Reconnaissance contre Vidin et occupation d'Acer-Palanka (20 au 23).

C) Investissement de Vidin (24 au 28).

A. — Passage de la frontière et menace sur Lom-Palanka. (15 au 19 novembre.)

Le 15 novembre, à 10 heures du matin, c'est-à-dire le lendemain de la déclaration de guerre, la colonne du centre franchit la frontière se dirigeant sur Adlije.

A 1 heure 1/2, l'avant-garde est aux prises avec les avant-postes bulgares solidement établis à environ 2 kilomètres d'Adlije.

Le général, après avoir manœuvré avec ses deux ailes pour faire redouter à cette avant-ligne un mouvement enveloppant, force au centre et enlève vers 4 heures le groupe d'ouvrages commandant la route.

Insuffisamment éprouvés, ayant de plus été secourus par des troupes fraiches, les Bulgares reviennent le lendemain à l'attaque; cette fois encore, les Serbes confirment leur succès en agissant avec leur gauche de manière à rejeter l'ennemi dans la vallée du Vitbol et le couper de Vidin.

A droite, le colonel Putnic avait quitté Kadibogas le 16 au matin, mais sans réussir à déboucher de Salasch sur Belogradschik; deux engagements fâcheux, les 17 et 18, l'obligent à rétrograder sur Kadibogas.

A l'extrême gauche, le lieutenant-colonel Mihaila Dinic a été prévenu par les Bulgares au moment même où il opérait à Bregovo le passage du Timok; de ce fait, le détachement ne put entreprendre que le 18 sa marche sur Ginzova.

Pendant ce temps, le général Leschjanin néglige de profiter de l'occasion qui lui est offerte de pousser droit sur Vidin; il perd les journées des 17, 18 et 19 à manœuvrer dans la direction du sud-est, pour gagner, par un grand détour, Osmanlije; seul, un petit détachement, sous les ordres du colonel Djuknic, est laissé sur la route Lipak-Karanla-Vidin.

B. — Reconnaissance contre Vidin et occupation d'Acer-Palanka.

Le 20, le général Leschjanin redresse la direction de marche pour se porter au nord sur Vitbol. Un détachement par Acer-Palanka couvre son flanc droit.

Le soir de ce jour, la division du Timok occupe au large de Vidin, avec ses têtes de colonnes, les emplacements suivants :

A droite : colonne principale (général Leschjanin) à Tschuban-Tschupri.

Au centre : fraction de la colonne principale (colonel Djuknic), à Tatardzik.

A gauche : lieutenant-colonel Dinic, à Smerdau, Kapitanovce et Nagonovce.

Le 21, les colonnes rectifient leurs positions ; les journées des 22 et 23 sont consacrées à des reconnaissances peu favorisées par un temps brumeux et une température inclémente.

Vidin, dont les Bulgares vont entreprendre l'investissement, est une ville de 14,000 habitants, bâtie dans un terrain bas, entrecoupé de marais ; les fortifications consistent : 1° en une enceinte extérieure en terre de 3 mètres de hauteur sur 4 mètres d'épaisseur, renforcée de onze redoutes pouvant chacune être armée de six canons ; 2° en une enceinte intérieure formée de sept fronts bastionnés avec revêtement de 12 mètres, fossé large et profond et un chemin couvert avec glacis.

C. — Investissement de Vidin.

Le 24 au matin, pendant que le lieutenant-colonel Dinic fait des démonstrations sur la gauche, le général Leschjanin rassemble ses forces à Belarada pour refouler les Bulgares dans la place. Après une lutte tenace, pied à pied, à l'abri dans de vieux ouvrages derniers vestiges des luttes anciennes, les Bulgares se replient le soir derrière l'enceinte extérieure.

Les Serbes établissent cette nuit même leur première parallèle.

Le 26, l'assiégeant réussit, malgré de grandes difficultés (1), à amener dans ses batteries les treize pièces dont il peut disposer. Le lendemain 27 matin, un peu avant le jour, les Bulgares risquent une énergique sortie au sud-ouest entre la route Vidin-Tatardzik et le ruisseau de Topolorica ; les Serbes réussissent, non sans peine, à repousser cette attaque.

Le 22, les batteries d'attaque et les pièces de la défense échangent, de 8 heures à 5 h. 1/2 du soir, un feu d'une extrême violence. Quelques heures plus tard, dans la soirée (9 h. 1/2), les deux partis en viennent aux mains, sans qu'il soit possible de préciser — tellement les rapports sont contradictoires — si ce combat a été provoqué par une tentative d'assaut ou par une sortie de la place (2).

---

(1) Terrain détrempé, vingt bœufs attelés aux pièces.

(2) D'après M. Spiridion Gopcevic (ouvrage cité, p. 602), les assiégés eurent l'initiative de cette attaque, quoique le capitaine Usunow ait eu connaissance dans la soirée même, par la voie de Kalafat, de la suspension des hostilités ; il espérait dégager les approches de Vidin avant que la dénonciation de l'armistice ait définitivement établi les situations respectives.

C'est du reste ce qu'avait déjà fait le général de Fransecky, le 22 juillet 1866, au combat de Blumenau : vers 7 h. 1/2, comme l'action s'engageait, il eut connaissance, par une lettre du chef d'état-major de la Ire armée, qu'une convention d'armistice venait d'être conclue pour deve-

A 3 heures du matin, le général Leschjanin recevait avis de l'armistice conclu à Pirot; il en informait aussitôt le capitaine Usunow, avec lequel il fut stipulé que le feu et les travaux cesseraient immédiatement, chacun des deux partis en présence s'immobilisant dans les positions occupées.

Il s'en faut de beaucoup que les opérations du général Leschjanin soient exemptes de critique.

On peut tout d'abord lui reprocher une excessive lenteur dans ses mouvements : c'est ainsi que la colonne principale a employé sept journées pour franchir 57 kilomètres. Puis, et c'est à notre avis le blâme le plus sérieux qu'il encourt, hésitation malheureuse dans le choix de l'objectif.

Si le général était résolu à se porter sur Vidin, il devait le faire sans loisir et, après son engagement heureux à Adlije, marcher sur la place. Une attaque de vive force tentée le 19 aurait peut-être réussi ; les risques, dans tous les cas, devaient en être courus (1).

---

nir exécutoire à partir de midi. Le général ne voulut pas rompre le combat espérant arriver jusqu'à Presbourg, de façon à faire comprendre cette ville dans la zone attribuée aux troupes prussiennes.

(1) Investissement de Paris. — Les Allemands auraient-ils pu le 19 septembre 1870, après le combat de Châtillon, tenter le passage entre les forts à la suite de nos fuyards et enlever des remparts défendus par des gens affolés ?

Le général Vinoy (page 152) dit : Oui ; l'ennemi avait de fortes chances pour conduire à bonne fin cette tentative hardie. Le général Ducrot (p. 153 et 154), dont M. Alfred Duquet (Paris, le *Quatre Septembre et Châtillon*, p. 224) adopte les conclusions, riposte : Non, les Allemands n'auraient pu se rendre maîtres des forts d'Issy, de Vanves et de Montrouge et surtout de l'enceinte continue.

Investissement de Sébastopol. — Le même problème s'était déjà présenté au lendemain de la bataille de l'Alma. « Ni l'exaltation des troupes, ni leur résolution de se battre jusqu'à la dernière extrémité, n'auraient pu sauver Sébastopol si l'ennemi eût attaqué immédiatement après son passage de la Tchernaïa. » (Général Todleben.) Dans l'armée

Le détour par Osmanlije n'avait aucune raison d'être ; il ne s'excuse même pas. Une diversion sur Lom-Palanka n'était pas mieux justifiée : c'était perdre son temps et s'exposer à des échecs partiels.

En lui-même, mais exécuté dans d'autres conditions, le projet d'opérer contre Lom-Palanka était quelque peu tentant :

1° Parce que la situation stratégique attribuait à ce point une importance *momentanée* plus importante qu'à Vidin ;

2° Parce qu'il pouvait convenir au général Leschjanin de rechercher pour les débuts un succès plus prompt, plus décisif que celui à espérer de l'investissement de Vidin (1) ; il savait cette place dotée d'une double enceinte, bien pourvue d'artillerie et d'autant plus facile à ravitailler qu'elle s'appuyait au fleuve commandé par la flottille bulgare (2).

Enfin, de même que pour l'armée principale, il y a encore à relever, à propos de cette division du Timok, une coupable imprévoyance : rien n'avait été préparé.

---

française, la même opinion était communément admise, comme il ressort notamment de la correspondance du général Wimpffen.

Nous pourrions encore ajouter l'exemple des lignes de Düppel (9 février 1864.)

(1) Il y a avantage à rechercher au début des opérations de faciles succès pour élever le moral des troupes, surtout de jeunes troupes ; c'est par cette considération, bien plus que par la nécessité dans la connaissance offensive, que le colonel du Bessol livre, le 24 novembre 1870, le petit combat de Mézières. (Axel de Rapp, *Campagne de l'armée française du Nord*, p. 39.) Ce sera le plus souvent par des opérations de détachements que l'on réussira à se procurer ces faciles succès ; du reste, d'une façon bien plus générale, l'*aptitude* des troupes est un des facteurs constants de la tactique. Qui n'a pas été frappé, en étudiant les premières batailles de la Sécession, de l'abus des mouvements tournants ?

Pouvait-il en être autrement avec des troupes inexpérimentées que les généraux devaient hésiter à mener de front à l'attaque d'une position ?

(2) M. Spiridion Gopcevic émet le même avis. (*Bulgarien und Ost-Roumelien*, p. 591.)

Pour investir sur le front de terre seulement (1) une place de l'importance de Vidin, 10,000 hommes étaient notoirement insuffisants (2), alors surtout que le corps de siège était dépourvu de parc ; enfin, on ne s'était nullement préoccupé, durant la longue période qui avait précédé la déclaration de guerre, de pourvoir l'artillerie et le génie du matériel et des approvisionnements indispensables à un siège.

L'armistice, conclu le 29 novembre, aboutit au traité de Bucarest, signé le 3 mars 1886.

La campagne qui vient ainsi de se terminer, envisagée au point de vue spécial de la politique, pourrait utilement servir de commentaire au chapitre que l'auteur de la *Stratégie appliquée* a intitulé « la Politique de la guerre ».

On a déjà pu se rendre compte — il est par suite inutile de revenir sur ce point — de l'inaptitude diplomatique de la Serbie *avant la déclaration de guerre.*

Sa plus grande faute fut — bénéficiant, par un heureux

---

(1) Nécessité d'investir une place sur les deux rives d'un cours d'eau.

Siège de Valence par le maréchal Suchet (3 novembre 1811-9 janvier 1812) : la place n'est réellement investie que le 26 décembre, date à laquelle les cinq divisions Harispe, Musnier, Palombini, Reille et la division de cavalerie Boussard passent près du village de Ribarioja, sur la rive droite du Guadalaviar.

En mars 1810, l'investissement et la prise de l'île no 10 sur le Missisipi obligent le général Grant à s'emparer d'abord de New-Madrid (rive droite), puis de réduire au silence les batteries de la rive gauche ; c'est alors seulement qu'il pourra débarquer sur la rive kentuckienne, à Dan Watson's.

(Général Pierron, *Methodes de guerre,* t. III, 2e partie. p. 815, 821, 865.)

(2) Le général Brialmont (*Régions fortifiées*) évalue l'effectif minimum pour observer une place à une fois et demie celui de la garnison ; un corps de blocus doit être numériquement au moins trois fois supérieur à celui de la défense.

hasard, de l'initiative politique — de ne pas profiter de cet avantage pour compléter sa mobilisation et raisonner le projet des premières opérations, jusqu'à l'heure précise où il pourrait lui convenir de prendre l'offensive stratégique.

En un mot, l'Etat n'a connu aucun de ses devoirs en ***stratégie politique*** et en ***stratégie active*** (1).

La détestable politique du roi Milan devait fatalement avoir pour conséquence une guerre désastreuse ; car, comme l'a écrit Clausewitz, « la guerre n'est qu'un instrument de la politique, elle en prend le caractère et les dimensions ; elle n'est, dans ses lignes principales, autre chose que la politique elle-même, qui, tout en changeant la plume contre l'épée, obéit encore et toujours à ses propres lois ».

Le prince Alexandre, lui, sait mieux — quoique tardivement — employer au service de la stratégie active les ressources d'une politique astucieuse : il réussit d'une part à éloigner le péril qui le menace de Constantinople, d'autre part à dominer complètement la situation intérieure.

Au cours même de la campagne, l'intrusion de la diplomatie se manifeste, quoique inutilement, sur le champ de bataille de Slivnitza et, le 25, sous Vidin.

Il appartient également à la politique, pendant les opérations, de combiner et de relier les manœuvres des différentes armées ; toutefois, cette fonction de la diplomatie ne trouve pas, dans le cas particulier que nous envisageons, occasion de s'appliquer, la division du Timok ayant été fautivement chargée d'une mission trop indépendante.

Enfin, la diplomatie amène, dans des conditions singulièrement anormales, la cessation des hostilités.

Nous savons déjà que la menace d'une intervention militaire arrête la marche victorieuse du prince Alexandre.

---

(1) Il est, pensons-nous, inutile de donner la définition de ces termes, dont M. le général Iung a rendu l'interprétation si aisée dans son savant volume *Stratégie, tactique et politique*.

Le cabinet austro-hongrois, intervenant en faveur de la Serbie, n'était en réalité que le mandataire d'une coalition favorisant, en échange d'exigences communes, des intérêts particularistes. Les Bulgares ne peuvent que s'incliner devant cette menace et accepter, au lieu d'un traité définitif, les équivoques incertitudes d'une négociation.

Quelques jours plus tard, le 11 décembre, les commissaires des deux partis, n'ayant pu s'entendre sur la délimitation des zones d'occupation, les puissances durent intervenir directement et confier à leurs représentants militaires accrédités à Vienne, non plus un rôle d'arbitre, mais bien un mandat impératif (16-21 décembre).

Peu après prorogation de l'armistice jusqu'au 1er mars.

De fait, l'autonomie diplomatique de la Bulgarie est complètement restreinte; la Porte, au moment des négociations politiques, recouvre ses droits de puissance suzeraine : c'est son délégué Madjid Pacha qui négocie à Bucarest avec le représentant serbe Mijatovitsch.

Le 3 mars, signature du traité de paix; il se tient en un unique paragraphe :

« La paix entre la Serbie et la Bulgarie est rétablie à dater du jour de la signature du présent traité. »

En réalité, rien, absolument rien n'était rétabli.

L'union des deux provinces de Bulgarie et de Roumélie orientale était devenue un fait accompli, sans que la Serbie eût pu obtenir la compensation à laquelle elle prétendait avoir droit.

ANNEXE

1° Pertes de l'armée serbe d'après le rapport statistique du docteur Vlodan Gjorgjevic.

Armée de la Nischava à l'effectif de 37,743 combattants : tués, 665 (1,76 p. 100) ; blessés, 4,197 (11,12 p. 100) ; disparus, 1,566 (4,15 p. 100).

Division du Timok à l'effectif de 6,002 combattants : tués, 81 (1,34 p. 100) ; blessés, 373 (6,21 p. 100) ; disparus, 75 (1,24 p. 100).

Pertes en officiers dans l'armée de la Nischava : tués, 11 (2,28 p. 100) ; blessés, 97 (20,13 p. 100).

Total des pertes : tués, 746 ; blessés, 4,570 ; disparus, 1,641.

D'après la statistique publiée en 1886, la proportion des tués est de 1,65 p. 100, celle des blessés de 10 p. 100 ; on observe un très grand nombre de blessures aux mains, presque toutes des *mutilations volontaires*.

2° Pertes de l'armée bulgaro-rouméliote.

M. le lieutenant-colonel Hungesbühler évalue les pertes de l'armée du prince Alexandre à 600 tués et 2,000 blessés. La notice sur la guerre bulgaro-serbe, publiée en 1886 par le *Bulletin de la réunion des officiers*, estime approximativement ces pertes à 2,300 hommes et 500 prisonniers.

M. le capitaine Rabenhorst (ouvrage cité) se tient à peu

près dans les mêmes données, mais force davantage le chiffre des prisonniers.

Les journées de plus douloureuses épreuves ont été : pour les Serbes, celle du 19; pour les Bulgares, celle du 27 novembre.

FIN DU PREMIER VOLUME

TABLE DES MATIÈRES

Pages.

Préface 1

La campagne d'occupation des troupes austro-hongroises en Bosnie et en Herzégovine.

Première partie. — Introduction. — Prolégomènes. — Esquisse géographique. — Organisation pour la guerre du pays de montagnes. — Préparatifs militaires. — Ordre de bataille. — Déploiement stratégique 5

Deuxième partie. — Première armée d'opérations. — Le 13e corps en Bosnie. — La XVIIIe division en Herzégovine. — *Chapitre Ier*. — Opérations en Bosnie. — Evénements qui précèdent l'occupation de Serajevo. — Marche de la colonne principale. — Fâcheux incident du capitaine Millinkovic. — Premier engagement à Kosna (4 août). — Combat de Zepce (7 août). — Arrivée à Zehica (11 août) — Déposer les sacs 21

Chapitre II — Opérations en Bosnie. — Evénements qui précèdent l'occupation de Serajevo. — Marche de la colonne de droite (VIe division). — Jonction des éléments de cette colonne à Banjaluka. — Marche sur Jaice. — Combat de Jaice (7 août). — Séjour à Travnik. — Soulèvement et combat de Banjaluka. (14 août). — Détachement sur Livno. — Des moyens d'information. — Transport en voiture de petits détachements d'infanterie 30

Chapitre III. — Opérations en Bosnie. — Evénements qui précèdent l'occupation de Serajevo. — Marche de la colonne de gauche (XXe division). — Coup de main des insurgés sur Gracanica. — Combat de Dolnya-Tuzla les 9 et 10. — Retraite sur Gracanica. — Combat d'arrière-garde. — Passage de la Bosna à Kostainica le 16 août. — Faut-il engager sa dernière réserve ? Des retraites 42

Chapitre IV. — Opérations en Bosnie. — Evénements qui précèdent l'occupation de Serajevo. — Reprise de la marche sur Serajevo en deux colonnes, le 14 août. — Procédés du F. Z. M. von Philippovic pour la guerre en pays de montagne. — Marches-manœuvres des 15 et 16. — Combat de Visoka (17). — Ordres et contre-ordres donnés pour la journée du 18. — L'occupation de Serajevo remise au 19 août 56

Chapitre V. — Opérations en Bosnie. — L'occupation de Serajevo 71

Pages.

Chapitre VI. — Opérations en Herzégovine. — De l'acceptation du commandement. — Marche sur Mostar des 1re et 2e brigades. — Combat d'avant-garde de Citluk. — Occupation de Mostar le 6 août. — La 3e brigade s'établit à Stolac, le 8 et y laisse garnison. — Evénements de Stolac, échec d'une reconnaissance, investissement de la place par les insurgés. — Combat du 17 soutenu par la 3e brigade; la 2e brigade accourt de Mostar avec le F. M. L. von Jovanovic; la place est débloquée. le 21. — Occupation de Nevesinje (20 août) et de Trébinje (7 septembre). — Mouvement des 2e et 3e brigades sur Bilek (16), détachement sur Gacko (17). arrivée à Trébinje (18), surprise de Gorica. — Expédition contre Klobuk (20 au 28 septembre).......... 78

Chapitre VII. — Expéditions sur Livno. — Première expédition du G. M. Csikos, le 15 août, à titre de simple reconnaissance. — Deuxième expédition du duc de Wurtemberg (VIIe division), du 26 au 28 septembre. — Capitulation de Livno. — Rentrée des 1re et 3e brigades à Trovnik; la 2e brigade occupe Glamoc (2 octobre).......... 93

Troisième partie. — Renforcement et organisation de la IIe armée. — *Chapitre Ier*. — Organisation de la IIe armée; spécialisation des corps qui la composent. — Opérations dans la Bosnie orientale. — Affaires du IIIe corps autour de Doboj; reconnaissance générale et combats des 4 et 5 septembre. — Des agents auxiliaires du commandement. — Opérations combinées des IIIe et IVe corps; le IVe corps passe la Save à Samac; occupation de Nova-Brcka; à travers la Majevica-Planina; jonction des deux corps sous Dol-Tuzla (22 septembre). — De l'importance de la fortification passagère. — Colonne mobile du G. M. Kopfinger sur Glasinac (24-27 août). — Colonne mobile du F. M. L. von Tegetthoff et combat de Mokro (3 septembre). — Opérations de la Ire division contre Visegrad. — Combat de Senkovic-Bandin (21 septembre). — Occupation de Visegrad (4 octobre).......... 99

Chapitre II. — Opérations de la Bosnie occidentale. — Opérations contre Kljuc; insuccès de la première tentative (23-24 août). — Expédition du G. M. Sametz (4-8 septembre). — Des positions de flanc pour couvrir une retraite. — Opérations contre Bihac, échec du 7 septembre. — Mouvement combiné des 28e et 72e brigades (15-18 septembre). — Combats de Pleci (6 et 7 octobre). — Principaux enseignements à retenir de cette campagne.......... 121

**L'insurrection de 1882 dans l'Herzégovine,
la Bosnie méridionale et la Krivosije.**

Chapitre Ier. — Préliminaires.......... 135

Chapitre II. — La Krivosije.......... 139

Chapitre III. — Les événements en Bosnie. — A. Opérations dans les vallées de la Naretva et de la Dvina. — B. Opérations dans la Zagorje. — Opérations sur la frontière monténégrienne.......... 144

Chapitre IV. — Les événements en Krivosije. — A. Situation générale dans la Dalmatie méridionale. — Combat du 9 février qui amène l'occupation des positions de Ledenice, Greben,

La guerre serbo-bulgare.

Cartes.

Paris et Limoges. — Impr. milit. Henri Charles-Lavauzelle.

112800.4 = 451200

www.ingramcontent.com/pod-product-compliance
Lightning Source LLC
Chambersburg PA
CBHW070619160426
43194CB00009B/1315
9782013705615